普通高等院校"十三五"规划教材

保险学

李 亮　田小燕　孙 平◎主　编
邱丽燕　陈莉莉　韩宝珍　李建国◎副主编
　　　　苑 莹　塔 娜◎参 编

清华大学出版社
北 京

内 容 简 介

本书紧跟保险理论的发展和实务的变化，根据最新修订的《中华人民共和国保险法》、最新的保险公司保险条款以及保险监管的新规定和新举措，系统阐述了保险学的概念、原则和理论，介绍了保险实务，同时还融入了一些保险理财的知识。

本书共分十四章，涵盖风险与风险管理、保险概述、保险的基本原则、保险合同、有形财产保险、责任保险、信用保险与保证保险、人身保险、再保险、保险经营、保险基金及其运用、保险市场、保险监管、社会保险内容。通过本书的学习，学生能够比较准确地掌握保险学的基本理论和基础知识，以及各项保险业务的实际操作手段和方法，全面地熟悉保险市场运作的基本规则。

本书既可作为高等院校保险学、金融学、工商管理等相关经管类专业本科的教学用书，也可作为保险从业人员、理财规划人员学习保险基础知识和参与资格认证的工具书。

本书封面贴有清华大学出版社防伪标签，无标签者不得销售。
版权所有，侵权必究。举报：010-62782989，beiqinquan@tup.tsinghua.edu.cn。

图书在版编目(CIP)数据

保险学 / 李亮，田小燕，孙平主编．--北京：清华大学出版社，2017（2023.8重印）
（普通高等院校"十三五"规划教材）
ISBN 978-7-302-47229-2

Ⅰ．①保… Ⅱ．①李… ②田… ③孙… Ⅲ．①保险学-高等学校-教材 Ⅳ．①F840

中国版本图书馆CIP数据核字(2017)第125807号

责任编辑：刘志彬
封面设计：汉风唐韵
责任校对：宋玉莲
责任印制：刘海龙

出版发行：清华大学出版社
网　　址：http://www.tup.com.cn, http://www.wqbook.com
地　　址：北京清华大学学研大厦A座　　　　　邮　编：100084
社 总 机：010-83470000　　　　　　　　　　　邮　购：010-62786544
投稿与读者服务：010-62776969, c-service@tup.tsinghua.edu.cn
质量反馈：010-62772015, zhiliang@tup.tsinghua.edu.cn

印 装 者：三河市龙大印装有限公司
经　　销：全国新华书店
开　　本：185mm×260mm　　　　印　张：14.5　　　　字　数：353千字
版　　次：2017年6月第1版　　　　　　　　　　印　次：2023年8月第7次印刷
定　　价：39.50元

产品编号：072665-01

前　言

保险学是高等院校金融学和保险学专业的基础课程。通过对本课程的学习，学生可了解有关风险与商业保险的基本概念、基本原理以及主要险种的保障范围，掌握保险的各项适用原则，熟悉保险合同的内容和有关知识，掌握保险市场、保险监管的基本知识，熟悉各项保险业务的实际操作手段和方法。本书既注重国际保险惯例的介绍和分析，也注意将保险理论与我国保险业发展相结合。

本书主要包括四部分内容。一是风险与保险理论基础，从介绍风险管理与保险的关系入手，全面、系统地论述了保险职能和作用，以及保险运行的基本原则，同时对保险合同有关内容进行了介绍；二是保险实务，涵盖有形财产保险、人身保险、责任保险、信用保险和保证保险和再保险的基本内容和实务运作方式；三是保险经营，主要从实践的角度，对保险经营环节以及保险投资等内容进行了具体的阐释；四是保险市场与保险监管，主要论述了保险市场的构成、保险组织形式、保险中介机构、保险供求、保险监管的国内外现状等内容。除此之外，本书最后还另设一章介绍了社会保险的相关知识。

本书除可作为高等学校教材之用外，也可以作为理论研究者和实践工作者的参考用书。

本书参阅了一些高等学校的教材和已发表的论文，以及互联网上的资料，在此一并表示感谢。书中出现的不当之处，恳请广大读者给予批评指正。

编　者

2017 年 3 月

目　录

第一章　风险与风险管理　1
学习目标 …………………………………………………………………… 1
第一节　风险概述 ………………………………………………………… 1
第二节　风险管理 ………………………………………………………… 6
第三节　可保风险 ………………………………………………………… 8
重要概念 …………………………………………………………………… 10
思考题 ……………………………………………………………………… 10

第二章　保险概述　11
学习目标 …………………………………………………………………… 11
第一节　保险的定义与性质 ……………………………………………… 11
第二节　保险的分类 ……………………………………………………… 14
第三节　保险的职能与作用 ……………………………………………… 19
第四节　保险的起源与发展 ……………………………………………… 25
重要概念 …………………………………………………………………… 29
思考题 ……………………………………………………………………… 29

第三章　保险的基本原则　30
学习目标 …………………………………………………………………… 30
第一节　最大诚信原则 …………………………………………………… 30
第二节　保险利益原则 …………………………………………………… 34
第三节　近因原则 ………………………………………………………… 38
第四节　损失补偿原则 …………………………………………………… 40
重要概念 …………………………………………………………………… 45
思考题 ……………………………………………………………………… 46

第四章　保险合同　47
学习目标 …………………………………………………………………… 47
第一节　保险合同概述 …………………………………………………… 47
第二节　保险合同的要素与形式 ………………………………………… 51
第三节　保险合同的订立、生效与履行 ………………………………… 59

Ⅲ

第四节　保险合同的变更与终止 ·· 65
第五节　保险合同的解释原则与争议处理 ······································ 70
重要概念 ·· 72
思考题 ·· 72

第五章　有形财产保险　73

学习目标 ·· 73
第一节　企业财产保险 ··· 73
第二节　利润损失保险 ··· 76
第三节　家庭财产保险 ··· 79
第四节　运输保险 ·· 82
第五节　工程保险 ·· 88
第六节　农业保险 ·· 95
重要概念 ·· 99
思考题 ·· 99

第六章　责任保险　100

学习目标 ·· 100
第一节　责任保险概述 ··· 100
第二节　公众责任保险 ··· 103
第三节　产品责任保险 ··· 105
第四节　雇主责任保险 ··· 106
第五节　职业责任保险 ··· 108
重要概念 ·· 110
思考题 ·· 110

第七章　信用保险与保证保险　111

学习目标 ·· 111
第一节　信用保证保险概述 ·· 111
第二节　出口信用保险 ··· 114
重要概念 ·· 119
思考题 ·· 120

第八章　人身保险　121

学习目标 ·· 121
第一节　人身保险概述 ··· 121
第二节　人寿保险 ·· 126
第三节　人身意外伤害保险 ·· 137

第四节　健康保险 ……………………………………………………………… 143
　　重要概念 ……………………………………………………………………… 150
　　思考题 ………………………………………………………………………… 150

第九章　再保险　151

　　学习目标 ……………………………………………………………………… 151
　　第一节　再保险概述 …………………………………………………………… 151
　　第二节　再保险的安排方式 …………………………………………………… 158
　　第三节　再保险的业务方式 …………………………………………………… 159
　　重要概念 ……………………………………………………………………… 164
　　思考题 ………………………………………………………………………… 164

第十章　保险经营　165

　　学习目标 ……………………………………………………………………… 165
　　第一节　保险经营的特征与原则 ……………………………………………… 165
　　第二节　保险经营的环节 ……………………………………………………… 166
　　重要概念 ……………………………………………………………………… 174
　　思考题 ………………………………………………………………………… 175

第十一章　保险基金及其运用　176

　　学习目标 ……………………………………………………………………… 176
　　第一节　保险基金概述 ………………………………………………………… 176
　　第二节　保险基金的运用 ……………………………………………………… 180
　　重要概念 ……………………………………………………………………… 182
　　思考题 ………………………………………………………………………… 183

第十二章　保险市场　184

　　学习目标 ……………………………………………………………………… 184
　　第一节　保险市场概述 ………………………………………………………… 184
　　第二节　保险市场的组织形式 ………………………………………………… 189
　　第三节　保险市场的供给与需求 ……………………………………………… 191
　　重要概念 ……………………………………………………………………… 194
　　思考题 ………………………………………………………………………… 194

第十三章　保险监管　195

　　学习目标 ……………………………………………………………………… 195
　　第一节　保险监管概述 ………………………………………………………… 195
　　第二节　保险监管的主体与客体 ……………………………………………… 197

第三节　保险监管的原则、方式与手段 …………………… 198
第四节　保险监管的内容 ……………………………………… 201
重要概念 …………………………………………………………… 204
思考题 ……………………………………………………………… 204

第十四章　社会保险　205

学习目标 …………………………………………………………… 205
第一节　社会保险概述 ………………………………………… 205
第二节　社会养老保险 ………………………………………… 209
第三节　社会医疗保险 ………………………………………… 215
第四节　其他社会保险 ………………………………………… 219
重要概念 …………………………………………………………… 222
思考题 ……………………………………………………………… 222

参考文献 ………………………………………………………… 223

第一章 风险与风险管理

> **学习目标**
> 1. 理解风险的含义；
> 2. 掌握什么是纯粹风险和投机风险；
> 3. 了解风险的特征；
> 4. 掌握风险的三个要素；
> 5. 掌握风险管理过程及风险管理方法。

常言说：天有不测风云，人有旦夕祸福。在现实生活中，不管是不测风云，还是旦夕祸福，都是与客观存在的风险密切相关的。没有风险，就不存在风险管理，也就谈不上什么保险。风险与保险之间存在内在的必然联系。风险的存在是保险经济产生与发展的客观依据。因此说"无风险，无保险"。学习保险，首先要弄清楚什么是风险、风险的主要特征、主要的风险类型、风险如何管理，以及什么样的风险才能向保险公司转嫁。

第一节 风险概述

一、风险的概念

风险是指人们从事某种活动或进行某项决策，可能发生的各种结果的随机不确定性。这种不确定性，是针对实际结果与预期结果的变动程度而言的。变动程度越大，风险越大；反之，则风险越小。

根据这种结果的随机不确定性，可以将风险划分为收益风险、纯粹风险、投机风险。收益风险即只会产生收益而不会导致损失的风险，只是收益大小无法确定。比如受教育的风险问题，教育可以使人终身受益，但能给受教育者带来多少收益是无法确定的，它不仅与受教育者个人因素有关，而且与受教育者的机遇等外部因素有关。这可以看作是带来收益的风险。纯粹风险指只能造成损失而无获利可能的风险。在现实生活中，纯粹风险是普遍存在的。自然灾害和人为事故均属此类风险。投机风险是指既可能产生收益也可能造成损失的风险。这类风险最好的例子就是股票、期货投机。

讨论风险的目的在于风险管理。风险管理主要针对的是第二、第三类风险。对于第一类风险，由于其不会造成损失，人们研究的比较少。目前人们着重加以关注并对其加以管理的，是那些有可能造成损失的风险。为了规避风险损失，人们创造了各种方法加以管理。例如在股票投资中，一种较好的避险方法就是组合投资，通过组合投资，可以最大限度地减少非系统性风险。金融市场上的期权合约和期货合约等也都有套期保值的避险功能。

保险是应用更加广泛的一种重要的风险管理手段，与组合投资等管理手段不同的是，传统的保障意义上的保险并不针对投机风险，其针对的仅仅是如何规避和抵御纯粹风险。

▍二、风险的特征

▶ 1. 客观性

风险是独立于人的主观意识之外的客观存在。地震、洪水、台风、暴雨和雷电等是自然界运动的表现形式，属于自然风险的范畴；车祸、战争、暴乱、意外事故等是社会运动的表现形式，属于社会风险的范畴。无论是自然风险还是社会风险的发生，都会对人类的生命和财产造成巨大损失。自然界和社会的运动都是有规律的，人类可以认识和掌握这些规律，在有限的时间和空间内，改变风险存在和发生的条件，降低风险发生的频率，减少损失程度。但是受制于规律的不可抗拒性以及认知和抵御风险能力的有限性，人类不可能从根本上消除各种影响生命和财产安全的风险。

▶ 2. 损害性

风险与人们的利益密切相关。风险的发生会给人们的利益造成损害。风险的发生是造成损害的原因，损害是风险发生的后果。经济上的损害可以用货币进行衡量。人身的损害不能用货币进行衡量，但一般都表现为所得的减少或支出的增加，或者两者兼而有之。保险不是保证不发生风险，它只是风险发生后的一种处理方法，即对损失进行赔偿。

▶ 3. 不确定性

风险的不确定性通常包括以下几个方面的内容：

（1）损失是否发生是不确定的。

（2）发生时间的不确定性。某一特定事故的发生可以确定，但是何时发生不能预测，这也是一种不确定性。如人身保险中，人的死亡是确定的，但何时发生难以预测。

（3）地点的不确定性。

（4）损失大小的不确定性。事故发生虽然是确定的，但是导致的结果不确定，这仍是保险要件中所指的风险。如沿海年年有台风，这是可以确定的，但导致的损失则不确定，有时对财产没有造成任何损失，有时却造成严重的损失。

（5）损失承担主体的不确定性，即由谁承担损失是不确定的。

▶ 4. 可测定性

就风险个体来说，风险是一种随机现象，具有不确定性。但是就风险集合体来说，随机现象一定要服从某种概率分布，一定时期内特定风险发生的频率、损失程度是可以根据概率论和大数法则加以测定的。也就是说，集合体的风险较之个体的风险具有较高的确定性。

对于单位或个人而言，风险的发生是不确定的，这样就产生转移风险损失的需求。而保险公司把具有等同发生风险机会的单位或个人集中起来，测出风险发生的频率，即概率，就可以厘定费率，从而把这些风险变成可保风险。

▶ 5. 发展性

人类社会在进步和发展的同时，也创造和发展了风险，风险会因时间、空间因素的发展变化而有所发展与变化。尤其是当代科学技术突飞猛进，科学技术的开发与应用使风险的发展性更为突出。科学技术是一把双刃剑，它在为人类创造物质财富和精神财富的同时，也不断使新的风险产生与发展，如核污染、黑客袭击等。还有些风险是人们破坏环境、满足私欲导致的，例如人类长期以来通过焚烧化石矿物以生成能量，是造成全球气候变暖的主要原因之一，而气候变暖会加重自然灾害。风险的发展为保险的发展创造了空间。有什么样的风险，就相应地缔造出什么样的保险。

三、风险的基本要素

风险由风险因素、风险事故和损失这几种基本要素构成。

▶ 1. 风险因素

风险因素，是指引起或增加风险事故发生的机会或扩大损失程度的原因和条件。风险因素是就产生或增加损失频率与损失强度的情况来说的。例如，将一桶汽油放在车库里就是一种风险因素，存放汽油本来没有导致损失，但汽油属于易燃物，它可能会导致火灾的发生进而导致人们的生命财产损失。因此，汽油即构成了导致损失发生的风险因素。

风险因素是事故发生的潜在条件。风险因素根据性质不同通常分为实质风险因素、道德风险因素和心理风险因素三种类型。

（1）实质风险因素，是指看得见、摸得着的风险因素。如某栋建筑物所处的地理位置、所使用的建筑材料的性质，某辆汽车的刹车系统的可靠性，某人的身体健康状况，地壳的异常变化，恶劣的气候，污染的环境等，都属于实质风险因素。

（2）道德风险因素，是指与人的道德素质、道德观念有关的无形风险因素，即由于特定团体或个人的恶意行为或不良企图，故意促使风险事故发生，或在风险事故发生后，故意扩大损失程度的风险因素。对于因道德风险引起的保险标的损失，保险人不负赔偿责任。

（3）心理风险因素，是指与人的心理状态有关的风险因素，指由于人们主观上的疏忽或过失，以致增加风险事故发生的机会和扩大损失程度的因素。心理风险因素也是一种无形风险因素，但它是由于人们主观上的疏忽和过失，导致财产的损失和人员的伤亡，同时也反映了人们对待损失的态度。例如，在投保了财产保险后，如果发生灾情，受灾者想到有保险赔偿可能不积极主动地救助受灾物资，从而使受灾情况更加严重；当人们投保了住院医疗保险后，可能宁愿多住几天医院而不愿早日回去工作，这些都会直接增加风险损失的严重程度。

道德风险因素和心理风险因素又称为无形风险因素,但都得经过实质风险因素实施。

▶ 2. 风险事故

风险事故是造成生命财产损失的偶发事件,又称风险事件。如果发生风险事故,那么风险的可能性就转化为现实性,造成损失。风险事故是造成经济损失的直接原因,是损失的媒介物;而风险因素是造成损失的间接原因。风险因素只有通过风险事故的发生才能导致损失。如刹车系统失灵导致人员伤亡和财产损失,刹车系统失灵是风险因素,车祸是风险事故。如果仅有刹车系统失灵而未导致车祸,则不会造成人员伤亡和财产损失。二者的区分不是绝对的。如下冰雹使得路滑而发生车祸,造成人员伤亡,这时冰雹是风险因素,车祸是风险事故;若冰雹直接击伤行人,则它为风险事故。判定的标准就是看是否直接引起损失。

▶ 3. 风险损失

在风险管理中,风险损失是指非故意的、非计划的、非预期的经济价值或经济利益的减少或灭失。这一概念包含两个要素:一是非故意的、非计划的和非预期的;二是经济价值的减少或灭失。在上面车祸的例子中,人员伤亡和财产损失就是风险损失。

在保险实务中,损失往往分为两类:直接损失和间接损失。失火导致财物烧毁、人身伤亡属于直接损失(实质损失);由此引起"三停"进而使企业停产带来的收入损失、施救带来的费用损失、经济合同不能履行带来的责任损失属于间接损失。这些损失都可以通过保险获得补偿。

风险是由风险因素、风险事故和风险损失三者构成的统一体,换言之,风险是由风险因素、风险事故和风险损失三个要素共同构成的。风险因素引起或增加风险事故;风险事故发生可能造成风险损失。

四、风险损失的无形成本

风险损失的无形成本是指由于风险发生的不确定性引起的企业、个人所付出的经济代价。通常包括以下两个方面:

(1) 风险损失的不确定性或造成社会经济福利减少。风险事故发生的不确定性,事故后果的灾难性,使得人们处于担忧恐惧和焦虑的状态。为了应对未来风险事故的损失,不得不提留和维持一定数量的风险补偿准备基金。当社会资本为常量时,提存一定数量的风险补偿准备基金,用于生产和流通的资本则会相应减少。那么社会经济规模和经济效益也会受到一定影响,从而影响到社会福利水平。

(2) 风险损失的不确定性使社会资源配置不能达到最佳状态,影响社会产量达到最佳水平。只有当社会资源配置达到与边际生产力相等时,才处于最佳配置状态。由于风险的存在,整个社会资源易于流向低风险的领域,使该领域的社会资源供给大于需求,难以形成最佳经济效益。而高风险领域的社会资源处于供给小于需求的状态,即供给不足,约束了生产力的发展,导致其生产力低于社会平均生产力水平。风险的存在也容易使投资行业行为短期化,社会资源配置缺乏合理性。这种因风险存在而导致的社会资源配置的失衡,必然导致社会总产量不能达到最佳产量。

五、风险的分类

人类社会面临的风险是多种多样的,不同的风险有不同的性质和特点。对风险按照一定的方法进行归类,有利于对其进行识别、测定和管理。对于保险的经营来说,更具有特别重要的意义。

▶ 1. 按风险产生的环境分类

按风险产生的环境分类,风险可分为静态风险和动态风险。

(1) 静态风险。是指在一种稳定的社会政治、经济环境下,由于自然力因素和人类个体的非政治或非宗教行为可能造成某种损失的风险。静态是一种常规的、变化较少的、社会能够普遍接受和认同的状态。

静态风险是完全与人类的群体行为无关的自然界不规则运动和与政治、宗教因素无关的个人行为对于人类生活造成的损失,如地震、洪水以及人的生老病死和个人非政治或非宗教的故意及过失行为对于社会或他人财产及利益造成的破坏。

(2) 动态风险。动态是一种非常规的、不断变动的、社会不能够普遍接受和认可的状态。动态风险是指由于人类群体活动而产生的可能给政治、经济和社会造成破坏的风险。这种风险既可能有积极的因素,也可能有消极的因素,例如政治体制、法律制度、经济政策、军事行动等。

▶ 2. 按风险产生的根源分类

按风险产生的根源分类,风险包括自然风险、社会风险、经济风险和政治风险。

(1) 自然风险。是指由于物理的和实质性的风险因素所造成的财产损失或人身伤害。例如水灾、火灾、飓风、海啸、雷电、地震等所形成的风险。

(2) 社会风险。是指由于个人行为的反常或不可预料的团体行为所导致的风险。例如盗窃、抢劫、罢工、暴动等风险。

(3) 经济风险。是指在生产和销售过程中,由于各种有关因素的变动而造成的产量增减或价格涨落及经营盈亏等风险。

(4) 政治风险。是指由于政治矛盾、种族冲突、战争等所导致的风险。

▶ 3. 按风险标的分类

按风险标的分类,风险可分为财产风险、责任风险、信用风险和人身风险。

(1) 财产风险。是指经济单位占有或控制的财产因发生自然灾害、意外事故可能导致毁损、灭失和贬值的风险。例如建筑物有遭受火灾、地震、暴雨的风险,船舶在航行途中存在沉没、碰撞、搁浅等风险。

(2) 责任风险。是指因侵权或违约依法对他人遭受的人身伤亡或财产损失应负赔偿责任的风险。例如,汽车撞伤了行人,如果属于驾驶员的过失,那么他就必须依法对受害人或其家属给付赔偿金;雇员在从事工作范围内的活动时受到身体伤害,雇主应负经济赔偿责任;产品因为设计或制造方面的原因,给消费者带来人身伤害或财产损失,制造商、零售商或维修商要负赔偿责任。

(3) 信用风险。是指因债务人不履行合同而使债权人遭受损失的风险。

(4) 人身风险。是指由人的生、老、病、死的生理规律所引起的风险和由于自然、政治、军事和社会等原因所引起的人的伤残死亡等风险。

第二节 风险管理

人类发展的历史，是不断同各种各样的风险做斗争的历史。人类在和各种风险做斗争的过程中，逐渐寻找和积累了大量防范、减少或转移风险的办法，对这些办法的有效使用，就构成了风险管理的内容。

通过风险管理，适当运用防止或减少风险的办法，可以大大减轻可能造成的经济损失。在各种防范和减少风险造成损失的办法中，保险是一种最有效、最广泛使用的办法。它是人类经过几千年的努力而形成的一种解决风险损害的机制。

一、风险管理的概念

风险管理是研究风险发生规律和风险控制技术的一门新兴管理学科。它是指经济单位通过对经济风险的认识、衡量和分析，以最小的成本获取最大安全保障的管理方法。各经济单位通过风险识别、风险估测、风险评价，并在此基础上优化组合各种风险管理技术，对风险实施有效的控制和妥善处理风险所致损失的后果，期望达到以最小的成本获得最大安全保障的目标。

风险管理之所以得到普遍应用，是因为它有着重要的作用。风险管理有利于资源分配最佳组合的实现，有助于消除风险给整个经济社会带来的灾害损失及其他连锁反应，还有助于维护一个有利于经济发展和保障人民生活的社会环境。

二、风险管理的过程

▶ 1. 风险识别

风险识别就是经济单位或个人对面临以及潜在的风险进行系统的判断、归类并分析产生风险事故的原因的过程。风险识别是风险管理的第一步。

为了便于识别，有必要将可能发生的风险适当地归类。不同类型的风险具有不同的特点，应采用不同的处理方法。主要有以下两种方法：

（1）财务报表分析法。企业等经济实体有关风险发生的损失以及实行风险管理的费用都会作为负面结果在其财务报表上表现出来，因此通过分析资产负债表、损益表等报表，能够基本上识别当前的主要风险。如果进一步与财务预测、预算联系起来，则还可能发现未来的一些风险。

（2）流程图分析法。即建立一个流程图系列，以展示经济实体全部的经营活动。通过对流程图分析，能够有效地揭示整个经营过程中潜在损失的动态分布，找出影响全局的"瓶颈"，并识别可能存在的风险。

▶ 2. 风险衡量

损失机会又叫损失频率，是指一定数量的风险单位在单位时间内发生损失的次数，通常以分数或百分率来表示，用于度量事件是否经常发生。

$$损失频率 = \frac{损失次数}{风险单位的数量} \times 100\%$$

损失程度，是指标的物发生一次风险事故时的平均损失额度。

通常情况下，损失频率和损失程度成反比例关系。损失程度大的风险事故损失频率小，损失程度小的风险损失频率大。在某些特殊情形下，事故发生的频率不高，而损失程度却很高。如航空风险，航空事故发生多半是全损，而不是小事故。

风险衡量使风险分析定量化，为风险管理者进行风险决策、选择最佳管理技术提供可靠的科学依据。

▶ 3. 风险评价

风险评价是指在风险识别和风险衡量的基础上，对风险发生的概率、损失程度，结合其他因素进行全面考虑，评估发生风险的可能性及其危害程度，并与公认的安全指标相比较，决定是否需要采取相应的措施。处理风险需要一定的费用，费用与风险损失之间的比例关系直接影响风险管理的效益。通过对风险的性质的定性、定量分析和比较处理风险所支出的费用，来确定风险是否需要处理和处理程度，以判定为处理风险所支出的费用是否有效益。

▶ 4. 风险管理方法的选择

风险管理者对风险进行识别、估测后，需针对每项风险，决定采用何种手段进行处理。选择最佳的风险管理技术并付诸实施是风险管理中最重要的环节。风险管理方法和手段分为控制型和财务型两大类。前者的目的是降低损失频率和减少损失程度，重点在于改变引起灾害事故和扩大损失的各种条件，后者的目的是以提供基金的方式，消纳发生损失的成本，即对无法控制的风险所做的财务安排。

（1）控制型风险管理方法。

① 风险避免。风险避免就是对某项风险直接设法避免，或者根本不去做那些可能发生风险的事，一般当某特定风险所致损失频率和损失幅度相当高或处理风险的成本大于其产生的收益时采用。它是一种最彻底、最简单的方法，可以完全杜绝某一特定风险可能造成的损失，而其他方法仅在于通过减少损失概率与损失程度来减少风险的潜在影响。

这种风险处理方法简单易行，但是弊端也不少，比如，回避风险的同时往往会放弃经济利益，增加机会成本。尤其是新技术的采用、新产品的开发都可能带来某些风险，而如果放弃这些计划，企业就无法从中获得高额利润。再如，避免了某一风险的同时，又将产生新的风险，火车也有出轨的风险。而且，对于有些风险这种方法是处理不了的，如地震、疾病、能源危机等。

② 风险预防和抑制。是指经济单位为了消除或减少某种风险发生的可能性或最大限度地降低风险发生后的损失而采取的处理风险的具体措施。如果风险损失频率比较高而损失幅度比较低，可以采取损失预防的方法，在风险损失发生前采取有效措施，尽量消除或减少风险因素。损失预防主要影响损失发生的频率。风险抑制是指当风险发生时采取一切可能的措施，使其损失降低到最低限度，主要影响损失程度。

损失预防和抑制的方法主要有两种：一是工程物理法，是指通过采取工程物理措施来达到风险预防和抑制效果，如报警装置、防盗装置、自动喷淋系统等；二是人类行为法，是指通过约束有关当事人的具体行为来达到风险预防和抑制效果，如安全管理制度、安全教育、操作规程等。

需要说明的是，很多损失控制方法同时影响损失频率和损失程度，比如消费品的安全检查，不宜明确归为是预防型还是抑制型风险管理方法。

(2) 财务型风险管理方法。

① 风险自留。是指对风险的自我承担，即企业或单位自我承受风险损害后果的方法。风险自留必须具备以下三个条件：一是没有其他处理风险的方式可以利用；二是企业遭受的最大损失不会影响其财务稳定；三是损失可以较准确地预测。

② 风险转移。风险转移是指个人或单位采用各种方法把风险转移出去，避免自己承担损失。

风险转移可分为直接转移和间接转移。直接转移是将与风险有关的财产或业务直接转移给其他人或团体。例如，将房屋出售的同时与其相关联的可能风险也转让给了购买者。通过订立合同、出包工程，与其相关的可能发生的施工风险也由施工单位承担。间接转移是仅将与财产或业务有关的风险转移。其主要方式有两种：一是保险转移，即个人、家庭或企业以缴纳一定的保险费为代价，换取保险公司对其所投保标的的承担风险责任；二是期货市场的套期保值，即经营者利用期货市场，在现货市场上买进或卖出商品的同时，在期货市场上卖出或买进相同数量商品的期货合约。

▶ 5. 风险管理效果评价

风险管理效果评价是指对风险管理技术适用性及收益性状况的分析、检查、修正和评估。风险管理效益的大小，取决于是否能以最小风险成本取得最大安全保障。

上述各种风险管理方法的内容和作用各不相同，但实际经济生活中，个人、家庭和企业应根据自身的实际情况权衡利弊选择使用。

第三节 可保风险

一、可保风险的概念

保险是人们处置风险的一种有效方式，它能够在受灾后及时向人们提供经济补偿。但并非对所有破坏物质财富、威胁人身安全的风险，保险人都给予保险。保险人承担的风险叫可保风险，可保风险是保险人可接受承保的风险，即符合保险人承保条件的风险。

二、可保风险的条件

一般来说，可保风险必须具备下列条件。

▶ 1. 风险损失可以用货币来计量

买卖保险是一种商品交易行为，风险的转嫁与责任的承担都是通过相应的货币计价来衡量的，这就决定了不能用货币来计量其风险损失的风险不是可保风险。

▶ 2. 风险发生具有偶然性

这是对每一个具体标的而言的。如果知道某一具体标的肯定不可能遭受某种风险损失，则保险就没有必要；反之，如果是确定的风险，也就是必然要发生的风险，保险人是不予承保的。如自然损耗、折旧等一般属于不保风险。只有当损失是随机的，具有偶然性，大数法则才能有效地发挥作用。

▶ 3. 风险的发生必须是意外的

风险必须是意外的，具有非故意性，排除道德风险；风险的发生具有不可预知性，排除必然性。

▶ 4. 面临同质风险的标的必须是大量的

只有集合大量同质的风险，才能真正发挥保险的互助合作性。如果风险不同质，风险损失发生的概率就不相同，风险无法进行集合与分散。如果对不同质风险进行集合与分散，会影响保险公司的稳健经营。

可保风险必须是大量标的都有可能遭受损失，而实际出险的标的仅为少数。保险只有在众多标的存在的前提下才有可能成立，而且是具有同一损失可能性的大量标的，因为只有大量独立遭受损失标的的存在才能够使大数法则有效地发挥作用。随着标的数的增加，风险事故发生或损失额的概率分布就愈加明显地带有规律性。风险的发生对单个样本来说具有偶然性，但对一个总体来说具有必然性。这样，所有面临该风险的标的物都拿出一部分钱作为保险费，积少成多，就可以满足发生了风险的个体补偿损失的需求，实现保险"一人为众，众为一人"的宗旨。如果面临该风险的标的物太少，投保人将支付不起保险费，保险公司将没办法支付保险金。

▶ 5. 标的有造成重大损失的可能性

保险是一种财务处理手段，风险的发生可能造成重大的损失，才会有对保险的需求。如果只可能造成轻微损失，就不需要投保，因为这会增加财务处理的成本。

可保风险是个相对的概念。在保险发展史上，可保风险的范围并不是一成不变的。随着保险市场需求的不断扩大以及保险技术的日益进步，可保风险的范围也会随之改变，很多原来不可保的风险逐渐变为可保风险。

三、风险与保险的关系

▶ 1. 风险是保险产生和存在的前提

无风险则无保险。风险是客观存在的，是不以人的意志为转移的，时时处处威胁着人的生命和物质财富的安全。风险的发生直接影响社会生产过程的持续进行和家庭正常的生活，因而人们产生了对损失进行补偿的需要。保险是一种被社会普遍接受的经济补偿方式，因此，风险是保险产生和存在的前提。

▶ 2. 风险的发展是保险发展的客观依据

社会进步、生产发展、现代科学技术的应用，给社会、企业和个人带来了更多的新风险。风险的增多对保险提出了新的要求，促使保险业不断设计新险种、开发新业务。

▶ 3. 保险是风险管理的传统有效的措施

人们面临的各种风险损害，一部分可以通过控制的方法消除或减少，但风险不可能全部消除。面对各种风险造成的损失，单靠自身力量解决，就需要提留与自身财产价值等量的后备基金，这样既造成资金浪费，又难以解决巨灾损失的补偿问题。转移成为风险管理的重要手段，保险作为转移方法之一，长期以来被人们视为传统的处理风险的手段。人们通过保险，把不能自行承担的集中风险转嫁给保险人，以小额的固定支出换取对巨额风险损失的经济补偿。

▶ 4. 保险经营效益要受风险管理技术的制约

保险经营效益的大小受多种因素的制约，风险管理技术作为非常重要的因素，对保险经营效益产生很大的影响。例如，对风险的识别是否全面、对风险损失的频率和造成的损失的幅度估测是否准确、哪些风险可以接受承保、哪些风险不可以承保、保险的范围应有多大及程度应如何、保险的成本与效益的比较等，都制约着保险的经营效益。

▶ 5. 保险与风险管理存在相辅相成、相得益彰的关系

一方面，保险人对风险管理有丰富的经验和知识，经济单位与保险人合作，会使经济单位更好地了解风险，并通过对风险的系统分析，提出哪些需要保险，以及保什么险种等，从而促进风险管理；另一方面，由于经济单位加强和完善了风险管理，就要求提供更好的保险服务，以满足自身的发展要求，这又促进了保险业的发展。

重要概念

风险　纯粹风险　投机风险　实质风险因素　道德风险因素　心理风险因素　风险管理　可保风险

思考题

1. 风险的定义有哪些？你认为哪一个定义更科学？
2. 简述风险的特征。
3. 试述风险管理的环节。
4. 简述风险管理与保险之间的关系。

第二章 保险概述

> **学习目标**
> 1. 掌握保险的概念；
> 2. 了解保险的性质；
> 3. 理解保险与社会保险、储蓄等的区别；
> 4. 掌握保险的功能与作用；
> 5. 掌握保险产生的基础；
> 6. 了解各险种的发展历史。

第一节 保险的定义与性质

一、保险的定义

保险是指保险人和投保人签订保险合同，投保人向保险人支付保险费，当发生保险事故或约定的期限届满时，保险人对被保险人(或受益人)履行赔偿或给付保险金的义务的一种经济保障制度。

二、保险的性质

保险是一种非常复杂的经济行为，顺应着生产力发展的要求产生，伴随着人类社会的前进不断完善，并对人类社会的进步做出巨大的贡献。保险发展到今天，已经成为一个非常完善的体系，渗透到社会的每一个角落，与人们的生活息息相关，成为社会制度中不可或缺的有机组成部分。下面从经济、法律、社会功能三方面揭示保险的性质。

▶ 1. 从经济的角度分析

从经济的角度分析，保险既是一种商业行为，也是一种金融行为。

（1）保险是一种商业行为。保险这种商业行为之所以能够顺利进行，是因为社会对保险产品有需求和供给。

从需求的角度看，存在大量标的面临着同样的危险。投保人购买保险产品，付出一定的代价，遭受危险损失后能够得到补偿。投保人之所以这么做，是出于成本比较的考虑。他相信现在付出的成本小于将来的损失估计，从而对保险产品产生需求。

从供给的角度看，保险人用特殊的技术手段——概率论中的大数法则进行论证，证明完全可以凭借收取保险费对被保险人因风险事故造成的损失进行补偿，并且还可盈利。保险人出于保险收益的角度考虑设计并销售保险产品，于是保险有了供给。

在保险过程中，投保人向保险人缴纳了保险费，购买了保险产品，当被保险人在遭受危险事故时可获得经济补偿；保险人出售了保险产品，收取了保险费，对被保险人遭受危险事故所造成的损失承担经济赔偿责任。

（2）保险是一种金融行为。保险公司收取保险费聚集了大量的资金，再将这些资金运用出去，起到了资金融通的作用。从这个意义上说，保险公司是金融中介机构，保险是一种金融行为。但保险的这种资金融通有别于商业银行。资金的聚集不是以放贷为目的，而是以对被保险人的损失赔偿为基本出发点，因此各国无不对保险投资的方向予以严格规定。对于保险公司而言，收取保险费、保险投资、理赔是其日常经营中最主要的工作，这些工作无一不是以货币收支的形式进行的，是一种金融行为。对于被保险人而言，购买保险，受损后得到赔偿，也是以货币形式进行的，所以也是一种金融行为，这在人寿保险中表现得尤为明显。

▶ 2. 从法律的角度分析

从法律的角度分析，保险是一种合同行为，而合同本身是一种法律契约。投保人购买保险，保险人出售保险，实际上是双方在法律地位平等的基础上经过自愿的要约与承诺，达成一致意见并签订合同，明确双方当事人之间的权利与义务。保险过程要符合《中华人民共和国保险法》（以下简称《保险法》）、《中华人民共和国合同法》（以下简称《合同法》）等法律要求。

▶ 3. 从社会功能的角度分析

从社会功能的角度分析，保险是一种风险损失转移机制。风险是客观存在的，从人类文明产生那一刻起，人们就不断寻找应付风险的办法，希望建立一种机制，通过这种机制，避免风险或减少风险造成的损失。保险就是人们经过长期的生产实践，建立起来的这样一种机制。保险人集中众多单位的同质风险，通过预测和精确计算，确定保险费率，建立保险基金，使少数遭受风险事故的不幸成员，获得损失补偿或保险金给付，实现保险损失在所有被保险成员中的分摊。这种风险损失转移机制有利于社会经济生活的稳定，因此保险又被称为"社会稳定器"。

【案例 2-1】

设某一地区有 1 000 栋住房，每栋住房的价值为 100 000 元。根据以往的资料知道，每年火灾发生的频率为 0.1%，且为全损。保险公司提出，如果每栋住房的房主每年缴纳 110 元，则由保险公司承担全部风险损失。

所收金额 = 1 000×110 = 110 000（元）

每年应赔款额 = 1000×0.1%×100 000 = 100 000（元）

赔余额＝110 000－100 000＝10 000(元)

遭受火灾风险损失者的损失，由全部房主共同承担，保险公司只是起组织分摊风险损失的作用，并且因有效组织风险损失分摊获得相应的报酬。

三、商业保险与社会保险、储蓄、救济、赌博的比较

▶ 1. 商业保险与社会保险

社会保险是指国家通过立法的形式为丧失劳动能力、暂时失去劳动岗位或因健康原因造成损失的人口提供收入或补偿的一种社会经济制度。社会保险的主要险种有社会养老保险、失业保险和医疗保险三种。商业保险与社会保险的不同在于：

(1) 实施方式不同。商业保险一般是自愿保险，只有少数险种是强制性险种；社会保险的险种均为强制性险种，体现社会公平，兼顾效率。

(2) 经营主体不同。商业保险由专营的保险公司经营，商业化运营；社会保险一般由政府经营(社会保障部门)。

(3) 目的不同。商业保险以盈利为目的；社会保险以社会安定为目的。

(4) 保费来源不同。商业保险的保费由投保人交纳；社会保险的保费由国家、单位和个人缴纳。

(5) 保险金额不同。商业保险中财产保险的保险金额由保险利益的价值决定，人身保险的保险金额由投保人的需要及其支付能力所决定；社会保险的保险金额是由国家统一规定的，一般只能保证基本的生活费、基本的医疗费。

(6) 险种不同。商业保险的险种有财产保险和人身保险两大类；社会保险的险种有养老保险、失业保险、医疗保险、工伤保险和生育保险五项。

(7) 适用法律不同。商业保险适用《保险法》及相关法律法规；社会保险适用的法律主要是《中华人民共和国社会保险法》(以下简称《社会保险法》)。

▶ 2. 商业保险与储蓄

商业保险与储蓄的相同点是保障经济生活的安定。商业保险与储蓄都体现了有备无患的思想，在保障经济生活的安定方面是相似的，尤其是人寿保险中的生存保险和年金保险，带有长期储蓄的性质，但是两者构成的方法和作用不完全相同。

商业保险与储蓄的不同点主要表现在以下四个方面：

(1) 储蓄是一种个人自助行为，储蓄者依靠自己个人的本息累积增值；而商业保险是一种互助合作的行为，必须依靠多数投保单位和个人的互助共济才能实现，体现了"我为人人，人人为我"的保险宗旨。

(2) 储蓄采取存取自由的原则；而商业保险是一种合同行为，除非投保人中途退保领取退保金，否则保险人只有在保险事故发生时或保险期满时才支付保险金。

(3) 储蓄是自留风险行为；而商业保险实现了风险的转移，投保人通过交付保险费方式将风险转移给了保险公司。

(4) 储蓄的用途很广，既可以作为灾害事故的损失补偿，也可以用作教育费、养老金等支出；商业保险的用途一般是特定的，仅用于保险责任范围内的损失补偿和保险事件出现时的保险金给付。

▶ 3. 商业保险与救济

商业保险与救济的相同点是商业保险和救济都是对灾害事故造成的损失给予补偿的经济制度。

商业保险与救济的不同点是两者在经营主体、保障对象和资金来源上有着明显的不同。主要表现为以下三个方面：

（1）保障主体方面。商业保险提供保障的主体是商业保险公司；救济则以国家为主体，是一种社会行为。

（2）保障对象方面。商业保险的保障对象是满足承保条件的特定的被保险人；社会救济的对象主要是无力谋生的老、弱、病、残等社会弱势群体。

（3）法律行为方面。商业保险是双方的法律行为，按照保险合同的规定，投保人交付保险费，保险人履行赔偿或者给付保险金的义务，所以保险赔偿或者给付的范围、金额和对象都受保险合同的约束，并受到法律的保护；而救济是单方面的法律行为，是救济者对受害者的无偿赠予，没有法律上的义务，因此救济的形式、数额和对象都不受任何限制。

▶ 4. 商业保险与赌博

商业保险与赌博的相同点是它们都取决于偶然事件的发生。从表面上看，商业保险与赌博在金钱上的得失同样取决于偶然事件的发生与否，有相似之处。被保险人缴付的保险费与其获得的赔偿并不保持等价交换关系，有赖于偶然因素。比如有的被保险人长年缴付保险费而没有得到一点赔偿，似乎吃了亏。而个别被保险人刚缴付保费就获得巨额赔偿，碰了好运气。这只是从单个被保险人角度来看的结果，保险费和保险金是不相等的，确实存在一定的偶然性。但是从商业保险的整体来看，保险费和保险金是一致的。

商业保险与赌博在事实上有着本质区别。商业保险与赌博的不同点主要表现为以下四个方面：

（1）从行为的目的分析，商业保险的目的在于通过被保险人的互助共济，减少灾害事故造成的损失，被保险人只能获得损失补偿，不能因保险额外获利；而赌博的目的在于侥幸获利，以小搏大。

（2）从保险利益分析，商业保险以被保险人对保险标的具有保险利益为前提条件，要求保险标的受损必须与被保险人的经济利益有直接关系；而赌博是个人意愿，没有保险利益要求。

（3）从科学性方面分析，商业保险的数理基础是概率论和大数法则，保险费是依照科学的方法合理计算出来的，从理论上讲，保险费的收取和保险金的支付是相等的；而赌博完全依靠偶然机会，是冒险碰运气的行为。

（4）从风险变化看，商业保险是转移和减少纯粹风险损失的一种办法；而赌博则会产生和增加新的投机性风险。

第二节 保险的分类

保险事业历经几百年的发展，其种类繁多。当代保险业发展迅速，保险领域不断扩大，新的险种层出不穷。科学地对众多的险种进行划分与归类是认识、了解、把握保险的前提，是从事与保险有关的实践活动的基础。对保险的分类有广义与狭义之分。广义的分类是指从宏观的角度将国民经济中的保险划分为社会保险、政策保险与商业保险三大类别，而狭义的分类一般是指对商业保险种类的细分。

一、常见的分类方法

▶ 1. 按保险的性质分类

按照保险的性质不同，保险可以分为商业保险、社会保险和政策保险。

(1) 商业保险。是指投保人根据合同约定，向保险人支付保险费，保险人对于合同约定的可能发生的事故因其造成的财产损失承担赔偿保险金责任，或者当被保险人死亡、伤残、疾病或者达到合同约定的年龄、期限时承担给付保险金责任的保险行为。商业保险以盈利为目标，进行独立经济核算。投保人之所以愿意投保，是因为投保费用要低于对未来的损失预期；保险人之所以承保，是因为可以从中获利。商业保险又是一种合同行为，投保人与保险人通过签订合同建立法定保险关系，投保人根据合同有向保险人支付保险费的义务，保险人在保险事故或保险事件发生时对被保险人负有赔偿或给付保险金的义务。

(2) 社会保险。无论商业保险多么发达，社会保险对于一个国家来说都是必不可少的。在现实生活中，有许多风险是商业保险所不能解决的，如大规模的失业、贫困等问题，这些情况不符合商业保险的可保危险条件，而且规模很大，商业保险也无力承担。但是如果这些风险得不到保障，就会造成社会动荡，直接影响经济发展，所以只能靠社会保险的办法来解决。社会保险一般是强制性的，凡符合法律规定条件的成员都要参加。在大多数国家，社会保险仅对被保险人提供最基本的生活保障，不以盈利为目的，运行中若出现赤字，国家财政将给给予支持。

(3) 政策保险。是指由国家财政直接投资成立的公司或国家委托独家代办的商业保险机构，为了体现一定的国家政策，如产业政策、国际贸易政策等，以国家财政为后盾，举办的一些不以盈利为目的的保险。这类保险所投保的风险一般损失程度较高，但出于种种考虑而收取较低保险费，若经营者发生亏损，国家财政将给予补偿。常见的政策性保险有出口信用保险、投资保险等。

▶ 2. 按保险标的分类

保险标的是保险事故有可能发生的载体。社会保险的标的是单一的人身，而政策保险的标的是则是从广义上理解的财产。商业保险根据标的不同可以进一步分类。最初商业保险被分为财产保险和人身保险。随着社会经济的不断发展，经济生活中各经济主体之间的责任关系、信用关系、保证关系变得越来越重要，现代社会已经被称为信用社会。并且这些无形的关系越来越成为经济不稳定、产生风险的主要诱因，对于这一类风险，人们也希望得到保障。在保险制度不断完善的情况下，满足这种保障需求成为可能。责任、信用保证保险逐渐受到人们的重视，并从传统的分类方式中分离出来，成为独立的保险种类。于是不仅各种财产及其相关的利益、人的生命与身体，而且各种责任、信用保证等都可以作为商业保险合同的标的。现在，一般按广义仍把商业保险分为财产保险和人身保险两大类；但按狭义可细分为财产保险、人身保险、责任保险和信用保证保险。

(1) 财产保险。狭义的财产保险(或叫有形财产保险、财产损失保险)，其保险标的是财产及与之相关的利益,保险人承担保险标的因自然灾害和意外事故,如火灾、爆炸、海难、空难等风险损失的经济赔偿责任。作为保险标的的财产分有形财产和无形财产,有形财产如厂房、机器设备、运输工具等,无形财产如专利、版权、预期收益等。财产保险包含的险种很多,其中主要有海上保险、火灾保险、运输工具保险、货物运输保险、工程保险和利润损失保险等。

(2) 人身保险。其保险标的是人的身体或生命,以生存、年老、伤残、疾病、死亡等人身风险为人身事件,被保险人在保险期间如发生保险事件,保险人按照合同约定给付被保险人保险金。由于人的价值无法用货币衡量,具体的保险金额是根据被保险人的生活需要和投保人所支付的保险费来确定。人身保险主要包括人寿保险、健康保险和意外伤害保险。

(3) 责任保险。其保险标的是被保险人对第三者依法应负的民事赔偿责任或经过特别约定的合同责任。无论是法人还是自然人,在进行业务活动或日常生活中,都有可能因疏忽、过失等行为而致使他人遭受损害,并因此要负有民事赔偿责任,从而造成自身经济上的损失,责任保险就是承保的这类风险。开办责任保险的目的,在于保证法律规定的民事赔偿责任能够履行,保障受害者的利益,保证经济生活能顺利进行,维护正常的社会秩序。责任保险可单独承保,也可附加在其他险种中承保。责任保险包括公众责任保险、雇主责任保险、职业责任保险、产品责任保险和第三者责任保险等。

(4) 信用保证保险。其以在经济活动中权利人和义务人双方约定的经济信用为保险标的,以义务人的信用风险为风险事故,对义务人(被保证人)的信用风险致使权利人遭受的经济损失,保险人按照合同约定赔偿权利人的经济损失。它是一种担保性质的保险。按照投保人的不同,信用保证保险又可分为信用保险和保证保险两类。在信用保险中,权利人是投保人和被保险人,要求保险人对义务人的信用进行担保;而在保证保险中,义务人要求保险人对自己的信用提供担保,如果自己不能履约而造成权利人的经济损失,由保险人负责赔偿。可见,无论是信用保险还是保证保险,保险人所保障的都是义务人的信用,最终得到赔偿的都是权利人。只不过信用保险的投保人是权利人,而保证保险的投保人是义务人。信用保险包括国内商业信用保险、出口信用保险等。保证保险包括合同保证保险、产品质量保证保险、忠诚保证保险等。

信用保证保险可以降低市场交易成本,提高市场经济的运转效率,我国市场经济建设迫切需要信用保证保险。然而,当前我国信用保证保险发展滞后,面临许多因素的制约。我国发展信用保证保险,应加快社会信用体系建设,营造有利于信用保证保险发展的环境,促进政策性、商业性保险同步发展,完善风险控制机制。

责任、信用都是无形的利益,因此责任保险和信用保证保险又被称为无形财产保险。

需要指出的是,在这四类保险中,人身保险与其他三种保险有着本质的不同。财产保险、责任保险、信用保证保险是赔付性质,其标的都是有形或无形的"物",可以被看作是广义的财产保险,而人身保险是给付性质,其标的是人的寿命或身体。

▶ 3. 按风险转移层次分类

以风险转移层次为划分标准,保险可以区分为原保险、再保险和共同保险。

(1) 原保险,是指投保人与保险人之间直接签订合同,确定保险关系,投保人将风险损失转移给保险人。

(2) 再保险，也称保险的保险，是指保险人将其承保的业务的一部分或全部分给另一个或几个保险人承担。再保险的投保人本身就是保险人，称为原保险人，又称保险分出人；再保险业务中接受投保的保险人称为再保险人，又称保险分入人。再保险人承保的保险标的是原保险人的保险责任，原保险人通过将业务分保给再保险人，使风险损失在若干保险人之间又进行了转移。这种风险转移是纵向的，再保险人面对的是原保险人，再保险人并不与最初的投保人打交道。再保险人对原保险的被保险人不负有给付保险金的责任。再保险的意义在于扩大业务经营能力，提高财务稳定性。再保险最初只适用于财产保险，现在已逐步发展到人身保险和责任保险。

(3) 共同保险，也称共保，是指几个保险人联合起来共同承保同一标的的同一可保利益、同一危险事故，而且保险金额之和不超过保险标的的价值。在实务中，数个保险人可能以某一保险公司的名义签发一张保险单，然后每一保险公司对保险事故损失按比例分担责任。

共同保险与再保险有一定的区别。在共同保险中，每一个保险人直接面对投保人，各保险人的地位是一样的，风险在各个保险人之间横向分摊；而在再保险中，原保险人与再保险人之间发生关系，再保险人与原投保人之间并不发生直接的关系，风险在各保险人之间被纵向分摊。共同保险的各保险公司对其承担风险责任的分摊是第一次分摊，而再保险则是对风险责任进行的第二次分摊。

▶ 4. 按实施方式分类

按实施方式分类，保险可以分为强制保险和自愿保险。

(1) 强制保险，又称法定保险，是指国家或政府根据法律、法令或行政命令，在投保人和保险人之间强制建立起保险关系。许多国家以法律或行政命令的形式规定，特定范围内的任何标的都必须参加保险。在强制保险中，国家通过法令统一规定承保机构、保险责任范围、保障时限、保险金额、保险赔偿方式等。强制保险有两种实施方式：对于有些强制保险，法律不仅规定投保标的的范围，而且规定要到特定的保险公司投保，这种保险不存在竞争，不存在市场作用；有的强制保险，法律仅规定投保标的的范围，并不指定保险人，也就是说强制规定只针对投保人。由于保险人没有指定，各保险公司之间存在竞争。

(2) 自愿保险，也称任意保险，是指投保人和保险人在平等自愿的基础上，通过订立保险合同建立起保险关系。自愿保险中，投保人自主决定是否投保，自由选择保险人，自行确定保险险种、保险金额、保险期限。投保人还可以中途退保，终止保险合同。作为保险合同的卖方，保险人也可以选择投保人，根据保险标的的情况决定是否承保及承保多大的金额。在自愿保险中保险完全可以看作是一种商品，买卖双方可以充分行使自己的权利。自愿保险是商业保险的主要形式。

▶ 5. 按照国家立法形式分类

按照国家立法形式分类，保险分为人身保险与财产保险。

(1) 人身保险，是以人的寿命和身体为保险标的的保险。当人们遭受不幸事故或因疾病、年老以致丧失工作能力、伤残、死亡或年老退休后，根据保险合同的规定，保险人对被保险人或受益人给付保险金或年金，以解决病、残、老、死所造成的经济困难。

(2) 财产保险，是以有形或无形财产及其相关利益为保险标的的一类保险。广义的财产不仅指有形的物质财富，还包括与具体物质财富相关的经济利益、责任、信用等无形财产。

二、其他分类方法

▶ 1. 按照保险客户分类

按照保险客户分类，保险可以分为个人保险和团体保险。

(1) 个人保险，其投保人是单个的自然人，是以个人名义向保险人购买的保险。

(2) 团体保险，其投保人为集体，投保的团体与保险人签订一份保险合同，向集体内的成员提供保障，保险费率要低于个人保险。团体保险多用于人身保险。团体人身保险在各国有不同的险种，在我国有团体终身保险、团体意外伤害保险、团体定期寿险、团体年金保险、团体短期健康保险、团体长期健康保险等。企业一般把团体保险作为为职工谋取福利的一种方式。近年来，团体保险的范围已经由过去的人身保险领域延伸至财产、责任保险领域，例如美国的一些企业在其雇员福利计划中就包括团体私用汽车保险和团体房主保险。

▶ 2. 按照承保的风险分类

按承保的风险分类，保险可分为单一风险保险、综合风险保险和一切险。在合同中一般都会列明对哪些风险事故承担保险责任，这样既明确了保险人要对哪些风险事故造成的后果承担责任，也明确了被保险人因哪些风险事故导致的损失可以得到补偿，是风险事故发生后合同双方享受权利和履行义务的依据。

(1) 单一风险保险，即保险人仅对被保险人所面临的某一种风险提供风险保障。例如，地震保险只对地震灾害负赔偿责任。

(2) 综合风险保险，即保险人对被保险人所面临的两种或两种以上的风险承担经济赔偿责任。目前的保险险种大部分都是综合风险险种。

(3) 一切险，即保险人除了对合同中列举出来的不保风险外，对被保险人所面临的其他一切险都负有经济赔偿责任。

就综合险和一切险而言，仅从保险合同中列明了的保险责任还难以判断，但是从险种的名称、保险责任和除外责任能够加以区别。一切险通常在险种的名称中加以体现，同时，在保险责任项下通常注明"本保单保险责任之外的一切责任"纳入保险责任范围；而综合险却通常在除外责任项下注明"本保单保险责任之外的一切责任"纳入除外责任范围。因此，一切险是将保险合同中没有明示的风险视为保险责任，而综合险是将保险合同中没有明示的风险视为除外责任。

▶ 3. 按照是否在保险合同中列明标的物的价值分类

按照是否在保险合同中列明标的物的价值，保险可分为定值保险和不定值保险。

(1) 定值保险是指在保险合同中列明由当事人双方事先确定的保险标的的实际价值，即保险价值。当定值保险标的物发生损失时，赔偿金额按照保险金额和损失程度确定。损失程度是保险标的的实际损失额与保险标的的完好市场价值之比。定值合同一般适用于海洋运输货物保险、船舶保险以及难以确定价值的珍贵保险标的的财产保险。海洋运输货物的价格常常在起运港和目的港变化很大，因无法确定实际价格会影响被保险人的保障程度，所以一般采用定值保险的方式，以避免补偿不足。古玩、名字画、邮票、动植物标本等珍贵保险标的更是价格涨落无法预料，需要定值保险。

(2) 不定值保险在保险合同中不事先列明保险标的的实际价值，仅列明保险金额作为赔偿的最高限额。发生损失时，先按照保险金额与保险标的的实际价值算出保障程度，再按照损失额的相应比例赔偿。

不定值合同是指在合同中不载明保险标的的保险价值，只载明保险金额作为赔偿的最高限额。倘若保险标的发生损失，保险人在保险金额范围内按照保险保障程度和实际损失金额予以赔偿。当保险金额低于保险标的发生时的完好市场价值时，则视为不足额保险。当保险金额高于保险标的发生损失时的完好市场价值时，则视为超额保险，超额部分无效。

▶ 4. 按照是否足额投保分类

按是否足额投保分类，保险可以分为足额保险、不足额保险和超额保险。

（1）足额保险。足额保险是指保险金额与保险价值相等。在保险事故发生时，若保险标的物全部受损，保险人按照保险金额全部赔偿；反之，若保险标的物一部分受损，保险人则以实际损失为准计算其赔偿金额。

（2）不足额保险。也称部分保险，是指保险合同中约定的保险金额小于保险价值的一种保险。产生不足额保险的原因有三种：一是投保人为了节省保险费支出，在订立保险合同时，仅以保险价值的一部分投保，以致出现保险金额小于保险价值的情况；二是由于保险标的的风险较大，保险人只接受部分投保，其余由被保险人自行负责，以此增强其防灾防损的意识；三是在订立保险合同后因保险标的的价值上涨，以致原来的足额保险变成不足额保险。

（3）超额保险。是指保险金额大于保险价值。

第三节 保险的职能与作用

一、保险的职能

所谓职能，是指某种客观事物或现象内在的、固有的功能。保险的职能则是指保险作为一种制度安排，在其运行过程中所固有的、内在的功能，它是由保险的本质和内容决定的，是不以人的意志为转移的客观存在。

长期以来，不同国家、不同地区和在同一国家或地区的不同时期，人们往往结合本地区或某一时期保险业在当地社会经济中的发展实际，对保险的功能提出了不同看法，存在着不同的认识。在当代，随着保险业在社会经济发展中的地位日益突出，保险业已经渗透到社会生产和生活的各个领域，保险的功能也得到了空前的发挥。一般认为，现代保险至少具有保障、资金融通、社会管理三大职能。

▶ 1. 保障职能

保障职能是保险的基本功能，是由保险的本质特征所决定的，它除了在不同国家、地区和不同时期的表现形式有所不同以及不断被赋予新的时代内容以外，其在保险制度中的核心地位不会因时间的推移和社会形态的变迁而改变。该功能主要体现在以下几个方面：

（1）分散风险。即用大家的钱来补偿一部分人的损失，将一部分人面对的风险分散给大家,从整体上提高对风险的承受能力。当一个人单独面对风险时,一次较大的灾难就可能将其摧毁,这时如果有人协助,他就容易渡过难关。风险分散包括时间上的分散和空间上的分散。

(2) 经济补偿或给付。赔付或给付保险金是保险的目的,投保人买保险,目的就是在保险标的发生保险事故后能够得到及时理赔。保险分为补偿性保险合同和给付性保险合同。补偿性保险合同以报销补偿为条件,大多按照实际费用的比例报销,不能重复报销。财产保险合同属于补偿性保险合同。给付性保险合同以给付保险金的目的为标准,大多数人身保险合同,如人寿保险合同都属于这类保险合同。

(3) 促进社会心理安定。美国著名心理学家马斯洛提出了人类需求五个层次理论,即生理、安全、社交、尊重和自我实现的需求。其中,安全的需求包括物质上的劳动安全和职业安全、经济上的生活安定和未来保障、心理上的免于灾难威胁和安全感。保险作为一种经济保障制度,通过分散人们面临的各种风险,并对因风险事故造成的意外损失给予经济上的补偿,能够弥补人们所遭受的不幸损失,消除人们对未来生活的忧虑和恐惧心理,从而达到安定社会的目的。

▶ 2. 资金融通职能

这是保险的派生职能之一,是在保险基本职能的基础上派生出来的。作为金融的一个重要组成部分,保险的资金融通职能随着现代保险业,尤其是现代寿险业的迅速发展和金融环境的不断完善而越来越突出。所谓资金融通,是指资金的积聚、流通和分配过程,保险的资金融通功能则是指保险资金的积聚、运用和分配功能。

(1) 资金的积聚。保险公司和银行一样也属于负债经营的企业,其资金大部分是通过负债形式由被保险人或者投保人所缴纳的保险费积聚起来的保险基金。

(2) 资金的运用。保险人收取保费建立保险基金是为了应对未来的风险损失,保费的收取和使用在时间上是不一致的,必然有一部分资金闲置,而资金是有时间价值的,保险人为追求自身利益最大化,要使其保值增值,必然要进行投资。

(3) 资金的分配。保险的资金融通功能与金融市场的发达程度密切相关。在"银行主导型"的传统金融市场中,金融资源配置方式主要通过银行的间接融资来完成,保险对金融资源配置的功能受到极大的抑制。随着经济的发展,特别是金融创新的日新月异,保险资金融通功能发挥的空间非常广阔,保险业已在金融市场中占据非常重要的地位,是资产管理和股市的重要参与者,持有很大比例的上市公司股票,市值很高。

由于保险资金具有规模大、期限长的特点,充分发挥保险资金融通功能,一方面可以积聚大量社会资金,增加居民储蓄转化为投资的渠道,分散居民储蓄过于集中银行所形成的金融风险;另一方面可以为资本市场的发展提供长期的、稳定的资金支持,实现保险市场与货币市场、资本市场的有机结合和协调发展。正是由于保险具有资金融通功能,进而具备了金融属性,因此保险业便与银行业、证券业一起成为金融业的三大支柱。

▶ 3. 社会管理职能

保险对社会的管理,不同于以国家为主体的管理,也不是深入进行经济、政治、文化等各专业的部门管理,而在于通过其经济补偿功能的发挥,能够促进、协调社会各领域的正常运转和有序发展,即起到"社会润滑剂"的作用。社会管理职能是保险的又一派生职能,是其基本功能的外在表现形式,是反映一国保险业融入该国社会经济生活程度的重要标志。

随着保险业在国民经济中发展地位的不断巩固和增强，保险的社会管理功能也不断凸显出来，主要表现为社会保障管理、社会风险管理、社会关系管理、社会信用管理四个方面。

（1）社会保障管理。商业保险是社会保障体系的重要组成部分，在完善社会保障体系方面发挥着重要作用。商业保险一方面可以扩大社会保障的覆盖面；另一方面可以提高社会保障的水平，缓解政府在社会保障方面的压力，为维护社会稳定和保障人民安居乐业做出积极贡献。

（2）社会风险管理。保险公司利用积累的风险损失资料和专业的风险管理技术，为全社会风险管理提供有力的支持。同时，保险公司还可以直接配合公安消防、交通安全、防汛防洪等部门，实现对风险的控制和管理。

（3）社会关系管理。保险公司介入灾害事故处理的全过程，可以提高事故处理效率，减少当事人可能出现的各种纠纷，为维护政府、企业和个人之间正常有序的社会关系创造有利条件，减少社会摩擦，提高社会运行的效率。

（4）社会信用管理。最大诚信原则是保险经营的基本原则，保险公司经营的产品实际上是一种以信用为基础、以法律为保障的承诺，在培养和增强社会的诚信意识方面具有潜移默化的作用。同时，保险公司经营过程中可以收集企业和个人的履约行为记录，为社会信用体系的建立和管理提供重要的信息资料来源，实现社会信用资源的共享。

二、保险在宏观经济和微观经济中的作用

▶ 1. 保险在宏观经济中的作用

保险在宏观经济中的作用是保险职能的发挥对全社会和国民经济总体所产生的经济效应。其作用具体表现在以下几个方面：

（1）保障社会再生产的正常进行。社会再生产过程由生产、分配、交换和消费四个环节组成，它们在时间上是连续的，在空间上是均衡的。也就是说，社会总产品的物质流系统和价值流系统在这四个环节中的运动，时间上是连续的，空间上分布是均衡的。但是，再生产过程的这种连续性和均衡性会因遭遇各种灾害事故而被迫中断和失衡，这种情况是不可避免的。比如，一家大型钢铁厂因巨灾损失而无力及时恢复生产，社会正常的价值流系统和物质流系统因该厂不能履行债务和供货合同而中断，其连锁反应还将影响社会再生产过程的均衡发展。保险经济补偿能及时和迅速地对这种中断和失衡发挥修补作用，从而保证社会再生产的连续性和稳定性。

（2）推动商品的流通和消费。商品必须通过流通过程的交换才能进入生产消费和生活消费，而在交换行为中难免存在着交易双方的资信风险和产品质量风险的障碍，保险为克服这些障碍提供了便利。比如出口信用保险为出口商提供了债权损失的经济补偿责任；履约保证保险为债权人提供了履约担保；产品质量保证保险不仅为消费者提供了产品质量问题上的经济补偿承诺，而且还为厂商的商品作了可信赖的广告。可见，保险在推动商品流通和消费方面的作用是不可低估的。

（3）推动科学技术向现实生产力转化。科学技术是第一生产力。在各种经济生活中，采用新技术比采用落后的技术显然具有更高的劳动生产率，当代的商品竞争越来越趋向于

高新技术的竞争,在商品价值方面,技术附加值比重越来越大。但是,对于熟悉了原有技术工艺的经济主体来说,采用新技术就意味着新的风险。保险则可以对采用新技术带来的风险提供保障,为企业开发新技术、新产品以及使用专利壮胆,促进先进技术的推广运用。

(4) 有利于财政和信贷收支平衡的顺利实现。财政收支计划和信贷收支计划是国民经济宏观调控的两大资金调控计划。相对资金运动来说,物质资料的生产、流通和消费是第一性的,所以,财政和信贷所支配的资金运动的规模与结构首先决定于生产、流通和消费的规模与结构。毫无疑问,自然灾害和意外事故发生的每次破坏,都将或多或少地造成财政收入的减少和银行贷款归流的中断,同时还要增加财政支出和信贷支出,从而给国家宏观经济调控带来困难。在生产单位参加保险的前提下,财产损失得到保险补偿,恢复生产经营就有了资金保证,生产经营一旦恢复正常,就保证了财政收入的基本稳定,银行贷款也能得到及时的清偿或者重新获得物质保证。可见,保险确实对财政和信贷收支的平衡发挥着保障性作用。此外,保险公司积蓄的巨额保险基金还是财政和信贷基金资源的重要补充。

(5) 增加外汇收入,增强国际支付能力。保险在对外贸易和国际经济交往中是必不可少的环节。按国际惯例,进出口贸易都必须办理保险。保险费与商品的成本价和运费一起构成进出口商品价格的三要素。一国出口商品时争取到岸价格,即由对方负责保险,则可减少保险外汇支出。此外,当一国进入世界保险市场参与再保险业务时,应保持保险外汇收支平衡,力争保险外汇顺差。保险外汇收入是一种无形贸易收入,对于增强国家的国际支付能力起着积极的作用,历来为世界各国所重视。

(6) 动员国际范围内的保险基金。保险公司虽是集散风险的中介,但就单个保险公司而言,其所能集中的风险量(非寿险公司的承保总金额)总要受自身承保能力的限制,超过的就要向其他保险人分出(再保险),或对巨额危险单位采取共保方式。因此,再保险机制或共保机制就可以把保险市场上彼此独立的保险基金联结为一体,共同承保某一特定风险,这种行为一旦超越国界,即可实现国际范围内的风险分散,从而将国际范围内的保险基金联结为一体。国际再保险是动员国际范围内的保险基金的一种主要形式。

▶ 2. 保险在微观经济中的作用

保险在微观经济中的作用主要是指保险作为经济单位或个人风险管理的财务手段所产生的经济效应,主要表现在以下几个方面:

(1) 有利于受灾企业及时恢复生产。在物质资料生产过程中,自然灾害和意外事故是不可避免的,这是一条自然规律。但在什么时候和什么地点发生、波及面有多广、受损程度有多大,都是不确定的,保险赔偿具有合理、及时、有效的特点。投保企业一旦遭遇灾害事故损失,就能够按照保险合同约定的条件及时得到保险赔偿,获得资金,重新购置资产,恢复生产经营。同时,由于企业恢复生产及时,还可减少受灾企业的利润和费用等间接经营损失。

(2) 有利于企业加强经济核算。保险作为企业风险管理的财务手段之一,能够把企业不确定的巨额灾害损失,化为固定的少量的保险费支出,并摊入企业的生产成本或流通费用,这是完全符合企业经营核算制度的。因为企业通过缴付保险费,把风险损失(甚至可包括由营业中断造成的利润损失和费用损失)转嫁给保险公司,不仅不会因灾损而影响企业经营成本的均衡,而且还保证了企业财务成果的稳定。如果企业不参加保险,为了不因灾害损失而使生产经营中断、萎缩或破产,就需要另外准备一套风险准备金,这种完全自保型的风险财务手段,一般来说,对单个企业既不经济也不可能。

(3) 有利于企业加强风险管理。保险补偿固然可以在短时间内迅速消除或减轻灾害事故的影响因素,但是,就物质净损失而言,仍旧是一种损失。而且保险企业也不可能从风险损失中获得额外的利益。因此,防范风险于未然是企业和保险公司利益一致的行为。保险公司常年与各种灾害事故打交道,积累了丰富的风险管理经验,不仅可以向企业提供各种风险管理经验,而且通过承保时的风险调查与分析、承保期内的风险检查与监督等活动,尽可能消除风险的潜在因素,达到防灾防损的目的。此外,保险公司还可以通过保险合同的约束和保险费率杠杆调动企业防灾、防损的积极性,共同搞好风险管理工作。

(4) 有利于安定人民生活。家庭是劳动力再生产的基本单位,家庭生活安定是人们从事生产劳动、学习休息和社会活动的基本保证。但是,自然灾害和意外事故对于家庭来说同样是不可避免的,参加保险也是家庭风险管理的有效手段。家庭财产保险可以使受灾家庭恢复原有的物质生活条件。当家庭成员,尤其是工资收入者,遭遇生老病死等意外的或必然的事件时,人身保险作为社会保险和社会福利的补充,对家庭的正常经济生活起保障作用。

(5) 有利于民事赔偿责任的履行。人们在日常生产活动和社会活动中不可能完全排除民事侵权或他人侵权而发生民事赔偿责任或民事索赔事件。具有民事赔偿责任风险的单位或个人可以通过交保险费的办法将此风险转嫁给保险公司,为维护被侵权人的合法权益顺利获得民事赔偿。有些民事赔偿责任由政府采取立法的形式强制实施,比如雇主责任险、机动车第三者责任险等。

(6) 有利于促进个人或家庭消费的均衡。保险,尤其是人身保险,不仅是对已经存在的社会财富损失的价值补偿,更多的则是体现了储蓄的性质,即将现在的财富积累下来以满足未来经济上的需要,但是人身保险的定期交费和按照合同规定给付保险金,使得人身保险比储蓄更好地解决了收入与消费间的不均衡问题。因为人的收入在整个生命周期内波动幅度是比较大的,一般在青壮年时期收入最高,而人的一生都需要消费,为了保证年老时不因各种人身风险而影响个人和家庭的消费,就必须在年轻时利用收入的一部分交付保险费,购买养老金保险、其他人寿保险和健康保险,在年老、伤残、患病时从保险公司领取保险金,从而实现个人和家庭消费的均衡。

(7) 有利于提高企业和个人的信用。在市场经济条件下,企业和个人都有遭受责任风险和信用风险的可能。通过购买责任保险或信用保证保险,可以提高企业和个人的履约能力和信用,进而改善融资条件。

三、保险在家庭理财中的作用

在家庭理财中,保险的风险规划功能和作用是任何其他投资工具所不能取代的。

▶ **1. 保险是能够提供风险保障的财产**

家庭投资要做到投资目标与人生风险相匹配。保险能够给家庭提供以下四大风险保障:

(1) 人身保障(包括死亡和伤残)。死亡和伤残直接的后果是收入中断。投保人通过买保险的方式，把这些不可预测的风险转嫁给保险公司，让主要依靠他们生活的家人拥有有保障的生活，确保家庭经济的安全。这既是对家庭责任的承担，又是对资产组合的优化。

（2）健康保障。人一旦生病，仍需大量现金维持自己的生活，当这些钱是来自保险制度时，他不用将投资资产变现，也不用急着工作，仍可以继续安享生活。人身保险账户和健康保险账户的设立，是为了让他们在遇到人生风险时，由保险帮助他们的家庭从容化解危机。

（3）子女教育保障。子女教育保险针对少年儿童在不同生长阶段的教育需要提供相应的保险金，充分体现父母对子女的呵护和关爱。如果投保人在缴费期去世，则以后各期保费可以豁免。

（4）养老保障。人的寿命越来越长，退休后还要生活几十年时间，而且一般到了五六十岁后身体状况都不会太好。若加上财务不安全，那么人生面临的风险很大。用保险金的方式解决养老问题是一种很好的选择，保单的收益不一定高，但保单的优点是确保收益。同时，保险是一种带有信托理财概念的金融资产，当被保险人过世后保险公司可提供给他的家人长期的生活保障。

▶ 2. 保险是能够保障生命资产的财产

资产有两种，一种是现在实际拥有的资产，如汽车、房子、存款、股票等，一种是生命资产，也就是人在未来赚钱的能力。它是一份与生俱来、不断增值的资产，也是人们创造出其他资产的主要源泉。意外伤害、生病等都会让人们无法工作，而且会消耗大量的金钱，而对冲疾病和受伤这种对生命资产造成重大损失情况的最有效的工具就是保险，保险是能锁定生命资产的金融工具。

▶ 3. 保险是可以保值增值的财产

资产配置是指在不同投资产品间配置资产，通过构建较低的相关系数以平衡投资的风险与收益。保险不仅是一份单纯的保障，而且也是一份资产。过去老百姓的理财方式主要是通过最大化的储蓄来完成，后来发现仅仅靠储蓄的话，比如买房、小孩教育金、疾病保障金等，都要把这个钱攒到足够的额度才能使用。保险是一种保值增值的财产，一种重要的资产配置方式，它可以用最小的成本抵御最大的风险。现在有的保险，比如分红保险，投资连结险，投资分红功能非常强，这些险种不仅可以使资产保值，而且可以使资产升值。

▶ 4. 保险是节税传承的财产

财产传承规划是指当事人健在时，通过选择遗产管理工具和遗产分配方案，将其拥有或控制的各种资产或负债进行安排，确保在自己去世或丧失行为能力时能够实现家庭财产的代际相传或安全过渡等特定目标。

在许多国家，购买人寿保险的保费属于已支出的费用，不用列入遗产总额，所以通过保险的避税功能进行资产保全无疑是一种不错的财富安排。另外，保单具有的可更改、可控性，可以确保投保人把财富传给他认为最合适的人，这种指定受益人的方式还可以避免遗产纠纷。保单是能把财产传承下去而不发生纠纷的方式，传递的是一份爱、一份责任，用保险传承，设置一种类似信托的方式，会让子女在特定的时间获得这笔钱，甚至让子女在每年领到保险金。

第四节 保险的起源与发展

一、保险产生的条件

▶ 1. 自然条件

保险产生的自然条件是风险的存在。自然灾害,如火山爆发、洪水等的自然破坏力会给人类带来巨大的灾害与不幸。人们在社会活动中,由于过失或疏忽行为造成的意外事故也会影响人们的工作与生活。虽然随着社会的进步和社会生产力的发展,人们做了大量防灾减灾的工作,减少和降低了某些自然灾害和意外事故发生的频率与损失程度,此外,随着科学技术的发展和生产规模的日益扩大,新的风险也不断产生,且往往是巨灾巨额损失风险。例如,核污染、卫星发射、海上石油钻井等。由此可见,灾害事故不可能完全避免,治理风险的同时又会产生新的风险。有风险就有保险产生的必然性,所以自然灾害和意外事故对事物破坏力的客观存在是保险产生的前提。

▶ 2. 物质条件

保险产生的物质条件是剩余产品的出现。生产者生产的消费品不再限于满足消费的最低水平,而是在消费之后还有剩余时,才有可能留有后备,以防不测,防患于未然。所以,剩余产品的生产和增多,是建立实物后备的基础,也是保险产生和形成的物质基础。

▶ 3. 经济条件

保险产生的物质条件是商品经济的出现。随着社会生产的发展和商品交换活动的频繁,充当一般等价物的特殊商品——货币应运而生。随后就有了货币后备,以补救意外事故给生产和生活带来的灾难。而货币后备是建立保险基金的一般价值形态。所以,商品经济是保险产生、形成和发展的经济条件。

▶ 4. 数理基础

概率论是一门研究随机现象内部所蕴含的必然规律的科学,大数法则是概率论中用来阐明大量随机现象平均结果稳定性的一系列定理,它反映了必然性与偶然性之间的辩证关系。保险经营就是运用概率论和大数法则的数理理论进行科学计算,找出自然灾害和意外事故的损失概率,使人们在保险活动中比较准确地预测未来的损失。

二、古代朴素的保险思想和做法

人类社会从一开始就面临着自然灾害和意外事故的侵扰。古代人们在与大自然抗争的过程中,就萌生了对付灾害事故的保险思想和原始形态的保险方法。

我国历代王朝都非常重视积谷备荒。春秋时期孔子"耕三余一"的思想就是颇有代表性的见解。孔子认为,每年如能将收获粮食的三分之一存储起来,这样连续存储3年,便可存足1年的粮食,即"余一"。如果不断地存储粮食,经过27年可积存9年的粮食,就可达到太平盛世。

在国外,保险思想和原始的保险雏形在古代也已经产生。据史料记载,公元前2000年,在西亚两河(底格里斯河和幼发拉底河)流域的占巴比伦王国,国王曾下令僧侣、法官及村长等对他们所辖境内的居民收取赋金，用以救济遭受火灾及其他天灾的人们。在古埃及石匠中曾有一种互助基金组织，向每一成员收取会费以支付个别成员死亡后的丧葬费。

三、近现代主要保险险种的起源

当今时代，保险业与银行业和证券业等一道支撑着全球的金融体制。保险从早期的具有互助共济性的相互保险发展到现代商业保险制度，经历了漫长的历史演变过程。真正意义上的保险是近代资本主义商品经济的产物，并随近代资本主义商品经济的发展而逐步发展起来。在现代保险制度的形成过程中，海上保险先于陆上保险，财产保险先于人身保险。责任保险和信用保险，是随资本主义国家法律体系的完善和信用经济发展而产生并发展起来的。

▶ 1. 海上保险

海上保险是最早产生的险种。人类历史的发展一直与海洋密不可分，于是海上保险自然成了各种保险中起源最早的险种。由于海上保险的发展，才带动了整个保险业的繁荣与发展。

海上保险，简称水险，是指保险人对于保险标的物因海上风险所导致的损失或赔偿责任提供经济保障的一种保险。在所有保险中，海上保险的历史最为悠久，其保险标的随着保险经营技术的发展而不断变化。早期的海上保险，经营范围仅限于海上，其保险标的为船舶、货物和运费三种。承保的风险也仅为海上固有的风险。19世纪末，随着商品贸易的发展和运输方式的变革，海上保险的范围开始扩大，承保的保险标的种类逐步增加。如果说在此之前海上保险的保险范围是以航海为限，实行的是"海上风险"承保原则，此时的海上保险开始突破传统界限，凡是与航海有关的财产、利益或责任，均可成为海上保险的标的，在范围上包括了与航海有关的内河或陆上的损失等。20世纪，特别是近几十年来，海上保险的内容与形式进一步发生变化。其标的已由原来的与海上运输有关的财产、利益和责任，扩展至一些与海上运输没有直接关系的海上作业、海上资源开发等工程项目，如海上石油开发保险、海上养殖业保险、船东保赔保险等。

（1）早期萌芽：共同海损原则。海上贸易的获利与风险是共存的，在长期的航海实践中逐渐形成了由多数人分摊海上不测事故所致损失的方式——共同海损分摊。

公元前2000年左右，地中海沿岸海上贸易盛行，当时由于船舶构造非常简单，航海是一种很大的冒险活动。要使船舶在海上遭风浪时不致沉没，一种最有效的办法就是抛掉部分货物，以减轻载重量，损失由货主共同承担。这体现了海上保险的分摊损失、互助共济的要求，因而被认为是海上保险的萌芽。这个原则后来为公元前916年的罗地安海商法所采用，并规定为："凡因减轻船只载重投弃入海的货物，如为全体利益而损失的，须由全体分摊归还。"这就是著名的"共同海损"基本原则。

（2）船舶和货物抵押贷款是海上保险的雏形。公元前800—前700年起这种借款在地中海沿岸的一些城市就很流行。所谓船舶和货物抵押贷款，是指船舶在海上航行途中如船主遇到经济困难，为完成航程而将船舶或货物作抵押向贷款人借款。如果船舶和货物在航海途中遭遇海难，依其受损失程度，贷款人可以免除船主的部分或全部债务；如果船舶和货物安全抵达目的地，船主则应偿还本金和利息，而且利息高于一般贷款，高出的部分实际上就是海上保险中船主缴纳的保险费。船主在用船舶作抵押时，抵押品中也有将货物包括在内的，但也有单用货物作抵押的。此项业务中的借款人、贷款人以及船舶或货物，实际上与海上保险中的保险人、被保险人、保险标的物相同。船舶和货物抵押贷款已经具备海上保险的基本特征，因此被认为是海上保险的初级形式。

（3）现代海上保险的发展。现代海上保险发源于意大利。1347年10月23日，热那亚商人乔治·勒克维伦开出了迄今为止世界上发现最早的保险单，承保圣·克勒拉号船舶从热那亚到马桥坎的船舶保险，但无保险责任。

1384年3月24日，世界上出现最早真正意义上的保单，这份保单叫比撒保单，出现在意大利，是从比萨到法国南部阿尔兹的航程保单。这份保单的保险人不是一个，而是一组，标的物为四大包纺织品，有保险责任。

17世纪中叶到18世纪后期，英国先后战胜了西班牙、葡萄牙、荷兰和法国，取得了海上霸权和世界贸易中心的地位。英国也逐渐成为世界海上保险的中心，占据了海上保险的统治地位。英国对海上保险的贡献主要有两方面：一是制定海上通用保单，提供全球航运资料并成为世界保险中心；二是在保险立法方面，开始编制海上保险法典。在此基础上，英国国会1906年通过了《海上保险法》，这部法典将多年来所遵循的海上保险的做法、惯例、案例和解释等用成文法形式固定下来，这个法的原则至今仍为许多国家采纳或仿效，在世界保险立法方面有相当大的影响。

17世纪中叶，爱德华·劳埃德在泰晤士河畔开设了"劳合咖啡馆"，成为交换航运消息、购买保险以及交谈商业新闻的场所。1696年，劳合咖啡馆迁至伦敦市区金融中心，专门从事保险业务的经营，并逐渐发展成为英国的保险中心，即现今伦敦"劳合社"的前身。值得注意的是，劳合社不是一个保险公司，而是一个社团。更确切地说，它是一个保险市场，进一步说是四个不同的市场。它们分别从事水险、非水险、航空险和汽车险的业务。

▶ 2. 火灾保险

现代火灾保险最早出现于17世纪的英国。1666年9月2日，英国伦敦由面包炉着火引起一场大火。大火持续了4天4夜，约80%的建筑物被烧毁，20多万人无家可归，财产损失在1 000万英镑以上。这场大火激发了人们的保险意识。1667年，英国牙医尼古拉斯·巴蓬开办了火灾保险营业所，主要承保房屋、建筑物等不动产。1680年，巴蓬在火灾保险营业所的基础上，建立了火灾保险公司。巴蓬独创性地根据房屋的结构和租金收取保费，例如砖石结构的房子保险费率为年租金的2.5%，木质结构的房子则提高至5%，这种实行差别费率的方法被沿用至今，因而他被称为"现代保险之父"。

18世纪末到19世纪中期，英、法、德、美等主要资本主义国家相继完成了工业革命，大机器生产代替了手工作坊，物质财富大量增加和集聚，对火灾保险的需求变得更为迫切。这一时期，火灾保险公司以股份公司和相互保险组织形式居多。火灾保险也取得了长足发展，主要表现在：保险标的从过去的建筑物扩展到其他各类财产；承保的风险除火灾外，还扩展到地震、风暴、火灾等，此外还承保火灾后的利润损失。火灾保险发展到今天，已经成为承保多种标的和风险的财产保险。

▶ 3. 人身保险

人身保险起源于海上保险。15世纪，欧洲奴隶贩子大规模贩卖非洲黑奴到美洲。为了防止因奴隶在海上运输途中死亡而蒙受损失，奴隶贩子将奴隶作为货物投保海上保险。

由于这是以人的生命和身体作为保险标的的，因此人身保险可以以此为起源。后来，又发展到为船长、船员投保人身安全保险，这便是最初的人身意外伤害保险。

17世纪中叶，意大利银行家洛伦佐·佟蒂（Lorenzo Tonti）提出了一项联合养老办法，后来被称为"佟蒂法"。1689年，法国国王路易十四为筹集战争经费，采用了"佟蒂法"，规定把人按年龄分成若干组，每人缴纳一定数额的法郎，保险期满后开始支付利息给该组的生存者，每年支付10%，年龄高者多付息。如该组成员全部死亡，则停止给付。"佟蒂法"是年金保险的一种起源。

现代人寿保险制度的形成，与死亡率的精确计算密切相关。1693年，英国著名天文学家埃德蒙多·哈雷（Halley Edmond）根据德国布勒斯劳市市民的死亡率统计数据编制出了一个完整的生命表，精确地计算出各年龄段人口的死亡率，后人称这张生命表为哈雷生命表。该生命表为保险费的计算提供了数理根据，从而奠定了现代人寿保险的数理基础。1762年，英国人辛普森与道森创办人寿及遗属公平保险社，首次将死亡率生命表运用到计算人寿保险的费率上。按投保人的年龄，根据死亡表核算保险费，并对异常风险另外加收保费。人寿及遗属公平保险社的创办标志着现代人寿保险的开始。

▶ 4. 责任保险

责任保险最早出现在英国。1855年，英国就开办了铁路承运人责任保险，对于在铁路运输中的货物毁损，承运人要承担赔偿责任，这种责任风险通过购买保险合同转嫁给保险公司。以后又陆续出现了雇主责任保险、会计师责任保险和医生职业责任保险等，使雇主对雇员职业伤害应承担的民事责任、会计师因疏忽和过失给雇主造成的损失应承担的民事责任、医生在行医过程中因疏忽、过失或意外给患者造成的损害应承担的民事责任，通过保险合同转嫁给保险公司。

▶ 5. 信用保证保险

信用保证保险是一种以经济合同所制定的有形财产或预期应得的经济利益为保险标的的保险，它是随着资本主义商业信用的发展和经济活动中各种道德风险频繁发生而产生和发展起来的。按担保对象的不同，信用保证保险可分为信用保险和保证保险两种。

信用是商品买卖中的延期付款或货币的借贷行为。这种借贷行为表现为以偿还为条件的商品或货币的让渡形式。即债权人用这种形式赊销商品或贷出货币，债务人则按规定日期支付欠款或偿还贷款，并支付利息。信用保险是在这种借贷活动中，商品赊销方（卖方）赊销商品后不能得到相应的偿付，即赊购方（买方）出现信誉危机后产生的。信用危机的出现，在客观上要求建立一种经济补偿机制以弥补债权人所遭受的损失，从而能够充分发挥信用制度对商品生产的促进作用。可见，信用保险正是随着信用制度的发展而产生的。

目前，保证保险已成为资本主义经济生活中不可缺少的一个险种，西方国家的保险公司对货物的买卖、租赁、工程承包等合同都可以提供保证保险的服务。保证合同建立在信用基础上，即由保险人作为保证方，为权利人承保由于被保证人的不诚实或不守约而受到的损失，由保险人负责赔偿经济责任的一种保险。原先这种保证行为是由被保证人委托保证人向权利人提供的。现在保险公司承办的保险中，有的是由权利人交保险费向保险公司投保证保险，如职员忠诚保险、出口信用保险。对权利人来说，他付出保险费之后，获得的保证是可靠的，因为保险人对保证保险范围内的损失必赔无疑。因此，保证保险正在不断开辟它的市场。

第二章 保险概述

重要概念

保险 社会保险 强制保险 定值保险 不定值保险 超额保险 不足额保险 足额保险

思考题

1. 商业保险与社会保险、储蓄、救济有什么区别？
2. 保险的功能与作用有哪些？
3. 保险产生的基础是什么？

第三章 保险的基本原则

> **学习目标**
> 1. 了解和掌握保险的四个基本原则;
> 2. 理解保险基本原则各自的适用范围;
> 3. 掌握保险赔款额的计算。

保险关系是一种民事法律关系,调整这种关系时要注重商业习惯。而保险的基本原则就是在保险的长期发展过程中逐渐形成的为世界所公认的保险习惯做法。这些基本原则贯穿于整个保险业务,保险双方当事人都必须严格遵守。坚持和贯彻这些基本原则,有利于规范保险行为,维护保险双方的合法权益,更好地发挥和体现保险的职能、作用,保证保险业有序、健康地持续发展。

第一节 最大诚信原则

一、最大诚信原则的含义

诚信原则是民事法律关系的基本原则之一,是保险基本原则中最重要的原则,是保险合同关系得以建立和维持的基础。诚信就是诚实和守信用。诚实是指一方当事人对另一方当事人不得隐瞒、欺骗;守信用是指任何一方当事人都必须善意地、全面地履行自己的义务。

在保险活动中对当事人诚信的要求要比一般民事活动更为严格,要求当事人具有"最大诚信"。最大诚信原则的基本含义是:保险双方当事人必须以最大的诚意履行自己应尽的义务,互不隐瞒和欺骗,恪守合同的认定与承诺。否则,违反最大诚信原则的一方要受到相应的惩罚。

最大诚信原则起源于海上保险。在早期的海上保险业务中，由于投保人在办理投保时，船舶和货物往往远离投保所在地，保险人一般不可能对保险标的进行实地查勘，主要是根据投保人对于保险标的情况的陈述来决定是否予以承保，或者以什么条件进行承保。在这种情况下，投保人是否诚实，则是保险人所关心的重要问题。英国1906年《海上保险法》对于最大诚信原则作出如下规定："海上保险是建立在最大诚信原则基础上的保险合同，如果任何一方不遵守这一原则，他方可以宣告合同无效。"

现在，最大诚信原则已成为保险义务履行过程中保险双方当事人必须遵守的一项最基本的原则。坚持这一原则是为了确保保险合同的顺利履行，维护保险双方当事人的合法利益。

从理论上来说，最大诚信原则对保险双方当事人都有约束力，但是，在实践中更多的是体现在对投保人或被保险人的要求。这是因为投保人或被保险人对保险标的情况最为了解，其之所以要求投保，就是意识到危险的存在，欲将标的的风险损失转嫁给保险人。而对保险人来说，由于保险标的的广泛性和复杂性，对保险标的的具体情况了解甚少，主要是根据投保人的陈述来决定是否承保、如何承保以及适用的费率。如果投保人陈述不实或有意欺骗，将会误导保险人做出错误的决策，从而损害保险人的利益，所以特别要求投保人或被保险人遵守最大诚信原则。至于对保险人诚信的要求，主要是通过保险行业自律和政府的监管来实现。

二、最大诚信原则的基本内容

对投保人或被保险人而言，最大诚信原则的主要内容包括告知、保证和弃权与禁止反言。

▶ 1. 告知

最大诚信原则要求的告知是如实告知，保险双方当事人都有如实告知的义务。狭义的告知仅指合同当事人双方在订约前与订约时，当事人双方互相据实申报、陈述。广义的告知指合同订立之前、订立时及在合同有效期内，投保方对已知或应知的与风险和标的有关的重要事实据实向保险方作口头或书面申报；保险方也应将与投保方利害相关的重要事实据实通告投保方。

所谓重要事实，是指那些影响一个谨慎的保险人确定是否承保及承保条件的每一项事实。如有关标的的详细情况、风险因素及风险增加的情况、以往损失赔付情况、投保人与被保险人的详细情况等。同样，保险人应告知投保人有关保险条款、费率以及其他条件等可能会影响其作出投保决定的事实。

投保人的告知包括口头和书面的陈述。告知的立法形式在国际上主要有以下两种：

（1）无限告知。法律对告知的内容没有作具体规定，只要事实上与保险标的的风险状况有关的任何重要事实，投保人都有义务告知保险人。

（2）询问回答告知。投保人对保险人的提问必须如实回答，对询问以外的问题，投保人无须告知。我国立法采用的是询问告知的形式。有问必答，无问则不答。即保险人在投保单上将自己所要了解的事项列出，由投保人逐项回答。

告知不仅要求投保人或被保险人在订立保险合同时把有关保险标的的重要事实告知保险人，而且要求在保险合同有效期内，若保险标的的危险程度增加时，也应及时告知保险人；在保险事故发生后向保险人索赔时应如实申报保险标的的受损情况，提供各项有关损失的真实资料和证明。

目前许多国家的保险立法采用询问回答告知的形式。我国《保险法》第十六条规定："订立保险合同，保险人就保险标的或者被保险人的有关情况提出询问的，投保人应当如实告知。"

保险人也要履行告知义务。保险人的告知义务是法定义务，任何情况下保险人均有义务在订立保险合同前向投保人详细说明保险合同的各项条款，特别是保险责任与责任免除条款。我国《保险法》中规定，订立保险合同，保险人应当向投保人说明保险合同的条款内容。保险合同中规定有关于保险人责任免除条款的，保险人在订立保险合同时应当向投保人明确说明，未明确说明的，该条款不产生效力。

保险人要对投保人有关保险合同条款的提问做出直接真实的回答，就投保人有关保险合同的疑问进行正确的解释。

▶ 2. 保证

保证是投保人或被保险人在保险期间对某种事项的作为或不作为、存在或不存在的允诺。保证是保险人接受承保或承担保险责任所需投保人或被保险人履行的某种义务，其目的在于控制风险，确保保险标的及其周围环境处于良好的状态中。如投保人在投保机动车辆保险时保证在保险期间不载运危险货物，此承诺就是保证。若无以上保证，则保险人将不接受承保，或改变所适用的费率。

根据存在的形式保证可分为明示保证与暗示保证。

（1）明示保证，是以文字或书面的形式载明于保险合同中，成为保险合同的条款。明示保证是保证的重要表现形式。例如，我国机动车辆保险条款规定："被保险人必须对保险车辆妥善保管、使用、保养，使之处于正常技术状态。"

根据保证事项是否已存在，明示保证又有承诺保证和确认保证之分。

① 确认保证是投保人或被保险人对过去或现在某一特定事实的存在或不存在的保证。确认保证是要求对过去或投保当时的事实做出如实的陈述，而不是对该事实以后的发展情况作保证。确认保证事项涉及过去与现在。例如，投保人在投保人身保险时，保证被保险人在过去和投保当时健康状况良好，但不保证今后也一定如此。

② 承诺保证是投保人对将来某一事项的作为或不作为的保证，即对该事项今后的发展作保证，其保证事项涉及现在与将来，但不包括过去。例如，投保人在投保家庭财产盗窃险时，保证如果家中无人，门窗一定要关好、上锁。

（2）默示保证，是指虽然未载明于保险合同，但按照法律和惯例投保人应保证的事项。默示保证与明示保证有同等的法律效力。被保险人或投保人不需要对默示保证的内容作出口头或书面承诺，但按国际惯例或社会公认的原则必须遵守。默示保证的内容通常是以往法庭判决的结果，是保险实践经验的总结。默示保证在海上保险中运用较多，如在船舶保险中，保险船舶必须有适航能力是一项默示保证，如果保险船舶不适航，那么保险人不仅在保险事故发生后拒绝赔偿保险金，而且视保险合同为无效合同。

海上保险的三项默示保证包括：船舶必须有适航能力，具备载货的所有条件；不得绕航，起运港、经地港、到达港，都不改变；必须从事合法的运输业务。

【案例3-1】

某宾馆投保火险附加盗窃险,在投保单上写明能做到全天有警卫值班,保险公司予以承保并以此作为减费的条件。后宾馆于某日被盗。经调查,该日值班警卫因正当理由离开岗位仅10分钟。问宾馆所作的保证是一种什么保证?保险公司是否能据此拒赔?为什么?

▶ 3. 弃权和禁止反言

最大诚信原则的告知与保证被更多地用作约束投保人或被保险人行为的规则,而弃权和禁止反言则旨在保护被保险人的利益,防止保险人因翻供而造成对被保险人的损害,以真正体现保险合同的诚信原则和公平原则。

弃权是指合同的一方自愿地放弃其在保险合同中可以主张的某种权利。禁止反言是指合同的一方既然已经自动地放弃了其在保险合同中可以主张的某种权利,之后就不能反悔,重新主张这种权利。例如,在美国汽车保险的条款中规定,汽车的行使区域为本国境内,否则,保险人不承担赔偿责任,并可以解除合同。但是,被保险人在投保时告诉保险人在合同期间他将驱车去加拿大旅行,可保险人仍与被保险人签订了汽车保险合同,并收取了保险费。那么,一旦被保险人在加拿大的旅行过程中保险汽车发生保险事故,保险人就不能以汽车行驶区域超过了合同限制为理由不承担保险赔偿责任,也不可以解除合同。因为保险人与被保险人签订合同、收取保险费的行为就是保险人对限制汽车行驶区域权利的自动放弃。再比如,在海上保险中,保险人已知被保险轮船改变航道而没有提出解除合同,则视为保险人放弃对不能改变航道这一要求的权利,因改变航道而发生保险事故造成的损失,保险人就要赔偿。

三、违反最大诚信原则的后果

▶ 1. 没有履行告知义务的处理

我国《保险法》规定:

(1) 投保人故意隐瞒事实,不履行如实告知义务,或者因过失未履行如实告知义务,足以影响保险公司决定是否承保或提高保险费率的,保险公司有权解除保险合同;

(2) 投保人故意不履行如实告知义务,保险公司对于保险合同解除前发生的保险事故,不承担赔付保险金的责任,并不退还保险费;

(3) 投保人因过失未履行如实告知义务,对保险事故的发生有严重影响的,保险公司对于保险合同解除前发生的保险事故,不承担赔付保险金的责任,但可以退还保险费。

▶ 2. 违反保证义务的处理

违反保证义务,如果只部分地损害了对方的利益,只能就违反保证部分解除应承担的责任。这就是说,何时违反保证,保险人即从何时开始解除保险赔偿责任,不一定完全废除保险合同。

第二节 保险利益原则

一、保险利益的概念

保险利益是指投保人对投保标的所具有的法律上承认的利益，它体现了投保人或被保险人与保险标的之间存在的经济上的利害关系。如果保险标的安全，投保人或被保险人可以从中获益；而一旦保险标的受损，被保险人必然会蒙受经济损失。保险利益不是指特定的保险标的（货物、房屋等），而是在特定标的中所具有的经济利益。在人身保险中，保险利益体现在被保险人由于生存、健康而获得的经济利益；在财产保险中，保险利益体现在被保险人由于财产损失而获得的经济利益。

二、保险利益原则的含义

保险利益原则是指在签订和履行合同的过程中，投保人或被保险人对保险标的必须具有保险利益。

它的本质内容是投保人以其所具有保险利益的标的投保，否则，保险人可单方面宣布保险合同无效；当保险合同生效后，投保人或被保险人失去了对保险标的的保险利益，则保险合同随之失效；当发生保险责任事故后，被保险人不得因保险而获得保险利益额度外的利益。

三、保险利益的构成条件

投保人或被保险人对保险标的拥有各种利益，并不是所有利益都成为保险利益。保险利益的构成必须具备下列条件。

▶ 1. 保险利益必须是合法的利益

投保人对保险标的所具有的利益必须是合法的利益，即得到法律认可、受到法律保护的利益。不法利益，如盗窃、抢劫获取的利益，不能构成保险利益。法律上不予承认或不予保护的利益也不构成保险利益。保险是不会保障非法利益的，非法利益也不会通过保险而成为合法利益。

▶ 2. 保险利益必须是确定的利益

所谓确定的利益，是指已经确定或可以确定的利益，而不是仅仅凭主观臆测、推断可能获取的利益。一是已经实现、已经确定的利益，如已拥有所有权而产生的利益；二是尽管目前没有实现，但是根据事物的发展预期可以实现、可以确定的利益，如产品销售商对产品的预期利润等。这种利益必须是客观存在的，而不是仅凭主观臆断、推断就可以得到的。

▶ 3. 保险利益必须是经济利益

所谓经济利益，是指投保人或被保险人对保险标的的利益必须是可以用货币计量的利益。保险不能使被保险人避免遭受损失，也不能弥补被保险人遭受的非经济损失，只能对被保险人遭受的经济上的损失给予经济上的补偿。若损失不能用货币计量，也就无法理赔，保险补偿也就无法实现。比如账簿、纪念品等无法用货币衡量价值，因而不能成为可保财产。在人寿保险中，尽管人的生命无法用货币衡量，但是人的生命确实与一定的经济利益相关，如作为家庭的经济支柱突然因车祸过世，其结果不仅给家庭的其他成员带来了感情上的沉重打击，也带来了巨大的经济困难。所以，人寿保险的特殊性决定了人寿保险利益是定额的，其保险金额由保险人和投保人共同商定。

四、坚持保险利益原则的意义

▶ 1. 规定保险保障的最高限度

保险利益既为投保人取得保险保障，也为保险人的保险补偿提供了客观依据。否则，保险保障和保险补偿就无法可依、无章可循，从而也可能使被保险人通过保险而获得额外的利益。通过保险利益来确定保险金额，保险人和被保险人在保险价值限度内，按照被保险人对保险标的具有的保险利益的额度确定保险金额，作为保险人赔款的最高限额。

▶ 2. 防止道德风险的发生

保险金的赔付或给付是以保险标的遭受损失或者保险事件的发生为前提条件的。对于财产保险来说，如果投保人或被保险人对保险标的无保险利益，那么该标的受损，对他来说不仅没有遭受损失，相反还可以获得保险赔款，这样就有可能诱发投保人或被保险人为谋取保险赔款而故意破坏保险标的的行为。但是如果投保人或被保险人对保险标的具有经济利益，这种经济利益因保险标的的受损而受损，因保险标的的存在而继续享有，这样投保人或被保险人就会关心保险标的的安危，认真做好防灾防损工作，使其避免遭受损害。坚持保险利益原则可以有效防止道德风险的发生，即使有故意行为的发生，被保险人充其量也只能获得其原有的利益，因为保险利益是保险保障的最高限度，保险人只是在这个限度内根据实际损失进行补偿。在人身保险方面，保险利益的存在更为必要，如果投保人可以以任何人的死亡为条件而获取保险金，就会发生道德风险。

▶ 3. 使保险区别于赌博

保险与赌博有本质区别，保险是一种互助共济行为，具有社会效益，而赌博具有社会危害性。但是如果不遵循保险利益原则，不要求投保人或被保险人对保险标的具有保险利益，保险就可能演变为赌博行为。比如，投保人把与自己毫无利害关系的财产或人身作为保险标的进行投保，那么当保险标的发生保险事故而遭受损失时，投保人或被保险人不会受到任何损失，相反可以得到远远高于所缴保险费的保险赔偿，获得额外的经济利益。如果保险事故没有发生，投保人则丧失所缴的保险费。这无异于下赌注，赌保险事故是否发生，保险变成了一种赌博行为。规定投保人或被保险人在投保时或损失发生时对保险标的具有保险利益，就可以有效地防止赌博性质的保险行为，真正保障投保人或被保险人正当的保险利益。

五、各类保险的保险利益

由于各类保险所承担的风险是不同的，所以产生保险利益的原因也不一样，构成保险利益的内容也有区别。了解在财产保险、责任保险和人身保险中的保险利益，有助于加深对保险利益原则的理解，更好地在保险合同的订立和履行过程中运用保险利益原则。

▶ 1. 财产保险的保险利益

保险利益体现的是投保人或被保险人与保险标的之间的经济利益关系，这种经济利益关系在财产保险中来源于投保人对保险标的所拥有的各种权益,主要是财产的所有权。投保人或被保险人对于投保的财产只要具有合法的所有权,就具有保险利益。但财产保险的保险利益又不限于财产所有权,凡因财产安全而得到利益或预期利益,因财产发生事故将蒙受经济损失者,均具有保险利益。财产保险的保险利益具体包括以下几种:

(1)财产所有权。例如私营企业的业主、家庭财产的所有者对自己的财产具有保险利益。

(2)财产经营权、使用权。对于对财产虽有所有权但不能充分行使这种所有权,而是由民事主体行使所有权的财产所有者来说,其对财产的保险利益是通过财产的经营管理来实现的,所以经营管理者也可以对财产具有保险利益。例如我国国有企业的财产所有权属于国家,但企业有占有、使用和一定范围的处分权,所以代表国家负责经营管理的厂长、经理对财产也具有保险利益。

(3)财产抵押权、质权。抵押权人、质权人对抵押、出质的财产具有保险利益。抵押和质押都是债的一种担保,当债权不能获得清偿时,抵押权人、质权人有从抵押或出质的财产中优先受偿的权利。所不同的是,抵押并不转移财产的占有,而出质要转移财产的占有,即质权人对财产具有留置权。抵押权人、质权人因债权债务关系对财产具有经济上的利害关系,所以对抵押、出质的财产均具有保险利益。例如银行实行抵押贷款,银行是抵押权人,对抵押财产具有保险利益,因为抵押财产的损失将会使银行蒙受损失。但是,应强调的是,抵押权人对抵押财产具有的保险利益,仅限于其所借出款项部分,并且在借款人还款后,银行对抵押财产的抵押权消失,其对抵押财产具有的保险利益也随之消失。

(4)财产承运权、保管权。在运费实行到付的情况下,一旦船舶在运输途中遭遇海难,承运人运费就会受到损失(收不回运费),因而承运人对预期的运费收入有保险利益。

财产受托人或保管人对所保管的财产具有保险利益。这种保险利益来自一种经济责任。因为受托人或保管人对委托人的财产的安全负有责任,一旦财产受损,他要负经济赔偿责任,所以他对该项财产具有保险利益。

▶ 2. 责任保险的保险利益

责任保险是以被保险人的民事损害赔偿责任作为保险标的的保险。所以,因承担民事损害赔偿责任而需支付损害赔偿金和其他费用的人对责任保险具有保险利益。根据责任保险险种划分,责任保险的保险利益主要包括以下几种:

(1)各种固定场所,如饭店、医院、商店、旅馆、影剧院、娱乐场所等对顾客、观众等人身伤害或财产损失依法应承担经济赔偿责任的具有保险利益,可投保公众责任险。

(2)制造商、销售商、修理商因其制造、销售、修理的产品有缺陷造成用户或消费者的人身伤害或财产损失,依法承担经济赔偿责任的具有保险利益,可投保产品责任险。

(3)各类专业人员,如药剂师、律师、会计师、工程师等,因工作上的疏忽或过失致使他人遭受损害,依法应承担经济赔偿责任的具有保险利益,可投保职业责任险。

(4)雇主对雇员在受雇期间因从事与职业有关的工作而患职业病或伤、残、死亡等依法应负担医药费、工伤补贴、家属抚恤费等而具有保险利益,可投保雇主责任险。

从理论上说,责任保险的保险利益应是无限的,事先无法确定投保人保险利益的大小。被保险人所得赔偿额主要取决于法院的判决,也就是说只能等到案子解决以后才能确定。在实务中,责任保险的保险利益大小往往依以往类似事故的处理结果而定。

▶ 3. 信用保证保险的保险利益

义务人因种种原因不履行应尽义务,使权利人遭受损失,权利人对义务人的信用存在保险利益;而当权利人担心义务人能否履约、守信时,义务方因权利人对其信誉怀疑存在保险利益。如债权人对债务人的信用、出口方对进口方支付能力的信用、合同权利方对义务方的履约信用等都具有保险利益。

▶ 4. 人身保险的保险利益

人身保险的保险利益虽然难以用货币估价,但同样要求投保人对所投保标的(生命或身体)具有保险利益。投保人为自己的生命或身体无疑是具有保险利益的,但是如果投保人为他人购买人身保险,则必须与被保险人存在血缘关系、婚姻关系或其他经济利益关系,才符合保险利益原则的要求。

具体来说,人身保险的保险利益有以下几种情况:

(1) 为自己投保。投保人将自己的生命、身体作为保险标的投保,当然具有保险利益。

(2) 为配偶及有亲密血缘关系的人投保,一般都认为具有保险利益。其理由是:依伦理观念,投保人对配偶或有亲血缘关系的人不太可能产生道德危险,并且他们相互间还负有法律规定的抚养或赡养责任。此外,仅具有抚养关系的人,在征得保险人同意后也可产生保险利益。

(3) 为他人投保。当投保人与被保险人之间不存在上述两种类型的关系,而以他人的生命或身体作为保险标的投保人身保险时,各国法律规定虽然不一,但对投保人对其投保标的保险利益都是同样强调的。在我国主张为他人投保寿险必须满足以下条件:投保人与被保险人之间必须存在合法的经济利害关系;保险金额须在投保人对标的所具有的保险利益限度内;当投保包含死亡责任险种时,往往要征得被保险人的书面同意(目的在于保护被保险人的生命安全)。

六、保险利益时效的要求

订立和履行保险合同时必须坚持保险利益原则,但在财产保险和人身保险中保险利益的时效是有区别的。在财产保险中,一般要求投保人从保险合同订立到合同终止,都应对保险标的存在保险利益;如果投保时具有保险利益,发生损失时已丧失保险利益,则保险合同无效,保险人不承担经济赔偿责任。但为了适应国际贸易的习惯,海洋货物运输保险的保险利益在时效上具有一定的灵活性,规定在投保时可以不具有保险利益,但索赔时被保险人对保险标的必须具有保险利益。

在人身保险中,由于保险期限长并具有储蓄性,因而强调在订立保险合同时投保人必须对被保险人具有保险利益,而索赔时不追究有无保险利益。即使投保人对被保险人因离异、雇佣合同解除或其他原因而丧失保险利益,也不影响保险合同的效力,保险人仍担负给付被保险人保险金的责任。人身保险利益的存在时间之所以不同于财产保险,原因在于以下两个方面:一是避免在合同订立时,投保人对于被保险人无密切的利益关系,而引起道德风险的发生,危及被保险人的生命安全;二是在保险利益消失后即认为保险责任终止,对保单持有人有失公平。

【案例 3-2】

张某与刘某各出资 5 万元共同购买大货车一辆。二人约定,张某负责货车驾驶,刘某负责联系业务,所得利润按双方出资比例分配。后张某通过某保险公司业务员赵某投保了车损险和第三者责任险。2015 年,张某驾驶的货车与他人的车辆发生碰撞,货车全部毁损,张某也当场死亡。刘某在发生事故后,从赵某处了解到张某曾向保险公司投保,于是与张某的家人一起向某保险公司提出索赔。保险公司认为,根据保单记载,张某是投保人与被保险人,保险公司只能向张某进行赔付。刘某并非保险合同当事人,无权要求保险公司赔偿。并且,因投保车辆属张某与刘某共有,张某仅对其应得的份额部分有保险利益,所以保险公司不能全额赔付,而只能赔偿张某应得的份额部分价值。刘某与张某的家人均表示不能接受,于是向人民法院起诉。

第三节 近因原则

一、近因原则的含义

近因原则是判断保险标的损失与保险事故之间的因果关系,从而确定保险责任的重要依据。

造成保险标的损失的原因是多种多样的,既有保险责任,也有除外责任,且有时有些原因互为因果连续发生。近因就是指造成保险标的损失或灭失最直接、最有效,起主导或支配作用的原因。它并不是指在时间上最接近保险标的损失的原因,而是指在效果上最接近保险标的损失的原因。当一个危险事故发生引起另一个或一连串危险事故的发生,最终造成保险标的损毁或灭失,而从最初的事故发生到保险标的损毁或灭失,期间并无其他独立的危险因素介入,那么最初的危险事故就是造成保险标的损毁或灭失的近因。对事故的发生起了一定的作用,但只是起次要作用的原因称为远因。

近因原则的基本含义包括以下几点:若造成保险标的受损的近因属于保险责任范围,则保险人应负赔付责任;若造成保险标的受损的近因属于责任免除,则保险人不负赔付责任;若造成保险标的受损的近因兼有保险责任和责任免除,则分别不同情况处理。

例如,一艘装载皮革和茶叶的船舶遭遇海难,致使海水渗入船舱,皮革发生腐烂,虽然海水未直接接触茶叶,但由于腐烂皮革之恶臭,使茶叶串味变质。在这个例子中,海难对皮革和茶叶的损失均是近因,海水渗入与皮革腐烂和茶叶变质的因果关系是直接的,中间并未中断,也并未介入其他任何危险因素。因为海难作为近因是保险责任范围内的,所以保险人必须支付保险赔款,以补偿被保险人的皮革和茶叶损失。

保险的基本职能就是对被保险人的保险损失进行充分的、及时的补偿。近因原则是确定保险赔偿责任的一项基本原则。这一原则规定只有当承保风险是损失发生的近因的时候,保险人才会负赔偿责任。近因原则是保险理赔中必须遵循的重要原则。遵循近因原则,有利于正确合理地判定损害事故的责任归属,从而有利于维护保险双方当事人的合法权益。

二、近因原则的应用

在保险实务中，保险标的损失的原因是各种各样的。如何确定近因，要根据具体的情况作具体分析。

保险标的造成经济损失的原因有四种类型，即单一原因造成的损失、多种原因同时发生造成的损失和多种原因连续发生造成损失以及多种原因间断发生造成的损失。遵循近因原则就是要在保险事故中找出近因，从而确定责任归属。

▶ 1. 单一原因致损近因的判定

若保险标的的损失由单一原因所致，则该原因即为近因。如果该原因属于保险责任范围，保险人就应当履行赔偿责任；反之，不负赔偿责任。如某人因家庭财产被盗造成家庭财产损失，若该被保险人只投了家庭财产保险基本险，则保险人不负赔偿责任，若被保险人在家庭财产保险基本险基础上投保了附加偷窃险，则保险人负赔偿责任。

▶ 2. 多种原因同时致损，没有因果关系近因的判定

在保险业务中，往往某一经济损失是由几种原因同时出现造成的，这些原因相互独立，不存在因果关系，这些原因均为保险标的损失的近因。若这些近因都属保险责任，对其所致的损失，保险人必须承担赔偿责任。若都为除外责任，保险人不负赔付责任。若这些近因所致损失中既有保险责任，又有除外责任，如果能够分清，保险人只负保险责任范围内所致损失的赔偿责任；对不能区分保险责任和责任免除的，则应协商赔付。

例如仓库投保了火灾险，该仓库屋顶有洞。在保险期内，发生火灾，同时暴雨淋湿了货物。如果能对火灾造成的损失和暴雨造成的损失进行区分，则只对火灾造成的损失赔偿，对暴雨造成的损失不赔。如不能区分，不赔偿或酌情赔偿。

▶ 3. 多种原因连续发生致损近因的判定

多种原因连续发生导致损失，前因与后因之间有因果关系，且各原因之间的因果关系没有中断，形成一种因果链。最先发生并导致一连串风险事故的原因就是近因。如果该近因为保险责任，保险人应负责赔偿损失；反之不负责。

多种原因连续发生，认定近因的方法主要有以下几种：

（1）从事件链上的最初事件出发，按逻辑推理，判断下一个事件可能是什么；再从可能发生的第二个事件按照逻辑推理，判断再下一个事件可能是什么，直至最终事件即损失。如果推理判断与实际发生的事实相符，那么，最初事件就是最后事件的近因。

（2）从损失开始，逆着事件链的方向向前追溯，在每一个阶段上按照"为什么这一事件会发生"的思考来找出前一个事件。如果追溯到最初的事件且没有中断，那么，最初事件即为近因。

▶ 4. 多种原因间断发生致损近因的判定

多种原因间断发生，即各原因的发生虽有先后之分，但其之间不存在任何因果关系，却对损失结果的形成都有影响效果，此种情形损失近因的判定及保险人承担责任的处理方法与多种原因同时致损基本相同。这些原因都是近因，保险人根据这些近因是否属于保险事故原因而决定赔付。如果造成损失的近因中有属于保险事故的，那么保险人仅对保险事故近因造成的损失负责赔偿，对不属于保险事故近因造成的损失不予赔偿。

运用近因原则的目的在于保护保险人的利益，限制保险人的赔偿责任，坚持保险人对近因不属于保险责任的损失不负赔偿或给付责任，这不仅体现了损失补偿原则，也体现了公平合理精神。

【案例 3-3】

1918年，第一次世界大战期间，被保险人的一艘轮船被德国潜艇用鱼雷击中，但仍然拼力驶向哈佛港。由于哈佛港务当局害怕该船会在码头泊位上沉没而堵塞港口，拒绝其靠港。该船最终只好驶离港口，在航行途中，船底触礁而沉没。该船只投保了一般的船舶保险，而没投保附加战争险，保险公司是否应该拒赔？

三、比例因果关系理论的运用

在保险实践中，由于多种原因致损的近因的认定，情况相当复杂，即使是各个原因之间彼此存在因果关系，也不能简单地去认定近因，得出"因"一定导致"果"或者"因"一定不会导致"果"这样绝对的结论。"比例因果关系"理论强调"因"导致"果"的程度用百分比来表示。如果承保风险与保险标的的损失存在80%的因果关系，则保险人按损失的80%赔偿被保险人。这种理论可以更为灵活地处理一些复杂的保险赔案，而且注重实事求是，具体问题具体分析，较为公平公正。

第四节 损失补偿原则

一、损失补偿原则的含义

损失补偿原则是保险合同基本原则中很重要的原则，关系到保险人的赔偿责任和被保险人获得补偿的限度。它是指保险合同生效后，如果发生保险责任范围内的损失，被保险人有权按照合同的约定，在保险金额范围内，获得全面、充分的赔偿，但不能获得额外利益。这一原则在财产保险中适用。

根据损失补偿原则的规定，被保险人得到的补偿不能超过其实际遭受的损失，保险人的赔偿责任只在于使被保险人恢复到受损前的经济原状，而非通过保险赔付使被保险人的经济状况比损失前好。其主要目的是防止被保险人通过保险来不当得利，减少道德风险。

二、损失补偿原则的构成

损失补偿原则由全面补偿原则和实际补偿原则所构成。

▶ 1. 全面赔偿原则

全面赔偿原则就是使被保险人由于保险事故造成的各种经济损失得到补偿。保险补偿不仅补偿保险标的发生保险事故造成的损失，还包括与此相关的各种损失，比如施救费用、救助费用、查勘费用等。我国《保险法》第五十七条第二款规定："保险事故发生后，保险人为防止或减少保险标的的损失所支付的必要的、合理的费用，由保险人承担；保险人所承担的费用数额在保险标的损失赔偿金额以外另行计算，最高不超过保险金额的数额。"

▶ 2. 实际赔偿原则

实际赔偿原则是指保险人对被保险人的赔款额不得超过被保险人的实际损失，被保险人不能由于保险人的赔偿而获得额外的利益。其核心是保险人的赔偿只能使保险标的恢复到损失发生前的状态。为了控制被保险人通过保险理赔而获取额外利益，保险人在赔偿过程中要考虑扣除残值，对于第三者造成的损失要进行追偿。

三、影响保险补偿的因素

▶ 1. 以实际损失为限

这是一个基本限制条件。当被保险人遭受损失后，其所能获得的保险赔款以保险标的的实际损失为限，不论保单约定的保险金额为多少。

补偿限制应当按被保险人因保险标的损毁所遭受的实际损失确定，而实际损失又应以损失发生时，受损财产的实际货币价值来确定。受损财产的实际货币价值在实践中通常按以下几种方式确定：

（1）按市场价格确定实际损失。这种方式不考虑购置时的具体价格因素，只要按市场上正在出售的与投保受损的标的物同样的或大致相同（型号、新旧程度等）的商品价格确定即可。

（2）按恢复原状所需费用确定实际损失。保险标的因保险事故遭受的是部分损失，而不是全部损失。在这种情况下，多数是将保险标的的修复，恢复原状。由于恢复原状所支付的费用，应当认为是被保险人遭受的实际损失。

（3）按重置成本减折旧确定实际损失。保险标的发生灭失时，可以按当时同类物品的市场价格来确定实际损失。有时，市场上不能找到同类的物品，也可以用当时的实际造价减去折旧的方式确定保险标的的实际损失。这种方法一般适用于房屋及一般财产，如机器、汽车、家具为保险标的的实际损失的确定。

（4）根据被保险人实际损失的费用确定实际损失。在责任保险、信用保险、保证保险中，被保险人遭受的实际损失往往可以直接用货币的形式表现出来，这时对补偿限度的确定是比较容易的。但是被保险人支出的下列费用，保险人通常是不予补偿的：①刑事罚金或行政罚款；②除保险合同约定范围之外，被保险人因法律或合同支付的各项费用；③被保险人没有法律或合同义务，自愿支付的费用。

▶ 2. 以保险金额为限

保险金额是保险人收取保险费的基础和依据，也是其履行赔偿责任的最高限额，保险人的赔偿金额在任何情况下均不能超过保险金额。当被保险人的实际损失高于保险金额时，例如在不足额投保的情况下，保险人的赔款以保单所约定的保险金额为最高限额。

▶ 3. 以保险利益为限

保险人的赔偿只是弥补被保险人的实际损失，因此保险人的赔付是以被保险人对投保标的具有保险利益为条件。如果发生保险事故时，被保险人对标的已不具有保险利益，则保险人不能赔付。

四、损失补偿的方法

损失补偿的方法主要有现金、修理、重置、恢复原状四种。在四种方法所需费用一致时，可以由被保险人征得保险人同意后选择其中的一种。

（1）货币补偿。这是保险人最常用的一种方式。

（2）恢复原状。当被保险人的财产遭受损失时，保险人可以出资把损坏的部分修好，使保险标的恢复到损失前的状态。机动车辆保险和船舶保险采用此种方式。

（3）置换。如果被保险人损坏的财产是实物，保险人可以赔给与被损毁财产同等规格、型号、性能的财产。

五、赔偿计算方式

▶ 1. 第一损失赔偿方式

第一损失是指保险金额限度内的损失，超过第一损失（保险金额）的损失为第二损失。保险人对第一损失负全部责任，即只要损失金额在保险金额之内，保险人都负赔偿责任，赔偿金额的多少，只取决于保险金额与损失额，而不考虑保险金额与财产保险价值之间的比例关系。第二损失由被保险人自负。

▶ 2. 比例赔偿计算方式

（1）在不定值保险情况下，保险赔偿额按保险保障程度计算，其公式为

$$保险赔偿额 = 保险财产实际损失额 \times 保险保障程度$$

$$保险保障程度 = \frac{保险金额}{保险价值}$$

其中：保险保障程度不得超过1。在足额保险与不足额保险的情况下，保险保障程度≤1；在超额保险的情况下，保险人按足额保险处理。

（2）在定值保险情况下，保险赔偿按财产受损的损失程度来计算。

全损：

$$保险赔偿额 = 保险金额$$

部分损失：

$$保险赔偿额 = 保险金额 \times 损失程度(\%)$$

定值保险合同多适用于某些保险标的的价值不易确定的财产保险合同，如古玩、字画、船舶等。在货物运输保险中，尤其是海上货物运输保险中，由于运输货物的价值在不同的时间、地点可能差别很大，为了避免出险时在计算保险标的的价值时发生争议，这些合同的当事人也往往采用定值保险的形式。在定值保险合同中，保险价值由双方自愿确定，如果保险人对保险标的缺乏经验或专业知识，投保人即可能过高地确定保险标的的价值，谋取不正当利益。

六、损失补偿原则的派生原则

▶ 1. 代位原则

代位原则是损失补偿原则的派生原则。代位，即取代别人的某种地位。保险的代位，指的是保险人取代投保人对第三者的求偿权或取得对标的的所有权。代位原则是指在财产保险中，保险标的由于第三者责任导致保险损失，保险人按照合同的约定履行赔偿责任后，取得对保险标的损失负有责任的第三者的追偿权；或者保险标的发生保险事故造成推定全损，保险人向被保险人按全部损失赔偿后，取得对保险标的的所

有权。

代位原则只在财产保险合同中适用，不适用于寿险合同。因为人的价值不能用货币计算，不存在额外收益问题。寿险的被保险人因第三者的原因死亡，受益人可以同时得到保险人给付的保险金和加害人支付的赔偿金。

代位原则包括权利代位和物上代位两部分。

(1) 权利代位。权利代位即追偿权的代位，是指在财产保险中保险标的由于第三者的责任导致保险损失，保险人支付赔款后，将其向第三者责任方索赔的权利转让给保险人，在赔偿金额的限度内，由保险人取代被保险人的地位向第三者责任方追偿。在被保险人权益转让的同时，保险人获得了代位求偿权。坚持被保险人的权益转让义务和保险人的代位求偿权利是为了遵循损失补偿原则，避免被保险人在损失中获得额外的利益。

根据我国《保险法》第六十条第一款规定："因第三者对保险标的的损害而造成保险事故的，保险人自向被保险人赔偿保险金之日起，在赔偿金额范围内代位行使被保险人对第三者请求赔偿的权利。"

我国《保险法》第六十条第二款规定："前款规定的保险事故发生后，被保险人已经从第三者取得损害赔偿的，保险人赔偿保险金时，可以相应扣减被保险人从第三者已取得的赔偿金额。"

代位求偿原则表明如果被保险人不先向责任方索赔，而向保险人请求赔偿，那么就要将向第三者责任方索赔的权利转让给保险人，但如果先向责任方索赔了，并获得了十足的损失补偿，那么就不能再向保险人提出索赔要求。总之，保险合同的代位求偿原则坚持被保险人只能获得实际损失的补偿，不能从保险人和第三者责任方两处获得重复赔偿，并且坚持谁有责任谁负责赔偿，第三者责任方不能因为被保险人买了保险而推卸赔偿责任，保险人即使先将赔款支付给了被保险人，也能通过代位求偿权向第三者责任方追回赔款。同时保险人也不能因为有第三者责任方，不尽对被保险人的赔偿义务。

保险人行使代位追偿权，应具有两个前提条件：第一，保险标的损失的原因是保险责任事故，被保险人可以依法向保险人要求赔偿。同时，标的损失又是由于第三者的责任造成，被保险人可以依民法向其索赔。第二，保险人取得代位求偿权是在其履行赔偿责任之后。

代位追偿权是一种权利即债权的代位。保险人一般应以被保险人的名义行使追偿权。保险人行使代位追偿权的权限只能限制在赔偿金额范围以内，如果追偿的金额超过赔偿金额，其超过部分应归被保险人所有。如果被保险人在保险人赔付前已从第三者获得赔款，保险人可以不予赔偿，或从保险赔款中扣减被保险人从第三者已索赔部分。如被保险人豁免第三者责任，或放弃向第三者的追偿权，则他也同时放弃了向保险人请求赔偿的权利。保险人行使代位请求赔偿的权利，不影响被保险人就未取得赔偿的部分向第三者请求赔偿的权利。

如果被保险人在获得保险人赔偿之前放弃了向第三者请求赔偿的权利，那么，就意味着他放弃了向保险人索赔的权利。如果被保险人在获得保险人赔偿之后未经保险人同意而放弃对第三者请求赔偿的权利，该行为无效。

代位追偿权的适用对象是对保险事故的发生和保险标的的损失负有民事赔偿责任的第三者，它可以是法人，也可以是自然人。保险人不能对自己的被保险人及其家庭人员或者组成人员行使代位求偿权，这是因为如果允许保险人向其被保险人行使代位求偿权，那么被保险人就失去了投保的意义。我国《保险法》第六十二条规定："除被保险人的家庭成员或者其组成人员故意造成本法第六十条第一款规定的保险事故以外，保险人不得对被保险人的家庭成员或者其组成人员行使代位请求赔偿的权利。"当然，被保险人或其家庭成员或其组成人员故意造成保险事故的除外。人身保险一般不适用代位追偿。但是，在医疗保险中，保险人对于因第三者责任而支付的保险金仍可以进行追偿。保险人一般不对自己的被保险人的家庭成员或者组成人员行使代位追偿权。

(2) 物上代位。物上代位是指保险标的遭受保险责任范围内的损失，保险人按保险金额全数赔付后，依法取得该项标的的所有权，即代位取得对受损保险标的的权利。物上代位产生于海上保险中对保险标的作推定全损处理。全部损失分为实际全损和推定全损。实际全损即保险财产在物质形式或经济价值上已完全灭失。推定全损则是指发生保险事故，船舶、货物及运费等保险标的遭受部分损失，而尚未达到实际全损的一种状态或程度。

保险人物上代位权的取得是通过委付。所谓委付是指保险标的发生推定全损时，投保人或被保险人将保险标的的一切权益转移给保险人，而请求保险人全额赔付的行为。被保险人提出委付必须是无条件的，在委付后，保险人对保险标的的处置而取得的额外利益由保险人获得，不必退还给被保险人。

委付实质上是被保险人对保险标的的所有权的放弃，随着被保险人将保险标的的所有权转让给保险人，保险人不仅获得了与保险标的的有关的权益，也承担了相关的义务。保险人可以接受委付，也可以拒绝委付，关键是要慎重权衡接受委付以后的权益和义务关系。如果拒绝委付，保险人按推定全损赔偿损失后，保险标的仍归被保险人所有，保险人对保险标的既无权益，也无义务。保险人一旦接受委付，就不能反悔，中途不能撤回，只能按推定全损赔付，并且对保险标的的承担的责任无法推诿。保险人接受委付有可能获得大于其赔付金额的收益，而一般的权益转让最多只能取得相当于赔付金额的权益。因此，保险人必须权衡利弊得失而作选择。委付时，被保险人要向保险人发出委付通知，经保险人同意接受才生效。

▶ **2. 重复保险分摊原则**

重复保险分摊原则是由损失补偿原则派生出来的，主要针对财产保险的被保险人在重复保险情况下的补偿问题以及重复保险人的责任分摊问题。分摊原则如同损失补偿原则一样不适用于人寿保险。重复保险是指投保人就同一标的、同一保险利益、同一保险事故分别向两个或者两个以上保险人订立数个保险合同的行为，且该数个保险合同保险期间有重合。由于重复保险会导致被保险人获得重复的损失补偿，从保险中额外获利，所以，为了防止这种道德风险，原则上重复保险是不允许的。

《保险法》明确规定，投保人恶意地重复保险是无效的。但在保险实务中，因投保人或被保险人的疏忽或为寻求更大安全保障等其他原因而发生重复保险的现象是存在的，如火灾保险中，投保的家庭财产是在变动着的，财产价值也会发生很大的变化，投保人在向一家保险公司投保以后，为了获得足够的安全保障，很可能又向其他保险公司投保，或者投保人对家庭财产投了保，其工作单位作为职工福利，又为其家庭财产买了保险，或者有的企业在作产品推销时为购买其产品者赠送家庭财产保险单，这样就可能使某一家庭财产保险的被保险人手中持有两家以上保险公司的保险单，出现了重复保险问题。《保险法》中对于这些非恶意的善意重复保险做了规定，将保险金额与保险标的价值相符的部分作为有效保险部分，而将保险金额超过保险标的价值部分作为无效保险部分。

分摊原则是指在重复保险的情况下，当保险事故发生时，各保险人应采取适当的分摊方法分配赔偿责任，使被保险人的损失既能得到充分的补偿，又不会因超过其实际损失而获得额外的利益。分摊原则强调两点：第一，在善意重复保险的情况下，保险标的发生保险事故损失，保险人要按法定的或约定的方式分摊保险赔偿责任；第二，各保险人承担的赔偿金额总和不得超过保险标的的保险价值。这样既保障了被保险人在善意重复保险下的保险利益，又防止了被保险人从重复保险中额外获利。

在重复保险的情况下，对于保险标发生保险事故所遭受的损失，由各保险人分摊，保费不退。保险人之间的分摊一般有下列方法：

（1）比例责任制。这种分摊方法是以各家保险公司所承保的保险金额比例来分摊损失赔偿责任。公式为

$$某保险人责任 = \frac{某保险人的保险金额}{所有保险人的保险金额之和} \times 损失额$$

（2）限额责任制。各家保险公司对于损失的分担并不以其保险金额作为分摊基础，而是按照他们在无他保的情况下单独应负的限额责任比例分摊。公式为

$$某保险人责任 = \frac{某保险人独立责任限额}{所有保险人独立责任之和} \times 损失额$$

（3）顺序责任分摊方式。顺序责任分摊方式是以各保险人签发保险单的时间顺序为基础来计算分摊责任的方式。首先由最早出单的保险人在其保险金额内先行赔付，如果应赔偿的总金额超过第一家保险人的保险金额，则由第二家保险人在其保险金额内赔付超出部分，依此类推，但赔偿责任以所有保险人的保险总金额为限。

七、损失补偿原则的例外

大多数财产保险合同适用损失补偿原则，但由于其运用的特点，所以也有一些例外。定值保险和人寿保险不适用损失补偿原则，因为定值保险和人寿保险都不是以实际现金价值来作为衡量保险标的价值基础。定值保险是以合同双方约定的保险价值为基础，而人寿保险是以合同双方约定的保险金额为基础，两者很难运用损失补偿原则。

重要概念

最大诚信　告知　保证　弃权与禁止反言　保险利益　近因　代位　委付　推定全损　重复保险

思考题

1. 最大诚信原则的含义是什么?
2. 简述最大诚信原则的主要内容。
3. 保险利益原则的含义是什么?
4. 保险利益成立的要件是什么?
5. 为何规定保险利益原则?
6. 举例说明近因原则的运用。
7. 简述损失补偿原则的内容。
8. 损失补偿的方式有哪些?
9. 代位求偿原则的内容有哪些?
10. 分摊原则的含义是什么?

第四章 保险合同

> **学习目标**
> 1. 了解保险合同的概念与特征；
> 2. 掌握保险合同的订立、生效与履行；
> 3. 理解保险合同的解释原则。

第一节 保险合同概述

一、保险合同的概念

保险合同也称为保险契约。根据我国《保险法》第十条的规定，保险合同是投保人与保险人约定权利义务关系的协议。保险当事人保险人和投保人在平等的基础上充分协商，本着真实、自愿和诚实信用的原则订立保险合同。当双方意思表示一致时，保险合同成立；在满足一定条件时，保险合同生效，产生法律效力。保险所体现的经济补偿关系必须通过订立保险合同才能得以实现。

二、保险合同的法律特点

保险合同是一种特殊类型的合同，有自己的法律特点，这使它与其他法律合同相区别。

▶ 1. 双务性

合同有双务合同和单务合同之分。单务合同是只对当事人一方发生权利，对另一方只发生义务的合同，双务合同则是当事人双方都享有权利和承担义务，一方的权利即为另一方的义务。保险合同是双务合同，一方的权利就是另一方的义务，一方的义务就是另一方的权利。投保人有按照保险合同约定交费的义务，保险人有收取保险费的权利；保险事故发生后，投保人有提出索赔并获取保险金的权利，保险人有进行理赔并支付保险金的义务。

2. 射幸性

"射幸"是偶然、不确定的意思。射幸合同是指当事人在签订合同时不能确定各自的利益或结果的协议。保险合同在订立时，投保方交付保险费是确定的，而保险人是否履行赔偿或给付保险金的责任取决于偶然的、不确定的自然灾害、意外事故的发生。在保险合同期限内，如果保险标的发生损失，并属于保险责任，被保险人可从保险人处取得保险赔偿金；如果没发生保险损失，则被保险人得不到保险金。

射幸是针对单个保险合同而言的，就保险合同整体来说，不具有射幸性，因为保险人收取的保费总额与其应承担的赔偿金总额原则上是相等的，保险费与保险赔偿额的关系是依据概率精确计算出来的。保险合同的射幸性特征在财产保险合同中体现得明显。人寿保险合同射幸特征不明显，保险人给付保险金的义务基本是确定的，只是在一个相对较长的时期内兑现。

虽然赌博和保险类似，都具有射幸性，但二者有本质的不同。保险是处理已经存在的纯粹风险的一种方法，而赌博行为则产生新的投机风险。保险有社会效益，而赌博具有社会危害性。

3. 补偿性

这主要是对财产保险合同而言的。当保险事故发生时，保险人对被保险人的损失赔偿额不能高于损失额，不能使被保险人获取额外利益。保险的一个最主要的目的就是使保险标的恢复到损失发生前的状态，而不是改善被保险人的经济状况。如果被保险人通过投保能够获取额外利益，那么有些被保险人就会故意犯罪。

4. 条件性

保险合同是一种条件性合同。保险合同的条件性是指只有在合同规定的条件得到满足的情况下，合同的当事人一方才履行自己的义务；反之，则不履行自己的义务。虽然投保人没有被强迫遵守保险合同条款，但是他必须这样做，如果他不这样做，没有满足保险合同的要求，履行某些义务，那么保险人就不会承担赔偿责任。比如，保险事故发生后，投保人必须在规定的时间内向保险人报案，如果不报案或者不及时报案，保险人就可以不赔偿损失。

5. 个人性

保险合同的这一特性主要体现在财产保险合同中。保险标的一般属于被保险人本人所有，而被保险人个人的禀性、行为等会极大地影响保险标的发生损失的可能性及损失程度。因此保险人在审核投保人的投保申请时必须根据被保险人的条件以及保险标的的状况来决定接受投保还是拒绝投保，或者是有条件地接受投保。被保险人的品质、道德、信用要符合保险人的核保条件。被保险人出售财产，在把保险合同转让给新的财产所有者时，也必须经过保险人的同意。

三、保险合同的分类

1. 按保险标的不同分

按保险标的不同，保险合同可分为财产保险合同和人身保险合同。

(1) 财产保险合同。指以财产及其有关利益为保险标的的保险合同。这里的财产保险合同是对应于广义财产保险业务的,包括有形财产、无形财产、责任和期待利益。财产保险合同适用于保险损失补偿原则,当保险事故发生,造成物质及其利益损失时,可以通过保险补偿恢复损失前的物质财产价值水平。因此,财产保险合同是补偿性合同。

(2) 人身保险合同。指以人的生命和身体为保险标的的保险合同。人的生命和身体不能用货币定价,生命是无价的,因此人身保险没有保险价值的概念。其保险保障的程度是依据投保人和保险人双方约定的保险金额进行的。人身保险合同依据约定的保险金额给付保险金。人身保险合同是给付性合同。

▶ 2. 按保险价值在合同中是否预先确定分

按保险价值在合同中是否预先确定,保险合同可分为定值保险合同与不定值保险合同。

(1) 定值保险合同。指保险双方签订合同时将保险标的的保险价值事先约定,在合同中载明,并作为保险金额的保险合同。其实质是在订保险合同时对于保险标的物的价值已加以确定。当保险标的发生损失时,无须再加以估计,依照合同所载的价值进行赔付。定值保险合同适用于货物运输保险和远洋船舶保险。由于这些保险标的流动性强,同一标的在保险期限内,在不同的市场上,其保险标的物的价值估价差异很大。这些标的受时间及空间影响很大,于事后估计损失,在技术上困难甚多。所以在保险实务中,多采用定值保险合同,避免在保险理赔时为保险赔偿带来难度和产生道德风险。

(2) 不定值保险合同。指保险合同中只载明保险标的保险金额而未载明其保险价值的保险合同。保险合同中只有保险金额,以此确定保险赔偿的最高限额。保险标的的价值只有当损失发生时依据当时的市场价值确定。企业财产保险、家庭财产保险和机动车辆保险等适用不定值保险合同。由于保险金额是确定的,保险价值是损失发生后确定的,两者之间往往不一致。当保险金额大于保险标的出险时的价值时,称之为超额保险。当保险金额小于保险标的出险时的价值时,称之为不足额保险。当保险金额等于保险标的出险时价值时,称之为足额保险。

① 足额保险合同,是指保险合同中载明的保险金额与保险标的出险时的保险价值相等,即保险金额等于保险价值。足额保险合同条件下保险保障最为充分。保险标的发生保险责任事故的损失时,保险人按照合同规定,对保险标的实际损失进行赔偿。

② 不足额保险合同,是指保险合同中载明的保险金额低于保险标的出险时的实际价值,即保险金额小于保险价值。不足额保险合同的产生有两种情况:一种是投保人主动选择,即投保人订保险合同时,仅以保险价值的一部分投保,使保险金额低于保险价值。这种选择的经济效果是可以节省保险费,与之对应保险保障相对不够充分。再一种是投保人被动选择,即投保人订保险合同后,因保险标的物价值上涨,原足额保险合同变为不足额保险合同。我国《保险法》第五十五条规定:"保险金额低于保险价值的,除合同另有约定外,保险人按照保险金额与保险价值的比例承担赔偿保险金的责任。"当保险标的部分损失时,保险人的赔偿责任采用比例赔偿方式。

③ 超额保险合同,是指保险合同中载明的保险金额超过了保险标的出险时的价值的合同。超额保险合同产生的原因:一是主观选择。在订立保险合同时投保人主观选择超额

保险。由于动机不同分为善意或恶意申报。善意申报是指投保人因过失或疏忽发生估价不当；恶意申报是指投保人故意欺诈，企图获取不当利益。二是被动选择。当保险合同订立之后，保险标的的市场价值下跌，致使原投保金额与保险标的当时价值不一致，使保险金额大于保险价值。这种情况是出于投保人意志之外，在实务中与善意申报等同处理。即保险金额高于保险价值时，超过部分无效，合同部分无效。因此，在超额保险合同下，虽然投保人投保的保险金额高于保险标的的实际价值，但是依据损失补偿原则，以实际损失为基础，损失多少补偿多少，保险人只按照实际损失赔偿，保险金额超过保险价值部分得不到补偿，被保险人得到的赔款不会超出其实际损失价值。

▶ 3. 按实施方式分

按实施方式，保险合同可分为自愿保险合同和强制保险合同。

（1）自愿保险合同。是指保险合同双方当事人在自愿原则的基础上订立的保险合同。自愿原则是订立商业保险合同的原则之一，也是民事活动自愿原则在保险交易中的体现。依据自愿原则，保险合同当事人订立保险合同的行为完全是各自真实的意思表示，即：投保人可以自由选择是否投保、向谁投保、投保金额的大小、保险期限；保险人也可以自主确定是否承保、承保金额的大小和承保条件、费率水平等。商业保险合同大多数属于这一种。

（2）强制保险合同。是指保险合同订立是依据国家有关法律法规订立的合同。国家制定强制保险的目的，是运用保险风险分散的原理，使某些风险在更大的范围内进行风险分散，由全社会共同承担其经济补偿，进而更好地保障社会稳定，安定人民生活。例如，大多数国家的汽车第三者责任保险实行强制性保险，我国目前也采取强制性保险。社会保险属于强制性保险。强制性保险的特点：一是全面性。凡是在法令规定范围内的保险对象，都必须依法参加保险，没有选择余地，没有弹性。二是法律性。保险人和投保人必须按有关法律规定，履行自己的义务，行使自己的权利。强制性保险通常服务于国家一定的经济政策、社会政策和有关公共安全方面的需要。

▶ 4. 按保险人承担的责任分

按保险人承担的责任，保险合同可分为补偿性保险合同和定额保险合同。

（1）补偿性保险合同。是指保险人的责任以补偿被保险人的实际损失为限，并且不超过保险金额。大多数财产保险合同属于补偿性保险合同，因为财产作为保险标的是有价的，遭受保险事故损失是可以确定的，保险人对保险标的的损失的赔偿责任是按价补偿，所以称为补偿性保险合同。

（2）定额保险合同。是指保险人的责任以合同中约定的保险金额为准，不得增减。在保险事故或约定的事件出现时，保险人根据保险合同的规定，向被保险人或受益人支付保险金。大多数人寿保险合同属于定额保险合同，因为人的寿命或身体的价值难以确定，也无法确认全部损失或部分损失的标准，而只是通过给付定额保险金的形式，在保险事故或约定事件出现时，解决经济保障问题，所以称为定额保险合同。

▶ 5. 按订立合同的主体分

按订立合同的主体，保险合同可分为原保险合同和再保险合同。

这是根据订立合同的主体来区别的。原保险合同与再保险合同不仅合同主体当事人不同，合同的保险标的也不同，导致合同的性质也不同。

(1) 原保险合同。是指投保人与保险人之间达成的保险协议。合同主体一方是社会公众，可以是法人，也可以是自然人；另一方是保险人。原保险合同的标的可以是人的寿命或身体，也可以是有形的财产或无形的利益和责任。所以，原保险合同既有补偿性质的合同，又有给付性质的合同。

(2) 再保险合同。是指保险人（分出公司）与保险人（分入公司）之间达成的分担原保险责任的协议。合同主体双方都是保险人。再保险合同的标的是原保险人承担的合同赔偿或给付责任，因此，再保险合同都是补偿性质的合同。

不同种类的保险合同有其不同的用途，投保人可以根据自己的需要选择合适的合同。当然，订立合同的类型不同，合同双方的权利义务也就不同。

第二节 保险合同的要素与形式

保险合同由主体、客体和内容三个要素构成。保险合同的主体为保险合同的当事人、关系人和中介人；保险合同的客体为保险利益；保险合同的内容为保险合同当事人和关系人的权利与义务的关系。

一、保险合同的主体

保险合同的主体包括当事人、关系人和中介人。保险合同和其他合同一样，必须有订立合同的当事人作为合同规定的权利和义务承担主体，保险合同的当事人就是投保人和保险人。保险合同的关系人是指不参与签订保险合同，但与保险合同有经济利益关系的人，包括受益人和被保险人。另外，还有保险合同的辅助人——代理人、经纪人、公估人。

▶ 1. 保险合同的当事人

(1) 保险人。也叫承保人，即收取保险费并按合同规定负责赔偿损失或履行给付义务的人，通常指经营保险事业的各种组织。

世界各国对保险人的资格都有明确的法律规定，除法律特准的自然人外，一般只允许法人经营，目前只有英国允许劳合社的承保人可以是自然人。

保险人是保险合同的一方当事人，具有以下法律特征：

① 保险人履行赔偿或给付保险金之义务是由保险合同的约定而产生的，而不是由侵权或者违约行为而产生的。

② 保险人通过收取保险费，建立保险基金，在保险事件发生时依据保险合同履行保险赔偿或给付责任。因此，保险人是保险基金的组织、管理和使用人。

③ 保险人是依法成立并经许可经营保险业务的保险公司。

由于保险公司的经营活动涉及社会公众的利益，因此法律还规定了经营保险的各种条件，只有符合法律规定的条件并经政府许可，才能经营保险业务。如我国现行的《保险法》规定，设立保险公司的组织形式为股份有限公司或国有独资公司，最低注册资本限额为人民币2亿元，不得同时兼营财产保险业务和人身保险业务，保证金为注册资本总额的

20%，并由中华人民共和国保险监督管理委员会(以下简称保监会)颁发经营保险业务许可证，在工商行政管理部门办理登记，领取营业执照。

(2) 投保人。又称要保人，是申请和签订保险合同并支付保险费用的人。投保人可以是法人，也可以是自然人。投保人必须具备完全的权利能力和行为能力，对保险标的必须具有保险利益。投保人负有缴纳保险费的义务。缴纳保险费是投保人最基本的义务。投保人必须按合同规定的时间、地点、方式及数额缴纳保险费。财产保险合同一般采用一次缴纳保费的方式，人身保险合同通常采用年均衡缴纳保险费方式。

▶ 2. 保险合同的关系人

(1) 被保险人。被保险人是指其财产或者人身受保险合同保障的人。被保险人可以是自然人，也可以是法人。

财产保险的被保险人是财产标的的经济利益主体，投保人可以与被保险人是同一人。当投保人为自己具有可保利益的保险标的而订立保险合同时，则投保人就是被保险人。如果投保人与被保险人不是同一人，则财产保险的被保险人必须是保险财产的所有人，或者是财产的经营管理人，或者是与财产有直接利害关系的人，否则不能成为财产保险的被保险人。当财产完好时，被保险人的利益可以正常实现；当财产遭受保险损失时，被保险人的正当利益中断。通过保险合同的保障，使损失的经济利益得到补偿。

在人身保险中，被保险人是以自己的生命或身体作为保障的对象，也就是说被保险人是保险标的，只能是有生命的自然人。当发生约定的死亡、伤残、疾病或达到约定年龄期限时，均可以从保险合同中获得相应给付保险金的保障。人身保险的被保险人可以是投保人本人，如果被保险人与投保人不是同一人，则投保人与被保险人存在行政隶属关系或雇佣关系，或者投保人与被保险人存在债权和债务关系，或者投保人与被保险人存在法律认可的继承、赡养、抚养或监护关系，或者投保人与被保险人存在赠予关系，或者投保人是被保险人的配偶、父母、子女或法律所许可的其他人。

无民事行为能力和限制行为能力的人均可作为人身保险的被保险人。但在我国，以死亡为给付保险金条件的保险合同中，无民事行为能力的人不得成为被保险人，投保人不得为其投保。只有父母为其未成年子女投保人身保险，才不受此限制，但是死亡给付保险金额总和不得超过保险监督管理机构规定的限额。以法律条款对保额进行限制，目的是对无民事行为能力人的特别保护。因为无民事行为能力人不能以自己的名义或行为从事民事活动，只能由其法定代理人代为从事民事活动。如果不加以法律限制，就容易诱发道德风险。

在责任保险中被保险人指对他人财产毁损或人身伤害负有经济赔偿责任的人。

在信用保险中，被保险人可以将债务人的违约风险转嫁给保险人，由保险合同来保障被保险人的债权利益。在保证保险中，被保险人作为债务人，将自己的履约信用，由保险合同作担保，从而提高被保险人的商务信用。

(2) 受益人。受益人是指人身保险合同中由被保险人或投保人指定的享有保险金请求权的人，即为指定领受保险金的人，故又称保险金受领人。受益人一般见于人身保险合同中，但为了尊重被保险人对于保险标的处置权益的意愿，在一些财产保险合同中也有指定受益人的。受益人只享受领取保险金的权利，不承担交付保险费的义务。

人身保险合同中，保险事故或事件发生后，被保险人仍然生存的，保险金请求权由被保险人本人行使；被保险人死亡的，保险金请求权由受益人行使；未指定受益人的，保险金请求权由被保险人的继承人行使。

受益人一般由投保人或被保险人在保险合同中加以指定，并且投保人指定受益人时必须经被保险人同意。如果被保险人是无民事行为能力人，则受益人可由被保险人的监护人指定。

受益人可以是任何人，法律上没有资格限制。自然人、法人及其他合法的经济组织可作为受益人。自然人中无民事行为能力人、限制民事行为能力人，甚至未出生的胎儿等均可被指定为受益人。投保人也可以作为受益人。

受益人可以是一人或数人。受益人是数人时，被保险人或者投保人可以确定受益顺序和受益份额；未确定受益份额的，受益人按照相等份额享有受益权。

受益人的受益权具有以下性质：

① 受益权是一种期待权，而不是现实的财产权，只有在被保险人死亡后才能享受。受益人在获得保险金给付之前，对自己所拥有的受益权没有任何处分的权利，不能转让给他人，也不能由自己的继承人继承，唯一能处置的只有放弃受益权。

② 在人身保险中，被保险人死亡后，受益人获得的保险金是根据合同取得的，不属于被保险人的遗产，不得纳入遗产分配，也不用于清偿被保险人生前债务。但是，若保险金是由继承人以继承方式取得，则在其继承遗产的范围内有为被继承人偿还债务的义务。

③ 受益人分为不可变更和可变更两种。不可变更是指受益人经指定后不得变更，投保人对其保险利益放弃处分权。可变更是指受益人经指定后，投保人或被保险人可以变更受益人。如果投保人变更受益人，需要经过被保险人同意。由于人寿保险多为长期性合同，时过境迁之事常有，应允许投保人或被保险人变更受益人。我国《保险法》第六十三条规定："被保险人或者投保人可以变更受益人并书面通知保险人。保险人收到变更受益人的书面通知后，应当在保险单上批注。投保人变更受益人时须经被保险人同意。"

在下列情形中，只要符合其中之一，且被保险人生前又未指定其他受益人的，保险金按被保险人的遗产处理：受益人先于被保险人死亡；受益人依法失去受益权；受益人放弃受益权。此时，保险金应按《中华人民共和国继承法》规定分配。

【案例4-1】

2014年3月10日，被保险人某建筑公司工人余某投保了人身意外伤害保险，保险金额为1万元，投保时指定其母为受益人。同年5月1日余某与张某结婚，7月25日余母病故。2015年1月12日余某在施工中从脚手架上摔下死亡，当时余妻已有6个月身孕。余父和余妻都要求领取这一笔保险金。保险金应当给谁？

二、保险合同的客体

保险合同的客体是保险合同的重要构成要素。民法中对客体的定义是指合同双方权利义务所指向的对象。保险合同双方的权利义务体现为：投保人的义务是缴纳保险费，其对应的权利是当保险标的发生保险损失时，依照保险合同向保险人请求赔偿损失。保险人的权利是收取保险费作为其承担保险赔偿的对价，其义务是在保险标的发生保险损失时赔偿或给付保险金。投保人之所以能够获得保险保障是基于其对保险标的所拥有的合法经济利益，也就是保险利益。保险人保障的也是投保人的保险利益。所以，保险合同双方权利义务所指向的是投保人依附在保险标的上的保险利益。也就是说，保险合同的客体是保险利益，而不是保险标的本身。保险合同保障的不是保险标的本身的安全，而是保险标的受损后投保人、被保险人或受益人的保险利益。

保险标的是作为保险对象的财产及其有关利益或者人的生命和身体。如果保险标的不发生保险损失，投保人的经济利益可以顺利实现；而如果保险标的发生保险损失，投保人的经济利益就会受损。由此可见，保险标的是保险利益的载体，没有保险标的就没有保险利益。

三、保险合同的内容

保险合同的内容即保险合同条款的内容，是保险公司履行保险责任的依据。保险条款内容应具体，文字应准确。保险合同内容有广义和狭义之分：广义的保险合同内容是指保险合同记载的全部事项，包括合同主体、权利义务和具体事项；狭义的保险合同内容，仅仅包括双方的权利义务。在这里讨论广义保险合同内容。

▶ 1. 保险合同条款的类型

保险条款主要包括基本条款和其他条款。基本条款是由法律规定的条款；其他条款是由当事人因需要而约定的条款，属于特约条款。

（1）基本条款。又称法定条款，是直接印在保险单背面的保险合同文本的基本内容，即保险合同法定记载事项。它明确规定了保险人和被保险人的基本权利和义务，以及依据有关法规规定的保险行为成立所必需的各种事项和要求。基本条款不能随投保人的意愿而变更。

（2）附加条款。又称任选条款，是指保险人根据投保人的特殊需求，增加保障风险的条款。附加条款是对基本条款补充性的条款，是对基本责任范围内不予承保的风险，经过约定在承保基本责任范围的基础上予以扩展的责任条款。附加条款效力优于基本条款。通常采用在保险单上加批注或批单的方式使之成为保险合同的一部分。

（3）保证条款。是指保险合同中要求投保人和被保险人就特定事项保证作为或不作为的条款。

（4）协会条款。协会条款是保险同业协会根据需要协商约定的条款。英国伦敦保险人协会编制的船舶和货物保险条款就是协会条款。该协会条款附在保险合同上。协会条款是当今国际保险水险市场的通用特约条款，具有相当的影响力。

▶ 2. 保险合同的基本条款

基本条款是标准保险合同的基本内容，一般由保险人拟订。我国《保险法》用列举方式将基本条款直接规定为保险合同中不可缺少的法定条款。保险合同的基本条款包括以下事项：

（1）保险人的名称和地址。保险人作为保险风险和责任的承担者，明确其名称和住所，就是为了明确责任人，并因其不同的住所产生不同的法律规范。保险人的名称必须与保险监管部门和工商行政管理机关批准和登记的名称一致。保险人的住所为保险公司或分支机构的主营业场所所在地。

(2) 投保人、被保险人、受益人的名称和住所。明确保险合同的当事人和关系人，就可以确定保险合同各方的权利义务。明确保险合同当事人和关系人的住所，则可以明确保险合同的履行地点和合同纠纷的诉讼管辖权。

(3) 保险标的。保险标的是保险事故发生的本体。明确保险标的就是确定保险的对象，判断投保人是否具有保险利益，并为确定保险价值、保险金额及赔偿金额提供依据，同时也可以确定诉讼管辖权。

(4) 保险责任。保险责任是保险人所具体承担的风险项目，是保险条款中的重要构成要素。明确保险责任就是确定保险人承担风险和责任的范围，以免保险人承担过度的责任，也为被保险人提出索赔提供了依据。

保险责任是保险人对被保险人予以赔偿或给付的承诺。有关保险人的承诺有两种形式：一种是列明保险责任范围，在保险单中指出哪些损失原因导致的哪些损失属于保险人赔偿或给付的范围。保险人通常将列明的保险责任范围分为基本保险责任范围和附加保险责任范围。如我国的家庭财产保险单将火灾、暴雨等自然灾害和意外事故列为保险人的基本保险责任范围，将盗窃风险列为附加保险责任范围。另一种是一切险保险责任范围，在一切险保险单中只列明除外损失原因及损失，其他普通的损失原因及损失都属于保险责任范围。

(5) 除外责任。除外责任又称责任免除，就是保险人不保的责任，也是保险条款中的重要构成要素。保险人以盈利为目的，要对承保的风险进行认真筛选，避免承保风险过大，造成亏损。除外责任也采用列明式。

一般而言，除外责任可以分为以下三个层次：

① 除外风险。保险合同中可能把某些风险或某些引起损失的原因排除在外。道德风险、战争风险、核辐射风险等一般属于除外风险。

② 除外损失。正常磨损、自然消耗、间接损失等属于不赔损失。我国海洋货物运输保险的基本险条款规定，被保险货物的自然损耗、本质缺陷、特性以及市价跌落、运输延迟所引起的损失或费用属于除外责任。

③ 除外财产。保险合同可能将一些财产排除在外，或者附加某些限制条件后才能提供保障，家庭财产保险合同中，真伪难以鉴定、价值难以估算、易丢失、风险责任大的财产，如古玩、字画、珍宝等，属于不保财产。

(6) 保险价值。保险价值就是保险标的经济价值，是确定保险金额和确定损失赔偿的依据。保险价值的概念只用于财产保险。

在财产保险中，保险价值的确定有两种方式：一种是定值保险，即投保时将保险价值确定，保险合同中保险价值和保险金额均载明。海洋运输货物保险采用定值保险方式。另一种是不定值保险，即投保时在合同中只注明保险金额，不注明保险价值，当保险标的损失时，才依据保险标的的市场价格确定保险价值，计算损失额。企业财产保险采用不定值保险方式。

(7) 保险金额。简称保额，是保险合同中列明的保险人承担赔偿或者给付保险金责任的最高限额。保险金额一旦确定，保险人以此额度作为计算保险费的基础，同时作为补偿给付的最高限额；投保人、被保险人和受益人以此缴纳保险费，同时作为保险索赔和获得保险经济保障的最高额度。保险金额对于正确计算保险费、进行保险偿付、稳定合同关系，都具有十分重要的意义。

保险利益、保险价值、支付能力、费率水平和保障程度都会影响保险金额的确定。投保人的风险偏好程度也会影响保险金额的确定。在保险工作实践中，确定保险金额时应注意以下几点：

① 保险金额不得超过保险价值。在财产保险中，保险金额确定的基础是保险价值。保险金额不得超过保险标的物在投保时的保险价值。保险金额与保险价值两者之间会产生如下关系：保险金额与保险价值相等时是足额保险，表明保险标的估价适当，保险保障充分。保险金额小于保险价值时是不足额保险，表明保险标的估价低或者投保人自留一部分风险，节省保费支出，但保障的程度也欠充分，从而被保险人当保险财产遭受损失时不能得到充分保障。在保险实务中，保险金额低于保险价值的，除合同另有约定外，保险人按照保险金额与保险价值的比例承担赔偿责任。保险金额大于保险价值时是超额保险。超额保险只会多缴保险费，而不会扩大保障程度。因为实务中，超过保险价值的，超过的部分无效。当保险标的遭受损失时，保险人只按照实际损失承担赔偿责任。因此，超过保险价值部分的保险金额得不到赔偿，对投保人而言无任何保险意义。

人身保险的保险标的是人的生命和身体，而人的生命和身体的价值无法用金钱衡量，是无价的，不存在保险价值概念。在保险合同中只约定保险金额，一般依据投保人的保险需要、被保险人的年龄和健康程度，最重要的是支付保险费的经济能力等因素确定。当约定的保险事故发生时，保险人以保险合同约定的金额给付。人身保险合同属于定额保险合同。

② 保险金额不能超过保险利益。保险赔偿以被保险人所具有的保险利益为前提条件。被保险人索赔时，对损失的标的具有保险利益，索赔金额以其对损失财产所具有的保险利益为限。若发生保险事故时，被保险人对保险标的已不具有保险利益，保险人则不予赔偿。从价值量看，当保险标的属于投保人全部所有时，投保人对保险标的拥有完全的保险利益。若投保人只拥有部分保险标的的所有权，与之对应的只拥有部分保险利益。保险人依据部分保险利益确定赔款金额。保险利益是决定保险金额的基础。

(8) 保险费和保险费率。保险费是指投保人为取得保险保障而交付给保险人的费用。它等于保险金额或赔偿金额与保险费率的乘积。

保险费率又称保险价格，是保险费与保险金额的比率，通常以每百元或每千元的保险金额的保险费来表示。

保险费率一般由纯费率和附加费率两部分组成。习惯上，将纯费率和附加费率相加所得到的保险费率称为毛费率。纯费率也称净费率，是纯保费与保险金额的比率。按照纯费率收取的保费用于保险事故发生后进行赔偿和给付保险金。其计算的依据因险种不同而有别：财产保险纯费率依据保额损失率计算，保额损失率是一定时期内赔偿金额与保险金额的比率；人寿保险纯费率依据生命表和利率计算。

附加费率是附加保费与保险金额的比率，按照附加费率收取的保费是附加保费。附加保费是保险人的营业费用、管理费用等费用。

(9) 保险期限和保险责任开始时间。保险期限即保险人和投保人约定的保险合同的有效时间界线。保险期限明确了保险人承担保险责任的起讫时间，是计算保险费的依据，是保险人和被保险人享有权利和承担义务的法律有效期间。保险人仅对保险期限内发生的保险事故承担保险赔偿或给付保险金义务。

确定保险期限通常有以下两种方法：

① 自然时间界线法。该方法有明确的起止日期。在我国保险实务中，采用"零时起保"制，即开始承担保险责任之日的零时为具体开始时间。如家庭财产保险规定：保险期限为一年，保险责任从起保当日零时起，到保险期满日的 24 时止。

② 行为时间界线法，即根据保险标的的运动时间确定保险期限。货物运输保险采用航程时间作为保险期限，建筑工程保险采用建筑工期作为保险期限。

（10）免赔额。即免赔的额度。在保险人根据保险合同约定作出赔偿前，被保险人先要自己承担一部分损失。保险人和被保险人事先约定，如果发生保险事故，损失额在规定数额之内，保险人不负责赔偿，而是由被保险人自行承担损失的一定比例、金额。免赔额能消除许多小额索赔，损失理赔费用就大为减少，从而可以降低保费。免赔额条款通常存在于财产、健康和机动车辆保险合同中，人寿保险合同不使用，因为被保险人的死亡是全部损失，有免赔额实际上就是降低保额。

免赔额有以下几种形式：

① 绝对免赔额。绝对免赔额是指保险标的的损失程度超过规定免赔额时，保险人对超过限度的那部分损失予以赔偿的方式。例如，若合同中规定绝对免赔额为 200 元，则损失在 200 元以下的，保险人不予赔。若损失超过 200 元，保险人对超过的部分给予赔偿。一般来说，这种免赔额应用于每次损失。

② 总免赔额。这是把保险期内所有属于保险责任范围的损失加在一起，如果全部损失低于总免赔额，保险人不作任何赔付；一旦全部损失超过总免赔额，保险人对所有超额部分的损失予以赔付。健康保险中经常使用一种日历年度的总免赔额，把日历年度内所有合乎规定的医疗费用累计在一起，一旦累计额超过一定金额，保险人再根据合同支付医疗保险金。

③ 相对免赔额。这是一种在海上运输保险中经常使用的免赔额，免赔额以百分比或一定金额表示。如果损失低于规定的比例或金额，保险人不承担赔偿责任，但当损失高于规定的比例或金额时，保险人对包括免赔额在内的全部损失进行赔偿。海上运输保险之所以使用相对免赔额，是因为托运人能预料到由于恶劣天气、船舶持续航行和货物经常搬动至少会造成一些小额损失，还因为财产由承运人占用，其不具有夸大损失的动机。

④ 等待期。等待期是一种变相的免赔额，在损失发生后的一段规定时间内，保险人不给付保险金。健康保险和丧失工作能力收入保险普遍使用等待期。

在足额承保的情况下，免赔额是容易计算的；在不足额承保的情况下，免赔额也要按保险金额和保险价值的比例进行分摊。

在财产保险、责任保险、工程保险中免赔额多以数字形式表示；在货物运输保险中多数是以百分比形式表示，比如免赔率为 0.3%；在住院医疗险和营业中断险中有以时间表示的，比如免赔期为 7 天；在工程保险中也有以地点范围作为免赔的，不一定体现在金额上，比如红线图外 5 米之内，但是也可以理解为责任范围。

有些险种，比如机动车辆保险、飞机保险、船舶保险，免赔额非常高，为此保险商开发了不计免赔额保险，可以看作是一种增值服务。

(11) 保险金赔偿或给付办法。明确保险金赔偿或给付办法，就是确定保险人的赔偿或给付义务。保险人承担保险赔偿或给付责任的具体办法可以由保险合同当事人在保险合同中依法约定。通常情况下，在财产保险合同中按实际损失计算赔偿金额，在人身保险合同中按约定的金额给付保险金。但特别约定的，也可用修复、置换和重置等方式予以赔偿。

(12) 违约责任和争议处理。明确违约责任和争议处理，就是确定保险合同双方因违约必须承担的法律后果。违约一般要支付违约金或者赔偿金。明确争议处理的方法就是确定争议的解决途径。

四、保险合同的形式

保险合同的形式是指合同主体之间规定保险双方权利义务关系所采用的表现方式。保险合同一般采用书面形式，并载明当事人双方约定的合同内容。保险合同依照其订立的程序，大致可以分为投保单、暂保单、保险单、保险凭证四种书面形式。

▶ 1. 投保单

投保单又称要保单，是投保人向保险人申请订立保险合同的书面要约，是保险合同的重要组成部分。投保单由保险人事先根据险种的需要设计内容格式并印制，同一险种格式统一。投保人按照投保单所列项目逐一如实填写，保险人据此核实情况，决定是否承保。投保单上如有记载，保险单上即使有遗漏，其效力也与记载在保险单上等同。保险合同生效后，如果保险人发现投保人填写的投保单内容不实，有权解除保险合同。通常情况下，投保单只是投保人申请订立保险合同的书面凭证，而非合同的正式文本，不能作为保险合同订立的凭证。但是投保单一经保险人接受并签章以后，往往成为保险合同的组成部分之一，有时甚至起到了临时保险单的作用。倘若在特殊情况下，投保单被视作临时保单，则投保单具有暂保单的法律效力。保险人在投保单上签章承保后要及时出具保险单。

▶ 2. 暂保单

暂保单又称临时保单，是正式保险单签发之前由保险人或保险代理人出具的临时保险合同凭证。暂保单内容比较简单，只记载被保险人、保险标的、保险金额、保险险种等重要事项，以及保险单以外的特别保险条件。经保险人或保险代理人签章后，交付投保人。暂保单有效期通常为 30 天，在保险单未签发前，暂保单与保险单具有同等的法律效力。在正式保险单签发时，暂保单自动失效。暂保单通常用于财产保险而不用于人寿保险。订立暂保单不是订立合同的必经程序。

通常使用暂保单的情况有以下几种：

(1) 签订保险合同的分支机构受经营权限或经营程序的限制，需要经过上一级机构批准，在未获批准之前，出具暂保单为保险证明。

(2) 保险人与投保人在洽谈或续订合同时，就合同的主要事项已达成协议，但还有一些细节问题需要进一步协商，出具暂保单。

(3) 保险代理人承揽到业务但尚未向保险人办妥全部手续之前，出具暂保单。

▶ 3. 保险单

保险单是保险合同成立以后，保险人签发给投保人或被保险人的正式书面凭证。保险单是投保人与保险人之间确立保险合同关系的证明。保险人事先制定好保险条款，在条款中约定当事人的权利义务,将其印制在单证上,制成保险单。保险单明确完整地记载了保险合同双方当事人的权利和义务,是合同双方履约的依据。当投保人同意按保险条款的条件订立保险合同时,保险人就可以签发保险单,交付投保人收执。保险单具有法律效力,保险合同双方当事人都要受其约束。在人寿保险中,由于有的保险单具有现金价值,因此,保险单有时还起到了有价证券的作用。

▶ 4. 保险凭证

保险凭证也称"小保险",是保险人向投保人签发的证明保险合同已经成立的书面凭证。它是一种简化了的保险单,与保险单有相同的法律效力。

由于保险条款的内容和文字是相对固定的、公开的,一些常用的条款已被投保人所了解,或在某些情况下为了简化保险单证格式、节省时间及印刷费用,保险人也可以不签发保险单而只签发保险凭证。

在保险凭证上一般并不印刷保险条款,但要载明采用或依据何种保险条款;载明投保人、保险标的、保险金额、保险期间、保险费等项目。

保险凭证与保险单的法律效力相同,当事人的权利义务应当按有关保险条款执行。

▶ 5. 批单

批单是保险合同双方修订或更改保险合同内容的证明文件。在保险合同有效期内,保险人应被保险人要求对保险项目进行更改和调整,可在原保险单或保险凭证上批注,也可另外出立一张变更合同内容的附贴便条,附加在正式保险单或保险凭证上。批单一经签发,就自动成为保险合同的重要组成部分。批单的法律效力优于保险单,当批单内容与保险单不相一致时,以批单内容为准;如多次批改,应以最后一次批改为准。

第 三 节　保险合同的订立、生效与履行

一、保险合同的订立

保险合同的订立是指投保人与保险人就合同的条款达成协议。一般合同的订立要经过要约与承诺两个阶段,保险合同订立的这两个阶段又叫要保与承保。

▶ 1. 要约

要约又称"订约提议",是一方当事人向另一方当事人提出订立合同建议的法律行为,是签订保险合同的一个重要程序。提出要约的人为要约人。法律规定一个有效的要约应具备三个条件:要约需明确表示订约愿望;要约必须具备合同的主要内容;要约在其有效期内对要约人具有约束力。

保险合同的要约又称要保,其具体内容如下:

(1) 投保人一般是保险合同的要保人。通常保险合同的要约由投保人提出。在保险实务中,保险公司和代理人积极主动地开展业务,希望潜在客户订立合同,这仅是要约邀请,不是法律上主张的要约。只有投保人提出投保申请,将填写好的投保单交与保险公司或其代理人时,才是要约行为。

（2）保险合同的要约内容比一般合同更加具体和明确。保险风险的不确定性和保险功能的保障性使保险合同的内容关系到当事人的保险经济利益。因此，保险合同的要约内容必须较一般合同要约更为具体和明确。

（3）保险合同要约一般为投保单的书面形式或其他形式。在我国要求要约必须是书面形式。保险合同要约具有较强的专业性。在保险实务中，要约申请多采用保险公司已经印就的投保单的形式，提供给投保人，由投保人填写。投保人有特殊要求，经与保险人协商，约定特约条款。

▶ 2. 承诺

承诺，又称"接受订约提议"，是当事人另一方就要约方的提议表示同意与其订立合同的意思表示。做出承诺的一方称为承诺方，即承诺人或受约人。法律规定有效的承诺应具备如下条件：承诺不能附带任何条件，是对要约的完全接受；承诺需由受约本人或其合法代理人做出；承诺需在要约的有效期间内做出。

承诺人对要约人提出的合同内容表示完全同意后，合同即告成立，并开始履行合同的义务。承诺通常采用书面形式。若对要约有修改建议，是部分接受或附有条件接受，这种情况是拒绝原要约，不是承诺。承诺超过要约期限，要约人可以拒绝，超过期限的承诺对要约人不具约束力。

在合同订立过程中，要约可以反复多次，而承诺只有一次。当一方提出要约，对方只要做出修改，提出建议，则就是新的要约。所以订约过程应是要约—新要约—新要约—新要约—承诺。要约主体在不断变换，一经承诺合同即成立。

保险合同的承诺即是承保，一般由保险人做出承保。投保单是保险人事先印就的，当投保人以填好的投保单提出要约，保险人核保后，同意予以接受，即为承诺。保险合同随之成立，保险人应及时签发保险单，以书面的形式承诺。

二、保险合同的生效

保险合同生效是指保险合同对当事人双方具有约束力，即合同条款产生法律效力。保险人只承担保险合同生效后约定的保险责任。在保险合同成立后，尚未生效前，发生的保险事故，保险人不承担保险责任。

在保险实务中，保险合同多为附生效条件、附生效时间的合同，这意味着保险合同成立并非立即生效。保险合同生效的条件和时间一般由双方约定，只有符合双方约定的条件和时间，保险合同才生效。如以航程作为保险期限的海上保险合同，必须在航程开始后，合同才生效。大多数人寿保险合同是以交付首期保险费为合同生效的条件；有的则需体检合格后，寿险合同才生效；还有的须正式签发保险单，寿险合同才生效。我国财产保险合同普遍推行"零时起保制"，即合同生效的时间为起保日的零时。所以，保险合同的生效时间是根据双方约定的某些条件的实现而确定的。

三、保险合同的有效和无效

▶ 1. 保险合同的有效

保险合同的有效是指保险合同是由双方当事人依法订立，并受国家法律保护。

只有符合法律规定的条件，订立的保险合同才有效，否则，保险合同即使订立，也是无效合同。订立保险合同的法律要求主要包括以下四个方面：

（1）订立保险合同的主体必须合意。保险合同订立的主体必须合意包含了两层意思：第一层意思是订立合同是当事人双方的意愿；第二层意思是合同的订立是当事人双方真实意思表示一致的结果。一方要约，投保人提出投保的申请，另一方承诺，保险人予以承保，合同才能成立。

根据我国《合同法》的有关规定，采取欺诈、胁迫等手段所签订的合同为无效合同。如果投保人或保险人故意告知对方虚假情况，或者故意隐瞒真实情况，以诱使对方作出错误的意思表示属于欺诈行为。如果投保人或保险人以给对方的人身、名誉、财产或其他利益造成损害为要挟，迫使对方做出违背真实意愿的意思表示属于胁迫行为。另外，因重大误解订立的保险合同，当事人一方有权要求变更或撤销保险合同。所以，投保人与保险人订立保险合同，应当遵循公平互利、协商一致、自愿订立的原则，任何违背当事人意愿所订立的保险合同都是无效的。

（2）订立保险合同的客体必须合法。由于保险合同的客体是投保人对保险标的所拥有的法律上承认的经济利益，所以，保险合同所保障的对象必须是合法的利益。如果保险合同所保障的利益是非法的，违反国家法律和政策，违反国家利益和公共利益，那么订立的保险合同是无效合同，不具有法律效力。举例来说，投保人是不能为其偷盗得来的汽车投保机动车辆保险的，即使签订了机动车辆保险合同，所签的保险单也是无效的。因为如果偷窃得来的汽车在行驶过程中遭遇保险事故而受损，偷车人可以从保险人那儿获得赔偿，那么保险就保障了偷车人的非法利益。很明显，保险合同是不能保障这种非法利益的，只能保障合法的利益。所以，保险合同的订立必须客体合法。

（3）订立保险合同的当事人必须具有法定资格。首先，作为订立保险合同当事人一方的保险人必须具有法定资格。这就是说保险人必须是取得有关国家法定资格的合法经营者。根据我国《保险法》规定，保险人必须具备《保险法》规定的条件，经保险监督管理部门批准，由批准部门颁发经营保险业务许可证，还须向工商行政管理机构办理登记，领取营业执照，才算是具有法定资格的保险人。不符合有关国家法律规定条件的，就不具有保险人的法定资格，不能成为保险合同的订立者，当然由其订立的保险合同也是无效的。其次，作为订立保险合同当事人另一方的投保人也必须具有法定资格，投保人的法定资格通常是指投保人必须具有权利能力和行为能力，并对保险标的具有保险利益。未取得法人资格的组织、无行为能力和限制行为能力的个人、对保险标的不具有保险利益的单位和个人，都不能成为保险合同的订立者。

（4）订立保险合同的形式必须合法。虽然目前对保险合同是要式合同还是非要式合同有不同的争议，但是如果合同中有特别的约定将保险合同认定为要式合同，那么合同的订立必须采用法律规定的形式。根据我国《保险法》的有关规定，保险合同应当采用保险单、保险凭证和其他书面协议的形式。由于保险合同内容复杂，保险条款多种多样，保险合同的订立还是以法律规定的书面形式为妥，这样才能得到法律更好的保护。如果合同中没有明确认定保险合同为要式合同，则只要保险合同双方就保险条件达成协议，双方意思表示一致，合同即告成立。至于保险单的签发只是保险人应该履行的义务，而不是作为保险合同成立或生效的前提条件。

当然，保险合同的订立不仅要符合法律规定的有效条件，还要符合合同中双方约定的生效条件。毫无疑问，有效合同是保险合同生效的前提条件。

▶ 2. 保险合同的无效

保险合同的无效是指保险合同从订立时起，由于违反法定的或合同约定的事项，不具备合同成立的有效条件，因而合同自始不发生法律效力，合同不受国家法律保护。

无效保险合同有以下几种法律后果：

（1）返还财产。保险合同被确认无效后，当事人双方应将合同恢复到订约时的状态，即保险人应将收取的保险费退还给投保人；发生保险金赔偿或给付的，被保险人应将保险金返还给保险人。

（2）赔偿损失。无效合同的当事人因过错给对方造成损失的，应由责任方承担赔偿责任。

（2）追缴财产。对于违反国家利益和社会公共利益的保险合同，应当追缴财产，收归国库。

四、保险合同的履行

保险合同的履行是指双方当事人依法全面执行合同约定的权利义务的过程。保险合同履行的过程是双方权利义务实现的过程，保险合同是双务合同，一方的权利是另一方的义务，一方的义务是另一方的权利，只有一方履行其义务，另一方才享有权利。

▶ 1. 投保方的义务与权利

（1）投保方的义务。

① 缴纳保费义务。这是投保人最主要的义务。投保人要按时足额缴纳保险费。虽然《保险法》并未明确规定交付保险费是保险合同生效的要件，但作为保险人承担保险责任的对价，投保人有履行交付保险费的义务。保险合同成立后，如果投保人不能如期交付保险费，保险人可以按一般债的关系，以诉讼方式请求投保人交付保险费或者可以解除保险合同，但通常不影响保险合同的效力，除非保险合同中特别约定，投保人交付保险费是保险合同生效的条件。

② 如实告知义务。投保人在投保时，要如实回答保险人就保险标的重要事实的询问，不能隐瞒和欺骗。投保人的如实告知义务能否履行关系到保险人承保与否和风险测算的准确程度及保险费率的水平。如果投保人违反如实告知义务，保险人可以解除合同，甚至可以不履行赔偿或给付保险金义务。

③ 风险增加的通知义务。风险增加是指保险合同有效期内保险事故发生机会增加。风险增加源于主动性和被动性两方面。主动性是投保人或被保险人自己行为所致。例如，投保人的汽车在投保时是自用，保险期限内，改为经营用。这种用途的改变，增加了保险标的的危险性。被动性是保险标的的危险性的增加不是被保险人自己所为，而是由于外来原因所致。例如，保险标的的周围的环境变化，导致保险风险增加。即使这样，投保人也应及时通知保险人。保险人得知保险标的的变化后，往往调整费率和承保条件。投保人将会面临接受变动的承保条件或解除合同的选择。如果保险人接到通知后，在一定时期内，没有做出相应的调整措施的意思表示，可视为默许，即最大诚信原则中的弃权行为，日后保险人不得再主张其已放弃的权利，即最大诚信原则中的禁止反言。投保人履行风险增加通知义务，对于保险人正确估价保险风险具有重要意义。

保险合同订立以后，由于主观或客观的原因会产生保险标的危险增加的现象，投保人应将危险增加的有关情况及时地通知保险人，使保险人了解危险的真实状况，并根据危险的程度作加收保险费或者解除保险合同的选择。如果投保人或被保险人不履行危险增加通知，对保险人来说是不公平的，不仅使保险人在不知情的情况下承担了过度的风险，而且也破坏了保险的对价平衡。危险程度增加，投保人交付保险费的义务也应该增加。所以，我国《保险法》第三十七条规定："在合同有效期内，保险标的危险程度增加的，被保险人按照合同的约定应当及时通知保险人，保险人有权要求增加保险费或者解除合同。被保险人未履行前款规定的通知义务的，因保险标的危险程度增加而发生的保险事故，保险人不承担赔偿责任。"有专家认为，如果被保险人未履行客观危险程度增加通知义务，保险人可以不承担保险赔偿责任，但不能解除合同。如果被保险人未履行主观危险程度增加通知义务，保险人可以解除保险合同，不承担保险赔偿责任。

④ 防灾防损和施救义务。防灾防损是保险经营过程中的重要工作。保险事故发生必然造成社会财产的损失，投保人只有切实做到防灾防损，才能尽可能减少社会财产的损失。投保人签订合同后，容易产生依赖保险的思想，对保险标的安全管理掉以轻心，忽视保险标的防灾防损工作，增加损失发生机会，或者在保险事故发生时，不积极采取抢救措施，使损失扩大。根据保险合同的约定，保险人可以对保险标的的安全状况进行监督检查，及时向投保人、被保险人提出消除安全隐患的书面建议。投保人、被保险人未按照约定履行其对保险标的安全应尽的责任的，保险人有权要求增加保险费或者解除合同。

在保险事故发生后，投保人应当积极采取各种抢救措施进行施救，以防止损失程度扩大。我国《保险法》第五十七条规定："保险事故发生时，被保险人应当尽力采取必要的措施，防止或者减少损失。保险事故发生后，被保险人为防止或者减少保险标的的损失所支付的必要的、合理的费用，由保险人承担；保险人所承担的费用数额在保险标的损失赔偿金额以外另行计算，最高不超过保险金额的数额。"

⑤ 保险事故发生通知义务。我国《保险法》第二十一条第一款规定："投保人、被保险人或者受益人知道保险事故发生后，应当及时通知保险人。故意或者因重大过失未及时通知，致使保险事故的性质、原因、损失程度等难以确定的，保险人对无法确定的部分，不承担赔偿或者给付保险金的责任，但保险人通过其他途径已经及时知道或者应当及时知道保险事故发生的除外。"投保人、被保险人或者受益人履行保险事故发生通知义务的目的是：第一，可以使保险人及时采取施救措施，防止损失扩大。第二，可以使保险公司及时派人赶到现场，得到损失情况的第一手资料，为确定损失程度和损失原因，明确事故责任提供可靠的依据。第三，可以使保险人有相对充裕的时间准备保险金。所以，保险事故发生后，投保人、被保险人或者受益人可以采用口头或书面的形式及时通知保险人，这也是被保险人或者受益人提出索赔的必要程序。虽然《保险法》对投保人、被保险人或者受益人的逾期通知的法律后果没有明确的规定，但在一些保险条款中有涉及此类问题的约定。如有的重大疾病保险条款中规定，由于延误时间，导致必要证据丧失或事故性质、原因无法认定的，应由受益人承担相应的责任。又如有的人身保险条款规定，投保人、被保险人或者受益人应当承担由于通知延误致使保险公司增加的查勘费用。再比如有的机动车辆保险条款中规定，投保人、被保险人逾期通知为违约行为，保险人有权拒赔或自书面通知之日

解除合同，已赔偿的，保险人有权追回已付保险赔款。所以，在保险实务中，如果投保人、被保险人或者受益人不能及时履行保险事故发生的通知义务，很可能会因此丧失索赔的权利或者会因此增加费用支出。但大多情况下，逾期通知不构成根本违约，保险人不能以此为由拒绝承担保险责任。

⑥ 提供有关证明和资料义务。保险事故发生后，依照保险合同请求保险人赔偿或者给付保险金时，投保人、被保险人或者受益人应当向保险人提供与确认保险事故的性质、原因、损失程度等有关的证明和资料，包括保险单、批单、损失检验报告和第三者责任证明。这些证明和资料是保险人判断保险责任和赔偿金额的重要依据。

⑦ 提供单证的义务。我国《保险法》第二十三条规定："保险事故发生后，依照保险合同请求保险人赔偿或者给付保险金时，投保人、被保险人或者使用人应当向保险人提供其所能提供的与确认保险事故的性质、原因、损失程度等有关证明和资料。保险人依照保险合同的约定，认为有关的证明和资料不完整的，应当通知投保人、被保险人或者受益人补充提供有关的证明和资料。"作为提出索赔要求的一方，投保人、被保险人或者受益人向保险人提供有关的证明和资料是义不容辞的，正所谓"谁主张谁举证"。这些证明和资料包括保险单或其他保险凭证、已交付保险费的凭证、保险标的的证明、被保险人的身份证明、必要的鉴定结论、损失评估书、索赔请求书等。倘若为确定保险人应当承担的保险责任，以及应当支付的赔偿金额，必须由技术专家或者保险公估机构对保险事故的原因、性质及保险标的损失程度进行调查和认定，那么由此产生的合理费用由保险人承担。我国《保险法》第四十九条作了相应规定："保险人、被保险人为查明和确定保险事故的性质、原因和保险标的的损失程度所支付的必要的、合理的费用，由保险人承担。"如果投保人、被保险人或者受益人不能提供与确认保险事故有关的有效证明和资料，或者提供的证明和资料不真实、不准确、不完整，那么就会影响投保人、被保险人或者受益人的索赔权利，如果有过错，则要承担相应的过错责任。我国《保险法》第二十八条第三款规定："保险事故发生后，投保人、被保险人或者受益人以伪造、变造的有关证明、资料或者其他证据，编造虚假的事故原因或者夸大损失程度的，保险人对其虚报的部分不承担赔偿或者给付保险金的责任。"第四款规定："投保人、被保险人或者受益人有前三款所列的行为之一，致使保险人支付保险金或者支出费用的，应当退回或者赔偿。"

(2) 投保方的权利。

① 保险金请求权。是指财产保险发生保险事故时，被保险人可以要求保险人赔偿保险金，或者人身保险合同中，当被保险人发生合同约定的死亡、伤残、疾病或者达到合同约定的年龄、期限时可以要求保险人给付保险金的权利。保险金请求权是投保方保险经济补偿的基本权利，也是最终权利，是保险经济补偿功能的最终体现。投保方保险金请求权具有时间限制，人寿保险的保险金请求权，自其知道保险事故发生之日起五年内行使有效，超过期限权利消失；人寿保险以外的保险金请求权，自其知道保险事故发生之日起二年内行使有效，超过期限权利消失。

② 解约权。是指投保方在保险合同有效期内有权利解除保险合同，提前终止合同效力。解约权由合同一方当事人的意思表示即可行使，行使解约权应当符合法律规定条件。投保方解约就是退保。但在有些险种中，则不允许中途退保。如我国《保险法》第五十条规定："货物运输保险合同和运输工具航程保险合同，保险责任开始后，合同当事人不得解除合同。"

【案例 4-2】

王先生是一份人寿保险合同的指定受益人。1994年7月，王先生出国留学，由于种种原因，王先生与投保人和被保险人中断了联系。1994年12月，被保险人发生车祸事故，投保人知道后既没有向保险公司申请理赔，也没有通知王先生。2001年1月，王先生回国，得知了上述情况，向保险公司提出了索赔。试问该如何处理？

▶ 2. 保险人的权利与义务

保险人的基本权利对应投保方的义务，只有投保方履行义务，保险人的权利才能实现。因此，保险人的权利主要是收取保险费权、解约权、增加保费权和不承担赔偿给付责任权。保险人的义务主要有以下几项：

（1）说明义务。说明义务是指保险人在保险合同订立时，有义务向投保人说明保险合同条款内容。保险合同是附和性合同，保险条款由保险人制定，投保人对保险条款不了解，特别不清楚保险责任范围和免除责任范围，因此，保险人在订立合同时，应向投保人说明保险合同的条款内容，使投保人能客观地理解保险条款内容。

（2）及时签单义务。保险合同必须是以书面形式存在的法律协议。投保人提出投保要求，经保险人同意承保，并就合同的条款达成协议，保险合同即告成立。保险人应当及时向投保人签发保险单或者其他保险凭证，以作为合同的书面证明。

（3）理赔义务。保险在经济中的基本职能就是对保险标的损失补偿或者给付保险金。这是保险人义务中最重要、最基本的义务。保险人应严格遵照有关法律、法规及合同约定，及时充分地履行承担损失补偿或者给付保险金义务。保险人在接到投保方保险索赔要求之后，应当及时做出核定，对属于保险责任的，在与被保险人或者受益人达成有关赔偿或者给付保险金金额的协议后十日内，履行赔偿或者给付保险金义务。保险合同另有约定的应按合同约定履行。保险人对于不属于保险责任的，应当向被保险人或者受益人发出拒绝赔偿或者拒绝给付保险金通知书。

（4）支付施救费、诉讼费等特殊费用的义务。被保险人在保险标的发生保险事故时，应采取一切必要的措施，防止保险标的遭受损失或者避免保险标的的损失扩大。为防止或减少保险标的的损失所支付的必要的、合理的费用，保险人在保险标的的损失赔偿以外，以不超过保险金额的数额另行支付。

第四节 保险合同的变更与终止

一、保险合同的变更

保险合同的变更是指在保险合同有效期内，当事人由于情况变化，依据法律规定的条件和程序，在协商一致的基础上，对原保险合同内容进行修改或补充。已经产生法律效力的保险合同，当事人双方都必须全面履行规定的义务，不能随意变更内容或解除合同。但在保险合同的期限内，保险合同的内容会发生变动，需要进行变更。我国《保险法》第二十条规定："投保人和保险人可以协商变更合同内容。变更保险合同的，应当由保险人在保险单或者其他保险凭证上批注或者附贴批单,或者由投保人和保险人订立变更的书面协议。"

在实际操作中可能出现一份保险单多次变更的情况,通常在合同进行多次变更时,对于适用顺序或者效力采用两种标准:一是时间标准,即最近一次批改的效力优于之前的批改;二是批改方式标准,即手写批改的效力优于打字的批改。

保险合同的变更主要包括主体、内容和效力的变更。

▶ 1. 保险合同主体的变更

保险合同主体变更包括保险人、投保人、被保险人和受益人的变更。在保险实务中,主要是投保人、被保险人和受益人等投保方的变动。

(1) 保险人的变更。一般而言,保险合同中保险人不会变更。只有保险公司破产、解散、合并和分立等情况出现,才会导致保险人所承担的全部保险合同责任转移给其他保险人。由于保险公司的解散会给被保险人带来许多不便,尤其是长期的人寿保险业务涉及大量的未了责任,所以,各国的保险法一般都限制保险公司的自行解散。我国《保险法》第八十五条第二款规定:"经营有人寿保险业务的保险公司,除分立、合并外,不得解散。"这也就是规定经营有人寿保险业务的保险公司不得在其公司章程中规定任何自行解散的事由。相对人寿保险业务而言,财产保险业务一般期限较短,未了责任的比重相对较低,我国《保险法》中未明令禁止经营财产保险业务的保险公司的任意解散,但在实际执行中仍有很多限制。我国《保险法》第八十五条第一款规定:"保险公司因分立、合并或者公司章程规定的解散事由出现,经保险监督管理机构批准后解散。保险公司应该依法成立清算组,进行清算。"

(2) 投保人的变更。在财产保险中财产保险合同建立后,投保人作为签约和缴费一方的职能已经结束,在财产保险合同采取缓交或分期交付保险费的情况下,如果投保人不再承担为被保险人支付保险费的义务,有符合条件的新的投保人或被保险人愿意继续支付保险费,则保险合同继续有效。

在人身保险合同中,投保人的变更须征得被保险人同意并通知保险人,保险人核准后方可变更。

(3) 被保险人的变更。在财产保险中财产保险合同关系成立以后,如果保险标的的所有权发生转移,就会改变原有的保险合同关系,即保险合同的被保险人发生变更,通常又叫转让。

在财产保险合同中,投保人或被保险人的变更通常是因以下几种情况出现而发生变更的:

① 保险标的所有权、经营权发生转移。因买卖、让与、继承等民事法律行为所引起的保险标的所有权的转移;保险标的是国有财产的,其经营权或法人财产权的转移等,均可导致投保人或被保险人的变更。

② 保险标的用益权变动。保险标的的承包人、租赁人因承包、租赁合同的订立、变更、终止,致使保险标的的使用权、用益权发生变更,从而导致投保人或被保险人变更。

③ 债权债务关系发生变化。当保险标的是作为抵押物、质押物、留置物时,抵押权、质押权、留置权等会随债权债务关系的消灭而消灭。抵押权人、质押权人和留置权人也因此会失去对保险标的的保险利益,进而导致投保人或被保险人变更。

保险合同的转让方式有两种：一是保险人背书转让。适用于绝大多数保险合同。必须通过加签保单或加批注的方式；二是被保险人背书转让。不需征求保险公司同意，只需被保险人批注同意，适用于海上货物运输保险。

人身保险合同中的被保险人确定之后不能变更，因为被保险人的年龄、健康状况等直接关系到承保条件、缴费水平、保险金额等各方面。

（4）受益人的变更。在人身保险中，对于受益人的变更，可以由投保人或被保险人决定，投保人变更受益人须经被保险人同意。受益人的变更无须保险人同意，只需书面通知保险人，由保险人在保单上批注后生效。

▶ 2. 保险合同内容的变更

保险合同内容的变更是指在主体不变的情况下，改变合同中约定的事项。保险合同内容变更是保险实务中经常出现的。保险合同内容变更分为两种情况：一种情况是投保人或被保险人根据自己的需要要求变更合同的内容；另一种情况是当某些法定或约定事实出现时，投保人或被保险人必须通知保险人，变更合同的内容，否则会产生相应的法律后果。保险合同内容变更要在合同中加以批注。

保险合同的内容变更表现为：保险标的的保险金额增减、保险标的的地域范围变化、保险标的的用途改变或风险程度变化、保险期限的变化、保险责任范围的变化、被保险人的职业变化、交费方法变化等。以海洋运输货物保险为例，合同的内容变更有货物标记、包装、数量、名称的变更，货物保险金额的变更，船舶名称之航期、航程、航线的变更，保险条件即保险险别的变更，保险期限的变更等。

保险合同变更应采用书面形式。批单是变更保险合同时最常用的书面单证。保险合同变更需经保险人签章，并附贴在原保险单或保险凭证上。保险人并依据变更后的保单按规定增收或减免保险费。保险合同变更后，国际上形成了对变更事项、变更手段及时间等方面的有效性顺序规定为：所有批单或背书优于附加条款，附加条款优于基本条款；手写变更优于打字变更；旁注变更优于正文变更；对同一事项的变更，后变更的优于先变更的。

▶ 3. 保险合同效力的变更

（1）部分失效，即保险合同中仅有一部分失效。

（2）全部失效，原因主要有两个：一是被保险人没有履行如实告知义务，导致全部失效；二是死亡保险合同的订立没有经被保险人同意。

二、保险合同的中止

保险合同中止是指在保险合同存续期间，由于某种原因的发生而使保险合同暂时失去效力。在合同中止期间发生的保险事故，保险人不承担赔偿或给付保险金的责任。

保险合同的中止在人寿保险合同中最常见。人寿保险合同长期的比较多，可以分期缴纳保费。

如果投保人在约定的保险费缴付时间内没有按时缴纳续期保费，且在宽限期内（一般为60天）仍未缴纳，则保险合同中止。保险合同中止期限为两年，在这两年内，投保人可以申请保险合同复效。同时，补缴保费及相应的利息。复效后的合同与原保险合同具有同等的法律效力。

被中止的保险合同也可能因投保人不提出复效申请，或保险人不能接受已发生变化的保险标的（如被保险人在合同中止期间患有保险人不能按条件承保的疾病），或其他原因而被解除，而不再有效。

三、保险合同的终止

保险合同的终止是指当事人之间由合同确定的权利义务因法律规定的原因出现而不复存在。终止是保险合同发展的最终结果。需注意的是，保险合同的终止只能说明合同自终止之日以后，合同主体之间法律关系消失，不再承担任何责任，而在合同有效期内产生的法律关系，引起的法律责任不会消失。保险合同的终止主要有以下几种原因。

▶ 1. 保险合同因期限届满而终止

保险合同因期限届满而终止属自然终止。保险合同的期限是保险人提供保险保障有效期限。在保险期限内，有些合同未发生保险合同约定的保险事故，保险人的保险责任一直持续到保险期限届满。由于合同期限届满，虽然未发生保险事故，保险人的保险责任终止，保险人不再承担保险责任。这是保险合同最普遍、最基本的终止情况。保险合同到期之后如果续保，是新保险合同成立，不是原保险合同的延续。

▶ 2. 保险合同因履行而终止

保险事故发生后，保险人按照保险合同约定承担了全部的赔偿或给付保险金责任，保险合同义务因履行完毕而终止。终身寿险合同的被保险人死亡，保险人向受益人给付全部保险金，合同即终止。企业财产保险合同的保险标的因发生一次保险事故全部损毁，保险人赔付的保险金达到保险金额，或多次发生保险事故，保险公司累计赔付的保险金达到保险金额，无论合同是否到期，合同都终止。但是船舶保险是个例外。船舶保险的保险标的如果多次发生部分损失，每次赔款额都在保险金额限度内，即使累计赔款额达到或超过保险金额，保险合同仍然有效，直至保险期限届满。

▶ 3. 保险合同解约终止

保险合同的解约终止是在保险合同期限尚未届满，合同一方当事人行使解约权，提前终止合同效力的法律行为。解除保险合同的法律行为后果表现在保险合同法律效力消失，回复到未订立合同以前的原有状态。因此，保险合同的解除具有溯及既往的效力，保险人一般要退还全部或部分保险费，并不承担相应的保险责任。解约权可以由保险人行使，也可以由投保人行使（即退保）。解约权由合同一方当事人的意思表示即可行使。

保险合同解约一般分为法定解约、约定解约和任意解除。

（1）法定解约。法定解约是指当法律规定的事项出现时，保险合同一方当事人可依法对保险合同行使解约权。法定解约的事项通常在法律中直接明确规定。

根据我国《保险法》规定，保险人解除保险合同的事由和法律后果如下：

① 投保人故意隐瞒事实不履行如实告知义务，保险人有权解除保险合同，对于保险合同解除前发生的保险事故，不承担赔偿或者给付保险金的责任，并不退还保险费。

② 投保人因过失未履行如实告知义务，足以影响保险人决定是否同意承保或者提高保险费率的，保险人有权解除保险合同。如未告知事项对保险事故发生有重大影响的，保险人对于保险合同解除前发生的保险事故，不承担赔偿或者给付保险金的责任，但可以退还保险费。

③ 被保险人或者受益人在未发生保险事故的情况下，谎称发生了保险事故，向保

人提出赔偿或者给付保险金的请求的，保险人有权解除保险合同，并不退还保险费。

④ 投保人、被保险人或者受益人故意制造保险事故的，保险人有权解除合同，不承担赔偿或给付保险金的责任。除《保险法》另有规定外，不退还保险费。

⑤ 投保人、被保险人在财产保险合同中未按照约定履行其对保险标的安全应尽的责任的，保险人有权要求增加保险费或者解除合同。

⑥ 在财产保险合同有效期内，保险标的危险程度增加的，被保险人按照合同约定及时通知保险人，保险人有权要求增加保险费或者解除合同。被保险人未履行上述通知义务的，因保险标的危险增加而发生的保险事故，保险人不承担赔偿责任。

⑦ 在人身保险合同中投保人申报的被保险人年龄不真实，并且其真实年龄不符合合同约定的年龄限制的，保险人可以解除合同，并在扣除手续费后，向投保人退还保险费。但是自合同成立之日起逾二年的除外。

⑧ 人身保险合同采用分期缴纳保险费的，合同效力中止超过二年的，保险人可以解除合同。

（2）约定解约。又称协议注销终止，是指保险合同双方当事人依合同约定，在合同有效期内发生约定事由时，可随时注销保险合同。保险合同双方当事人在合同中约定解约的条件，一旦约定的条件产生，一方或双方当事人有权行使解约权，使合同效力处于终止状态。解约终止保险合同是一种较为常见的保险合同终止的情况。例如，我国船舶战争险条款规定，保险人有权在任何时候向被保险人发出注销战争险责任通知，在发出通知若干天期满生效。

（3）任意解除。投保人有选择投保和退保的自由。对投保人而言，除《保险法》有规定或保险合同另有约定外，投保人有权随时解除保险合同。投保人在保险合同中代表被保险人、受益人的利益，处于受保险合同保障的地位，是否愿意享受保险保障应由自己决定，无论在投保前还是保险合同成立后，投保人均有自由选择的权利，既有投保的自由，也有退保的自由。

我国《保险法》规定的投保人不得解除保险合同的情况，主要是指货物运输保险合同和运输工具航程保险合同。

保险责任开始后，投保人要求解除合同的，保险人可以收取自保险责任开始之日起至合同解除之日止期间的保险费，剩余部分退还投保人。

根据我国《保险法》第六十九条规定：人身保险合同，投保人解除合同已交足二年以上保险费的，保险人应当自接到合同解除通知之日起三十日内，退还保险单的现金价值；未交足二年保险费的，保险人按照合同约定在扣除手续费后，退还保险费。

法律对保险人解约规定较为严格，除法律另有规定或保险合同另有约定外，保险人不能任意解除合同。与投保人的权利正相反。这是因为保险人承担着保险合同所规定的分散风险、补偿损失的保险责任，如果保险人可以随意解除合同，保险人将在获悉危险可能发生的情况下，解除保险合同，逃避责任，对被保险人十分不利。

▶ 4. 保险合同因保险标的灭失而终止

保险标的在保险期限内因发生非承保风险而灭失，投保人不再具有保险利益，保险合同终止。保险标的不存在了，保险合同的保障对象也就不存在了，保险合同因此失去了存在的基础，保险合同的效力自然终止。

▶ **5. 人身保险合同因被保险人的死亡而终止**

如同财产保险合同一样，人身保险合同的保险标的——被保险人因非保险事故原因而死亡，保险合同即告终止。

综观保险合同的效力问题，其中有许多方面值得注意。比如保险合同无效与保险合同解除有何区别，保险合同解除终止与保险合同自然终止之间又有什么不同。其实保险合同的无效与保险合同的解除之间有很大的区别，合同的解除是以有效合同为前提条件的，是当事人一方行使法定的或约定的解除权使合同终止的单方面行为；而合同无效的前提是因为合同的无效不需要任何一方行使解除权，也不受解除权时效的限制，无效合同自始无效。保险合同的解除终止与保险合同的自然终止也有很大的不同。首先，终止的原因不一样。解除终止是当事人一方行使法定或约定的解除权而使合同的效力提前终止；自然终止是合同期限届满或履约完毕，保险合同的效力自然终止。其次，终止的法律后果不一样，解除终止的法律后果由于解除的原因不同，有的具有溯及力，即要使合同恢复到订立时的原来状态，保险人退还投保人已缴的保险费，投保人或被保险人退还已获得的保险金。有的则不具有溯及力，解除前的合同关系仍然有效，解除后合同关系消灭，保险人要向投保人退还自合同解除之日起相应的未到期保费。还有的则因为投保人、被保险人或者受益人有严重的违法、违约行为，保险人不仅不履行赔偿或给付保险金的义务，而且可以解除保险合同，并不退还保险费。自然终止的法律后果是既往不咎，从终止之日起保险合同的权利义务关系归于消灭。如果保险人已履约完毕或者合同期限届满，保险人不退还保险费，但因保险标的灭失、损毁，则保险人退还相应的未到期保费。

第五节 保险合同的解释原则与争议处理

一、保险合同的解释原则

保险合同的解释是指保险当事人由于对合同的用语理解不同发生争议时，法院或仲裁机构依照法律规定的方式或者约定俗成的方式，对保险合同的内容或文字的含义予以确定或说明。保险合同当事人双方就合同理解产生争议，协商解决不成的，仲裁机构或法院对争议条款做出的解释具有约束力。

保险合同要求文字清晰，内容明确具体。但是由于保险本身的专业性、技术性和复杂性，以及文字表达方式的多样性，双方对合同内容产生争议是不可避免的。仲裁机构或法院作出适当、合理的解释，便于合同的继续履行。

保险合同的解释原则有以下几条。

▶ **1. 文义解释原则**

文义解释即按合同条款通常的文字含义并结合合同的整体内容来解释。这是解释保险合同条款的最主要的方法。在合同中所用的保险专业术语、法律专业术语或者其他行业的专业术语，有立法解释的，以立法解释为准；没有立法解释的，以司法解释、行政解释为准；没有立法、司法或行政解释的，应该以所属行业公认的特定含义、技术标准或者行业习惯来解释。例如对"暴雨"的解释，应按气象部门对暴雨的解释，是 24 小时降水量超过 50mm，或者 12 小时降水超过 30mm，而不应解释为字典上"大而急的雨"。

▶ 2. 意图解释原则

意图解释是指当保险合同条款中出现文义不清、用词混乱和含糊的时候，对保险合同的解释应该尊重当事人双方订约时的真实意思，并根据订约的背景和客观实际情况来分析和推定。如果文字准确、意义毫不含糊，就应照字面意思解释。

▶ 3. 有利于被保险人和受益人的解释原则

这一原则是指当保险合同的当事人对合同条款有争议时，法院或仲裁机关要作出有利于被保险人和受益人的解释。保险合同是由保险人设计并印制的，是一种附和性合同。投保人通常只能选择接受整个保险合同，不能要求增加或删除某些条款，更不能要求重写保险合同。保险人在拟定保险条款时，对其自身利益进行了充分的考虑。为了避免保险人利用其有利地位侵害投保人的利益，在保险合同发生争议时，法院或者仲裁机关应当作出有利于被保险人或受益人的解释，以示公平。应注意的是，这种解释原则不能随意使用，只有在保险合同条款文字含义不清或者在一词多义的情况下，才能在尊重保险条款原意的基础上使用该原则。

二、保险合同的争议处理

保险合同订立后，双方当事人在履行合同的过程中可能产生争议。保险合同争议是指保险双方当事人在对保险责任的归属问题、赔偿数额的确定等方面产生分歧，因而引起纠纷，使合同无法履行。能否采用适当的方式公平合理地解决争议，直接关系到双方的权益。保险合同争议的解决方式主要有协商、调解、仲裁、诉讼四种。

▶ 1. 协商

协商是争议双方首选的方式，因为协商解决争议是建立在双方自愿诚信的基础上，充分交换意见，互作让步，达成共同接受的和解协议。这种争议处理方式简便，节省仲裁和诉讼的费用，有助于增进双方的进一步信任与合作，有利于合同的继续执行。但协商最大的缺点是和解协议不是终局性的，对合同双方都没有约束力。如果协商不成，双方可以选择调解、仲裁或者诉讼方式解决争议。

▶ 2. 调解

调解是在第三方主持下，根据自愿、合法原则，保险双方当事人自愿达成协议。根据调解时第三人的身份不同，保险合同的调解可以分为行政调解、仲裁调解和法院调解。

▶ 3. 仲裁

仲裁是指保险双方当事人依据仲裁协议，自愿将彼此间的争议交由双方共同信任、法律认可的仲裁机构进行调解。仲裁费用较诉讼方式节约。裁决由专业人士做出，具有良好的信誉和公正性，并且注重商业习惯，灵活性较大，有利于维持合同关系的继续。仲裁机构做出的判决具有法律效力，当事人必须予以执行。仲裁实行"一裁终局"的制度。

▶ 4. 诉讼

保险合同的诉讼是保险合同一方当事人按照民事法律诉讼程序向法院对另一方提出权益主张，并要求法院予以解决和保护的请求。当事人提出诉讼应当在法律规定的时效以内。与仲裁不同，法院在受理案件时，实行级别管辖和地域管辖、专属管辖和选择管辖相结合的方式。诉讼实行的是两审终审制。

《中华人民共和国民事诉讼法》第二十六条对保险合同的管辖法院作了明确的规定："因保险合同纠纷提起诉讼，通常由被告所在地或者由保险标的物所在地人民法院管辖。"《最高人民法院关于适用〈中华人民共和国民事诉讼法〉若干问题的意见》中规定："因保险合同纠纷提起的诉讼，如果保险标的物是运输工具或者运输中的货物，由被告所在地或者运输工具登记注册地、运输目的地、保险事故发生地的人民法院管辖。"

重要概念

保险合同　保险人　投保人　被保险人　受益人　保险标的　保险责任　除外责任　保险价值　保险金额　保险费　保险期限

思考题

1. 什么是保险合同？
2. 简述保险合同的分类及其特征。
3. 保险合同的民事法律关系是什么？
4. 保险合同的主体和客体分别包含哪些内容？
5. 保险合同的订立和变更程序是什么？
6. 如何理解保险合同的中止？
7. 什么是保险合同的解释原则？保险合同发生争议时应如何处理？

第五章 有形财产保险

> **学习目标**
> 1. 了解财产保险的概念及财产保险的种类、特征;
> 2. 掌握企业财产保险、家庭财产保险、机动车辆保险的主要内容;
> 3. 了解工程保险的保险期限和赔偿处理。

财产保险是指以各种财产物资和有关经济利益为保险标的,以补偿投保人或被保险人经济损失为目的的一类保险业务。根据承保标的的虚实,可以把财产保险分为有形财产保险和无形财产保险。

有形财产保险是以财产及相关利益作为保险标的的保险,相关利益包括责任、信用、预期利益等。

第一节 企业财产保险

企业财产保险、家庭财产保险是在火灾保险的基础上发展起来的。17世纪至今,火灾保险经历了一个漫长的演变过程。从保险标的来看,火灾保险从早期的只承保不动产,逐步扩大到动产,再发展到与动产或不动产标的相关的利益,如预期利益和资金收入等。从承保危险来看,早期的火灾保险只承保单一的火灾危险,并且只承保火灾危险造成的直接损失,后来逐步扩展到与火灾相关的爆炸、闪电与雷击。进入现代社会以后,火灾保险的承保范围又扩展到包括火灾在内的各种自然灾害和意外事故,不仅可以承保直接损失,也可以承保间接损失,如营业中断损失、租金损失等。从赔偿范围来看,早期的火灾保险一般只承保保险标的的损失,而现在的赔偿范围通常都包括施救费用在内。

一、企业财产保险的概念

企业财产保险是以企业的固定资产和流动资产为保险标的的保险。保险标的是陆地上处于相对静止状态的财产,地址不得随意变动。

企业财产保险是我国财产保险业务中的主要险种之一,其适用范围很广,一切工商、建筑、交通、服务企业、国家机关、社会团体等均可投保企业财产保险,即对一切独立核算的法人单位均适用。

二、企业财产保险的保险标的

▶ 1. 可保财产

可保财产是投保人可以直接向保险人投保的财产。用会计科目反映,如固定资产、流动财产、账外资产等;用企业财产项目类别反映,如房屋、建筑物、机器设备、材料、商品物资等。可保财产具体包括以下几种:

(1) 属于被保险人所有或与他人共有而由被保险人负责的财产;

(2) 由被保险人经营管理或替他人保管的财产;

(3) 其他具有法律上承认的与被保险人有经济利害关系的财产。

▶ 2. 特保财产

特保财产是保险双方当事人必须特别约定后才能承保的财产。具体包括以下两种:

(1) 无须附加保险特约条款或增加保险费的情况下予以特约承保的财产,如金银、珠宝、钻石、玉器首饰、古币、古玩、故书、古画、邮票、艺术品、稀有金属和其他珍贵财物;

(2) 必须用特约条款并增收保险费方可承保的财产,如堤堰、水闸、铁路、道路、涵洞、桥梁、码头、矿井、矿坑内的设备和物资。

▶ 3. 不保财产

(1) 不能用货币衡量价值的财产,如土地、矿产、森林、水产资源、文件、账册、技术资料。

(2) 不属于实际物资的财产,如有价证券、票证、货币。

(3) 可以由其他险种承保的财产,如机动车辆(企业内部行驶车辆除外)、运输物资、农作物。

(4) 不符合政府有关法律要求的财产,如违章建筑、非法占用财产。

三、企业财产保险的险种

目前我国的企业财产保险分为国内业务和涉外业务。国内业务包括企业财产保险基本险和企业财产保险综合险;涉外业务有普通财产保险和财产一切险。

▶ 1. 企业财产保险基本险的保险责任与除外责任

(1) 企业财产保险基本险的保险责任。包括以下几点:

① 火灾;

② 雷击;

③ 爆炸;

④ 飞行物体及其他空中运行物体坠落;

⑤ 被保险人拥有财产所有权的自用的供电、供水、供气设备因保险事故遭受损坏，引起停电、停水、停气以致造成保险标的的直接损失；

⑥ 在发生保险事故时，为抢救保险标的或防止灾害蔓延，采取合理的必要的措施而造成保险标的的损失；

⑦ 保险事故发生后，被保险人为防止或者减少保险标的的损失所支付的、必要的、合理的费用。

(2) 基本险的除外责任。由于下列原因造成保险标的的损失，保险人不负责赔偿：

① 战争、敌对行为、军事行动、武装冲突、罢工、暴动；
② 被保险人及其代表的故意行为或纵容所致；
③ 核反应、核辐射和放射性污染；
④ 地震、暴雨、洪水、台风、暴风、龙卷风、雪灾、雹灾、冰凌、泥石流、崖崩、滑坡、水暖管爆裂、抢劫、盗窃；
⑤ 保险标的遭受保险事故引起的各种间接损失；
⑥ 保险标的本身缺陷、保管不善导致的损毁，保险标的的变质、霉烂、受潮、虫咬、自然磨损、自然损耗、自燃、烘焙所造成的损失；
⑦ 由于行政行为或执法行为所致的损失；
⑧ 其他不属于保险责任范围内的损失和费用。

▶ 2. 企业财产保险综合险的保险责任与除外责任

(1) 企业财产保险综合险的保险责任。企业财产保险综合险的保险责任比基本险更广泛，不但承担基本险七个方面的责任，还扩展到暴雨、洪水、台风、暴风、龙卷风、雪灾、雹灾、冰凌、泥石流、崖崩、突发性滑坡、地面突然塌陷这十二项自然灾害造成保险标的的损失。

(2) 企业财产保险综合险的除外责任。由于下列原因造成保险标的的损失，保险人不负责赔偿：

① 战争、敌对行为、军事行动、武装冲突、罢工、暴动；
② 被保险人及其代表的故意行为或纵容所致；
③ 核反应、核子辐射和放射性污染；
④ 保险标的遭受保险事故引起的各种间接损失；
⑤ 地震所造成的一切损失；
⑥ 保险标的本身缺陷、保管不善导致的损毁，保险标的的变质、霉烂、受潮、虫咬、自然磨损、自然损耗、自燃、烘焙所造成的损失；
⑦ 堆放在露天或罩棚下的保险标的以及罩棚，由于暴风、暴雨造成的损失；
⑧ 由于行政行为或执法行为所致的损失；
⑨ 其他不属于保险责任范围内的损失和费用。

四、企业财产保险的保险金额

▶ 1. 固定资产的保险金额

固定资产保险金额的确定方式有以下三种：

(1) 按照固定资产的账面原值确定保险金额。对购置的固定资产，在其账目原值与实际价值比较一致的情况下，可采用此种方法。赔偿方式是按比例赔偿。

(2) 按照固定资产重置重建价值确定保险金额。保险公司按第一危险赔偿方式赔偿。

(3) 按照固定资产的账面原值加成确定保险金额。赔偿时按第一危险赔偿方式。

▶ 2. 流动资产的保险金额

流动资产的保险金额分以下两种情况确定：

(1) 按过去 12 个月账面余额，适用于流动资产变化不大、季节性不强的企业；

(2) 按流动资产最近账面余额，适用于季节性强的企业。

流动资产总括式列明保险金额，赔偿方式都按第一危险赔偿方式。

五、企业财产保险的费率

▶ 1. 费率的分类

企业财产保险的费率分为工业类、仓储类和普通类三种。

▶ 2. 费率的计算

企业财产保险的费率计算单位规定为按每千元保额计算，费率表达形式为××‰。保险费的高低取决于保险金额、保险费率和保险期限这三个因素。

▶ 3. 影响企业财产保险费率的主要因素

影响企业财产保险费率的主要因素主要有以下几种：

(1) 投保险种，即基本险、综合险（财产险或财产一切险）、附加险及免赔额的高低；

(2) 房屋的建筑结构，如钢骨结构、砖石结构、木结构等；

(3) 占用性质；

(4) 地理位置；

(5) 周围环境；

(6) 投保人的安全管理水平；

(7) 历史损失记录；

(8) 市场竞争因素。

第二节 利润损失保险

利润损失保险一般简称为利损险，是承保企业财产由于火灾及其他灾害事故的发生而遭受直接损失以后，企业在一定时期内停产、减产或营业中断所造成的间接经济损失，包括预期的利润损失和受灾后在营业中断期间仍必须支出的费用的一种保险。作为企业财产保险的一项附加险，利润损失保险专门对企业财产保险不保的间接损失提供保险补偿，为此也称为间接损失保险。

一、利润损失保险的主要内容

▶ 1. 承保风险

利润损失保险是以企业财产保险为基础所投保的险种，它所承保的风险与企业财产保险所保风险是一致的，只不过企业财产保险承保的是这些风险造成企业财产的直接损失，而利润损失保险承保的是这些风险造成的直接损失所引起的利润损失。而且，间接的利润损失赔偿以直接的物质财产损失赔偿为前提。

▶ 2. 保险期限与赔偿期

利润损失保险的保险期限与企业财产保险是一致的，一般也是1年。投保企业在保险期内因财产受损所造成的在赔偿期内的利润损失可以得到赔偿。赔偿期与保险期限是两个不同的概念：保险期限是保险人对企业因发生财产直接损失所导致利润损失承担责任的起讫日期，即保险人的责任自起保日开始至期满日终止；赔偿期则是保险人对企业在保险期限内遭受灾害事故后到恢复正常生产经营水平这段时间的利润损失负责赔偿的期限，即保险人负责赔偿的利润损失险于自受灾日开始至恢复日为止的时间之内。

【例5-1】2016年1月1日，A企业投保企业财产保险并附加利润损失保险，保险期限为1年，约定赔偿期为6个月。2016年5月1日企业财产遭受火灾，从这一日起至11月1日恢复正常生产经营止的这段时间就为赔偿期，保险人负责赔偿赔偿期内的利润损失。若企业恢复正常生产经营实际需要10个月，由于赔偿期为6个月，保险人对超过赔偿期的其余时间内的利润损失不予负责。

确定赔偿期的依据是企业财产可能发生最大损失后，为恢复生产经营达到受灾前水平所需最长时间。一般以月为计算单位，从受灾日起计算，可以是3~6个月，甚至更长。

▶ 3. 除外责任

利润损失保险的除外责任与企业财产保险基本上是一致的。此外，由于投保企业自身经营上的原因或其他原因，如计划不周、决策失误或经营管理不善、违反政府有关法令或违规经营、市价下跌、产品积压滞销等造成的利润损失，保险人不负责赔偿。

二、利润损失保险承保的项目

利润损失保险承保的项目通常包括毛利润损失、工资和审计师费用三项。其中毛利润损失是利润损失保险承保的基本项目，具体涉及三个方面的内容，即营业额减少所造成的毛利润损失、营业费用增加所造成的毛利润损失、维持费用减少所减少的毛利润损失。

▶ 1. 营业额减少所造成的毛利润损失

营业额减少是指正常的标准营业额与赔偿期内实现的不正常营业额之间的差额，而营业额减少金额乘以毛利润率就是营业额减少所造成的毛利润损失。用公式表示为

营业额减少所造成的毛利润损失＝营业额减少金额×毛利润率
　　　　　　　　　　　　　　＝（标准营业额－赔偿期营业额）×毛利润率

营业额是指企业年度的营业收入，由生产（营业）成本、维持费用和净利润三项组成。营业额减去生产成本，即为毛利润。毛利润率是指上一年度毛利润与营业额的比率。标准营业额是指与从受灾日起算的赔偿期相应的上年度同期的营业额，即上年度可比营业额。赔偿期营业额则是指在受灾后不正常的生产经营条件下所实现的营业额。

【例5-2】A厂在2015年的营业额为600万元，其中生产成本450万元。该厂于2016年1月1日投保企业财产保险和利润损失保险，保单上约定利润损失的赔偿期为6个月。2016年5月1日，A厂发生火灾，生产受到影响，直至年终才恢复正常。赔偿期自5月1

日起至11月1日，标准营业额按上年同期(即2015年5月1日至11月1日)营业额计为300万元，赔偿期内实现的营业额比上年同期下降了60%。A厂由于营业额减少所造成的毛利润损失应计算如下：

毛利润＝600－450＝150(万元)

毛利润率＝(150/600)×100%＝25%

赔偿期营业额＝300×(1－60%)＝120(万元)

营业额减少所造成的毛利润损失＝(300－120)×25%＝45(万元)

▶ 2. 营业费用增加所造成的毛利润损失

营业费用是指企业财产受损以后，为了避免或减少停产或营业中断损失而支出的必要的合理费用，如A厂在其厂房被毁后为继续生产而向他厂租用厂房所支付的租金。企业额外支出的这些营业费用只要支出得合理，保险人负责赔偿，但赔偿的营业费用不能超过企业借以在赔偿期内挽回的营业额所形成的利润，这一限制被称为经济限度。其计算公式为

经济限度＝因增加营业费用而在赔偿期内挽回的营业额×毛利润率

【例5-3】如例5-2中，A厂租借B厂仓库作为临时生产车间，支付租金1.2万元，结果在赔偿期内完成了5万元的营业额。由于A厂所增加营业费用的经济限度为1.25万元，1.2万元在经济限度之内，可以计入毛利润损失。若支付的租金是2万元，超过了经济限度，可以作为毛利润损失的只有1.25万元，其余的0.75万元不能列入。

▶ 3. 维持费用减少所减少的毛利润损失

企业的维持费用包括在毛利润之内，但因为有些维持费用如水费、电费在停产或营业中断期间无需再支出或减少了支出，所以应把这部分减少支出的维持费用从毛利润损失中扣除。

【例5-4】如例5-2中，若A厂因减产而使其在赔偿期间的水电费支出减少，实际支出只有正常生产情况下所需支出的3万元的2/3，在计算毛利润损失时应把节余的1万元水电费扣除。

可见，毛利润损失应当是前两项损失金额相加后再减去第三项节余金额。用公式表示为

损失＝营业额减少所造成的毛利润损失＋营业费用增加所造成的毛利润损失＋
维持费用减少所减少的毛利润损失

三、利润损失保险的保险金额和赔偿处理

▶ 1. 利润损失保险的保险金额

利润损失保险承保的是投保企业预期的利润损失，其保额只能以企业本年度预期的毛利润为基础来确定，也就是将上年度的营业额加上预计的业务增长率和通货膨胀率后，再乘以毛利润率。用公式表示为

本年度预期毛利润＝上年度营业额×(1＋营业额增长率＋通货膨胀率)×毛利润率

【例5-5】如例5-3中，A厂在2015年的营业额为600万元，若预期2016年营业额增长率为10%，通货膨胀率为A%，A厂在2004年的预期毛利润应当是174万元，即600×(1＋10%＋6%)×25%。

▶ 2. 利润损失保险的赔偿处理

毛利润损失是利润损失保险的主要承保项目，保险人对该项目的理赔可分两步进行。第一步是计算出企业实际发生的毛利润损失；第二步是采用与企业财产保险赔偿处理相同的方式计算赔款。当保额低于预期毛利润金额，即为不足额投保时，应采用比例赔偿方式计算赔款，公式如下：

$$赔款＝毛利润损失\times(保额/预期毛利润金额)$$

第三节　家庭财产保险

家庭财产保险也可简称家财险，是以城乡居民的家庭财产为保险对象的保险。家庭财产保险有普通家庭财产保险、家庭财产两全保险、长效还本家庭财产保险、团体家庭财产保险等形式。

一、家庭财产保险适用的对象

凡城乡居民、夫妻店、个体劳动者、家庭手工业者、个人及其家庭成员均可以自有财产以及代他人保管或与他人共有的财产，投保家庭财产保险。但城乡个体工商户和合作经营组织的财产，以及私人企业的财产不能投保家庭财产保险，而应投保企业财产保险。

二、家庭财产保险的基本内容

▶ 1. 家庭财产保险的保险标的

（1）可保财产。家庭财产保险规定的可保财产主要有自有房屋及其附属设备，各种家庭生活资料，农村家庭的农具、工具和已经收获的农副产品，个体劳动者的营业用器具、工具、原材料和商品，代保管财产或与他人共有的财产经特约后可予以承保。

（2）特保财产。

① 农村家庭存放在院内的非动力农机具、农用工具和已收获的农副产品。

② 个体劳动者存放在室内的营业用器具、工具、原材料和商品。

③ 代他人保管的财产或与他人共有的财产。

④ 须与保险人特别约定才能投保的财产。

（3）不保财产。

① 金银、珠宝、首饰、古玩、古书、字画等珍贵财物。

② 货币、储蓄存折、有价证券、票证、文件、账册、图表、技术资料等。

③ 违章建筑、危险房屋，以及其他正处于危急状态的财产。

④ 摩托车、拖拉机或汽车等机动车辆，寻呼机、手机等无线通信设备和家禽家畜。

⑤ 食品、烟酒、药品、化妆品，以及花、鸟、鱼、虫、树、盆景等。

▶ 2. 家庭财产保险承保的风险

家庭财产保险所承保的风险与企业财产保险综合险所承保的相差不多，也可以把它们归纳为以下五项：

(1) 火灾保险所承保的四种基本风险；

(2) 其他列明的自然灾害，包括龙卷风、洪水、海啸、地面突然塌陷、崖崩、泥石流、突发性滑坡、雪灾、雹灾、冰凌；

(3) 外界建筑物倒塌；

(4) 暴风、暴雨造成房屋主要结构(墙体、屋顶、屋架)倒塌；

(5) 因施救所致损失和费用。

▶ 3. 家庭财产保险的除外责任

(1) 原因免除。主要有战争风险、核辐射，以及被保险人及其家庭成员等的故意行为。

(2) 损失免除。包括间接损失、地震所致损失、家用电器本身损毁、暴风暴雨所致露堆财产损失、洪水所致江河岸边财产的损失等。

▶ 4. 家庭财产保险的保险金额

由于家庭财产与有账面价值的企业财产不同，它们基本上无账目可查，而且财产的品种、质量、新旧程度不一，价值确定要困难得多，所以家庭保险财产中的房屋，室内装修、装饰及附属设施的保额由被保险人根据财产的购置价或市场价自行确定，室内财产的保额则根据当时的实际价值自行确定。

▶ 5. 家庭财产保险的赔偿处理

家庭财产保险对保险房屋损失的赔偿与对室内保险财产损失的赔偿采用的方式是不一样的，保险人对保险房屋的损失采取比例赔偿方式，而对室内保险财产的损失则采用第一风险赔偿方式，即按保险财产的实际损失和损失当天的实际价值来计算赔款，以保额为限。

三、家庭财产两全保险

家庭财产两全保险是一种兼具经济补偿和到期还本双重性质的长期性的家庭财产保险，是传统家庭财产保险的特殊形式之一。与普通家庭财产保险相比，家庭财产两全保险除了具有双重性质以外，还有以保险储金代替保费和保险期限较长(有3年期和5年期)等特点。

家庭财产两全保险在承保范围、保险责任和投保办法上，与普通家庭财产保险没有什么差异，但在保额确定上是有区别的：它采取按份数确定保额的方式，即每份的保额是固定的，城市居民一般以1 000元为一份，而农村居民以2 000元为一份，由被保险人自行确定投保的份数。

投保家财两全险的被保险人须向保险人缴纳保险储金。保险储金具有储蓄性质，由被保险人在投保时按其投保的保额和保险储金率计算缴纳给保险人。保险储金率根据保险费率和投保期的银行定期储蓄存款利率测算制定。其计算公式为

保险储金率＝(保险费率/投保期定期存款年利率)×(1－代扣利息税率)

保险储金＝保险金额×保险储金率

【例5-6】居民毛某购买3年期家庭财产两全保险20份，每份储金为1 000元，他应向保险公司缴纳的保险储金计算如下：

保险金额＝1 000×20＝20 000(元)

保险费率＝1.5‰
3年期定期存款年利率＝3.24%
利息税率＝20%
保险储金率＝保险费率/投保期定期存款年利率×(1－代扣利息税率)
　　　　　＝0.15%/3.24%×(1－20%)＝57.87‰
保险储金＝保险金额×保险储金率
　　　　＝20 000×57.87‰＝1 158(元)

保险储金(如例5-6中的1 158元)所产生的利息(30元)就作为保费归保险人收取，保险人不再另外收取保费。保险期满，被保险人在保险期内无论是否得到过保险赔偿，都可领回投保时所缴的全部保险储金。

四、新型的家庭财产保险

进入21世纪以后，新型的家庭财产保险产品在我国保险市场上纷纷出现。它们一方面弥补了传统家庭财产保险所提供保障的不足，为被保险人解除了家庭生活中的后顾之忧；另一方面则能够在一定程度上适应广大保户对同时获得保障和投资的双重需求。其中较有代表性的新型家庭财产保险产品，如太平洋保险公司的以"财产保障＋责任保障"为特色的"安居综合保险"、中国人民保险公司的以"财产保障＋固定投资收益"为特色的"金牛投资保障型家庭财产保险"和华泰公司的以"财产保障＋收益与银行利率联动"为特色的"华泰居益理财型家庭财产综合保险"。

▶ 1. 安居综合保险

"太保安居"是一个将家庭财产保险和责任保险组合起来的综合险种。与传统家庭财产保险相比，它的保障范围更广泛、更全面，不仅承保一般财产，还扩展承保传统家庭财产保险不保的现金、金银、珠宝、首饰，不仅承保物质财产损失，还负责被保险人及其成员因保险财产发生意外，如居所附属的安装物、搁置物意外倒塌、脱落而给第三者造成损害所应承担的经济赔偿责任。

该险种提供在承保财产和承保风险上有所区别的A、B、C、D四种类型条款，充分满足家庭的不同保障需求，而且以定额保险形式，每种类型条款都采用两种保单格式，分别规定最高赔偿限额，以及家庭财产保险保额与第三者赔偿责任占最高赔偿限额的比例，供被保险人选择。

▶ 2. 金牛投资保障型家庭财产保险

"人保金牛"是一种投资理财型的家庭财产保险，属于固定分红型家庭财产保险产品，具有保障性和投资性双重性质。与传统的家庭财产保险相比，它除了将金银、珠宝、玉器、钻石、首饰及现金也列入可保的室内财产范围，以及扩展盗抢责任、管道破裂及水渍责任这两项特约责任以外，最大的特色就是能满足保险消费者的投资偏好。

该险种在提供保险保障的同时兼具投资功能的特性，充分反映在它对保险投资金、收益金和给付金的规定上。其中，保险投资金是指投保人购买每份保额后应缴纳的由保险人用于投资的资金。保费不必再缴，而用保险投资金的投资收益一部分充抵。收益金是指保险人运用保险投资金获得收益而在合同期满后一次性支付给投保人的固定投资回报金额。给付金是指保险人按保险合同约定支付给投保人的给付金额，有满期给付金和退保给付金之分：前者为保险投资金与收益金之和；后者为退保时保险人支付给投保人的金额。这两种给付金的支付不受保险事故是否发生及被保险人是否已经获得保险赔偿的影响。

▶ 3. 华泰居益理财型家庭财产综合保险

"华泰居益"是一种收益与利率联动型保险产品，在向投保居民提供家庭财产保障的同时给予一定的收益回报。它与传统的家庭财产保险的不同之处是在保险财产的分类上，把室内装潢与房屋分列，而归入家具一类，再将家用电器和文化娱乐用品另列一类；其保险责任也较小，仅承保火灾和爆炸，对其他各种灾害事故造成的直接或间接损失全都不予负责。

该险种规定以缴纳保障金的形式购买，不再另行缴纳保费。保险期满，不论是否发生过保险赔偿，投保人均可按约定领取满期给付金。满期给付金为保障金加上与银行利率联动的利息收益之和。收益随银行存款利率变动幅度调整，这是这个理财型家财综合险的最大特点。具体的做法是在规定起始收益率的基础上，若遇到银行利率调整，收益随1年期银行存款利率变动幅度同步、同幅调整，分段计息，一次给付。银行利率上升收益相应提高，上不封顶，这使得投保居民能够有效避免利率上升带来的收益损失，从而实现投资资产的保值增值。

第四节 运输保险

一、运输保险的概念及分类

运输保险是以处于流动状态下的财产及相关责任为保险标的的一种保险，包括运输工具保险和货物运输保险。与火灾保险的保险标的存放于固定场所和处于相对静止状态所不同，运输保险的保险标的或者保险财产一般处于运输状态或经常处于运输状态。运输保险分为货物运输保险和运输工具保险。

二、货物运输保险

▶ 1. 货物运输保险的概念及分类

货物运输保险是以运输过程中的各种货物为保险标的、以运行过程中可能发生的有关风险为保险责任的一种财产保险。按照货物运输方式的不同，货物运输保险可以分为水路货物运输保险、陆上货物运输保险、航空货物运输保险、联运险以及邮包险等。按照保险人承担责任的方式，货物运输保险还可以划分为基本保险、综合保险和附加险三类。

货物运输保险一般采用定值保险方式。货物运输保险的保险费率，通常依据运输工具、运输路径、运输方式、所经区域以及货物本身的性质与风险，由保险人根据费率规定确定具体费率。

我国现行的货物运输保险主要包括国内货物运输保险和进出口货物运输保险两类。

▶ 2. 国内货物运输保险

(1) 国内货物运输保险的责任范围。国内货物运输保险分为基本险和附加险。国内货物运输保险基本险责任包括：火灾、暴雨、地震、爆炸、雷击、冰雹、雪灾、洪水、龙卷风、泥石流；运输工具发生碰撞、搁浅、触礁、倾覆、沉没、出轨；遭受不属于包装质量不善或者装卸人员违反操作的损失；共同海损分摊的费用；施救费用。

国内货物运输保险附加险责任包括包装破裂致使货物损失（液体货物）、盗窃、整件提货不着的损失。

（2）国内货物运输保险的保险金额。货物的保险金额由离岸价、到岸价、目的地市价确定。离岸价指货物起运点的销售价；到岸价指货物起运点的销售价加上到达目的地的各种运杂费。

（3）国内货物运输保险的险种。国内货物运输保险主要包括国内水路货物运输保险、国内铁路货物运输保险、国内公路货物运输保险、国内航空货物运输保险等。

① 国内水路货物运输保险。国内水路货物运输保险承保沿海、内河水运货物运输的货物，分为基本险和综合险两种。基本险承保货物在运输过程中因遭受自然灾害和意外事故造成的损失。综合险除承保基本险责任外，还承保包装破裂、破碎、渗漏、盗窃和雨淋等责任。

② 国内铁路货物运输保险。国内铁路货物运输保险承保国内铁路运输的货物，分为基本险和综合险两种。基本险承保货物在运输过程中因自然灾害和意外事故造成的损失。综合险除承保基本险责任外，还承保包装破裂、破碎、渗漏、盗窃、提货不着和雨淋等责任。

③ 国内公路货物运输保险。国内公路货物运输保险承保国内经公路运输的货物，公路货物运输保险不分基本险和综合险，其主要保险责任范围包括自然灾害和意外事故，还综合承保雨淋、破碎、渗漏等责任。

④ 国内航空货物运输保险。国内航空货物运输保险承保航空运输的货物，其主要保险责任范围包括自然灾害和意外事故，还综合承保雨淋、破碎、渗漏、盗窃和提货不着等责任。

▶ 3. 进出口货物运输保险

我国的进出口货物运输保险，主要分海洋、陆上、航空、邮包四类，主要险种包括海洋货物运输保险、海洋桐油货物运输保险、海洋货物冷藏保险、陆上货物运输保险、陆上运输冷藏货物保险、航空货物运输保险以及邮包险等。

三、运输工具保险

运输工具保险承保因遭受自然灾害和意外事故造成运输工具本身的损失，采取施救、保护所支付的合理费用，以及对第三者的人身伤害和财产损失依法应负的经济赔偿责任。运输工具保险专门承保各种机动运输工具，包括机动车辆、船舶、飞机、摩托车等运载工具。运输工具保险的适用范围亦相当广泛，包括客运公司、货运公司、航空公司、航运公司以及拥有上述运输工具和摩托车、拖拉机等机动运输工具的家庭或个人，均可以投保运输工具保险类的不同险种，并通过相应的保险获得风险保障。在我国，运输工具保险主要包括机动车辆保险、船舶保险、飞机保险等。

▶ 1. 机动车辆保险

机动车辆保险是承保各类机动车遭受自然灾害和意外事故造成车辆本身的损失，以及车辆在使用过程中因意外事故致使他人遭受人身伤亡或财产直接损失依法应负的经济赔偿责任的保险,主要由基本险和附加险组成,其中基本险包括车辆损失险、第三者责任险和交强险。

作为机动车辆保险标的的车辆必须具备的条件是经交通管理部门检验合格并具有有效行驶证和号牌。机动车辆包括汽车、电车、电瓶车、摩托车、拖拉机、各种专用机械车、特种车等。

(1) 车辆损失险。车辆损失险负责赔偿由于自然灾害和意外事故造成投保车辆本身的损失。它是车辆保险中用途最广泛的险种。无论是小剐蹭,还是严重损坏,都可以由保险公司来支付修理费用。

① 车辆损失险的保险责任。包括:碰撞、倾覆、坠落事故、火灾、爆炸;雷击、暴风、龙卷风、洪水、破坏性地震、地陷、冰陷、崖崩、雪崩、雹灾、泥石流、隧道坍塌、空中运行物体坠落;合理的施救、保护费用,是指保险车辆在发生保险事故时,被保险人为了减少车辆损失,对保险车辆采取施救、保护措施所支出的合理费用。但此项费用的最高赔偿金额以保险车辆的保险金额为限(此项费用不包括保险车辆的修复费用)。该费用必须合理,即保护施救行为支出的费用是直接的和必要的,并符合国家有关政策规定。

② 车辆损失险的除外责任。除外责任与保险责任是相对而言的,通常采用列举式明确保险人不予承担的风险和损失。

除外责任包括两类:一类是保险人不负责赔偿下列情况中的任何原因造成的保险车辆损失,包括地震、战争、军事冲突或暴乱,驾驶人饮酒、吸食或注射毒品、被药物麻醉后使用被保险机动车,伪造现场、毁灭证据的肇事损失和逃逸损失,不合格驾驶员、非被保险人允许的驾驶人使用被保险机动车,被保险机动车转让他人未向保险人办理批改手续,无行驶证和号牌或未按规定检验或检验不合格。另一类是保险人不负责赔偿的保险车辆损失和费用,包括自然磨损、朽蚀、腐蚀、故障,玻璃单独破碎,车轮单独损坏,无明显碰撞痕迹的车身划痕,人工直接供油、高温烘烤造成的损失,火灾、爆炸、自燃造成的损失,损失后未经修理继续使用致使损失扩大的部分,因污染(含放射性污染)造成的损失,市场价格变动造成的贬值修理后价值降低引起的损失,标准配置以外新增设备的损失,发动机进水后导致的发动机损坏,被保险机动车所载货物坠落、倒塌、撞击、泄漏造成的损失,被盗窃、抢劫、抢夺以及因被盗窃、抢劫、抢夺使车受到损坏或车上零部件、附属设备丢失,被保险人或驾驶人的故意行为造成的损失,应当由机动车交通事故责任强制保险赔偿的金额。

③ 车辆损失险的保险金额。保险金额的确定可由投保人和保险人选择,保险人根据确定保险金额的方式承担相应的赔偿责任。保险金额确定有三种方式:一是按投保时被保险机动车的新车购置价确定;二是按投保时被保险机动车的实际价值确定;三是在投保时被保险机动车的新车购置价内协商确定。

④ 车辆损失险的保险费。厘定车辆损失保险费率考虑的因素主要有从车因素、从人因素、其他因素(如附加或配套服务措施、免赔额/率)。

车辆损失保险一般保险费的计算公式为

车辆损失保险费＝基础保费＋(保险金额×费率)

如果保险期不满1年,应按短期费率计收保险费。短期费率分为按日计费和按月计费两类。

保险费调整的比例和方式以保险监管部门批准的机动车保险费率方案的规定为准。车辆损失保险及其附加险根据上一保险期间发生保险赔偿的次数,在续保时实行保险费浮动。保险人根据上一保险年度的赔款次数调整保险车辆费率等级,并按照规定的费率浮动幅度进行费率调整。

⑤ 事故责任比例。被保险人或被保险机动车驾驶人根据有关法律法规选择自行协商或由公安机关交通管理部门处理事故未确定事故责任比例的,按照相关规定确定事故责任比例,见表5-1。

表 5-1 机动车事故责任比例

被保险机动车方责任	事故责任比例
主要事故责任	70%
同等事故责任	50%
次要事故责任	30%

⑥ 赔偿金额的计算。赔偿金额计算分以下几种情况:

a. 按投保时被保险机动车的新车购置价确定保险金额的,当发生全部损失时,保险金额高于保险事故发生时被保险机动车实际价值的,按保险事故发生时被保险机动车的实际价值计算赔偿。保险事故发生时被保险机动车的实际价值根据保险事故发生时的新车购置价减去折旧金额后的价格确定。保险事故发生时的新车购置价根据保险事故发生时保险合同签订地同类型新车的市场销售价格确定,无同类型新车市场销售价格的,由被保险人与保险人协商确定。折旧金额可根据保险合同的约定确定,一般计算公式为

折旧金额＝保险事故发生时的新车购置价×被保险机动车已使用月数×月折旧率

当发生部分损失时,按核定修理费用计算赔偿,但不得超过保险事故发生时被保险机动车的实际价值。其计算公式为

赔款＝(核定修理费用－残值－交强险赔偿金额)×事故责任比例×(1－免赔率之和)

施救费用按保险车辆的实际价值占施救总财产的实际价值的比例分摊。

b. 按投保时被保险机动车的实际价值确定保险金额或协商确定保险金额的,当发生全部损失时,保险金额高于保险事故发生时被保险机动车实际价值的,以保险事故发生时被保险机动车的实际价值计算赔偿;保险金额等于或低于保险事故发生时被保险机动车实际价值的,按保险金额计算赔偿。

发生部分损失时,如果保险车辆的保险金额低于投保时的新车购置价,按照保险金额与投保时的新车购置价比例计算赔偿修复费用,但不得超过保险事故发生时被保险机动车的实际价值。其计算公式为

$$赔款＝(核定修理费用－残值)×\left(\frac{保险金额}{投保时新车购置价}\right)×事故责任比例×(1－免赔率之和)$$

保险车辆损失最高赔款金额及施救费用分别以保险金额为限。施救费用仅限于对保险车辆的必要、合理的施救支出。其计算公式为

$$施救费用＝核定施救费用×事故责任比例×\left(\frac{保险财产价值}{实际被施救财产价值}\right)×(1－免赔率之和)$$

保险金额低于投保时的新车购置价的，其计算公式为

$$施救费用＝核定施救费用×事故责任比例×\left(\frac{保险金额}{投保时新车购置价}\right)×\left(\frac{保险财产价值}{实际被施救财产价值}\right)×(1-免赔率之和)$$

如果施救财产中含有保险车辆以外的财产，则应按保险车辆的实际价值占施救总财产的实际价值的比例分摊施救费用。

(2) 第三者责任险。负责保险车辆在使用中发生意外事故造成他人(即第三者)的人身伤亡或财产的直接损毁的赔偿责任。因为交强险(2008年版)在对第三者的医疗费用和财产损失上赔偿较低，在购买了交强险后可考虑购买第三者责任险作为补充。

① 第三者责任险的保险责任。被保险人允许的合格驾驶人员在使用保险车辆过程中发生意外事故，致使第三者遭受人身伤亡或财产的直接毁损，依法应当由被保险人支付的赔偿金额，保险人依照保险合同的规定给予赔偿。

② 每次事故最高赔偿限额，分5万元、10万元、20万元、50万元、100万元五个赔偿档次，被保险人可以自愿选择投保。

(3) 交强险。交强险是我国首个由国家法律规定实行的强制保险制度。《机动车交通事故责任强制保险条例》(以下简称《条例》)规定：交强险是由保险公司对被保险机动车发生道路交通事故造成受害人(不包括本车人员和被保险人)的人身伤亡、财产损失，在责任限额内予以赔偿的强制性责任保险。

在中华人民共和国境内道路上行驶的机动车的所有人或者管理人都应当投保交强险。同时《条例》规定，机动车所有人、管理人未按照规定投保交强险的，将由公安机关交通管理部门扣留机动车，通知机动车所有人、管理人依照规定投保，并处应缴纳的保险费的两倍罚款。

交通事故中有责任的赔偿限额：死亡伤残赔偿限额为10 000元；医疗费用赔偿限额为10 000元；财产损失赔偿限额为2 000元。

机动车在道路交通事故中无责任的赔偿限额：死亡伤残赔偿限额为11 000元；医疗费用赔偿限额为1 000元；财产损失赔偿限额为100元。

(4) 附加险。附加险是针对车辆损失险和第三者责任险的部分责任免除而设计的，包括盗抢险、车载货物掉落险、玻璃破碎险、车辆停放损失险、自燃损失险、新增加设备损失险。

【案例5-1】

辽宁省锦州市私家车主周万涛在下车装卸货物时，不幸因溜车被碾轧致死。在其家人向法院起诉请求赔偿时，获得支持，投保的保险公司于2013年1月15日被判给付交强险保险赔偿金12万元，第三者责任险赔偿金10万元，共计22万元赔款。

【案例5-2】

2014年12月1日，肖某乘坐某客运公司一辆普通大客车，行至高速公路某路段时下车，从右至左横穿马路，在逆向主车道上被迎面驶来的一辆小轿车撞伤，送医院抢救无效死亡。交通事故管理部门出具了道路交通事故责任认定书，认定大客车对该起事故负全部责任。客运公司在向受害人肖某家属赔偿损失后，依据其所投保的机动车辆第三者责任险

向保险公司提出索赔。保险公司认为,在这起事故中,客运公司赔偿被害人的经济损失并不是所保车辆直接引起的,因此这不是保险责任范围内的事故,保险公司不承担赔偿责任。客运公司认为拒赔不合理,起诉到法院。

▶ 2. 船舶保险

船舶保险是指以各种船舶、水上装置及其碰撞责任为保险标的的一种运输工具保险,它是传统财产保险业务的重要险种之一。

船舶保险适用于各种团体单位、个人所有或与他人共有的机动船舶与非机动船舶,以及水上装置等,一切船东或船舶使用人都可以利用船舶保险来转嫁自己可能遭遇的风险。不过,投保船舶保险者必须有港务监督部门签发的适航证明和营业执照等。对于建造或拆除中的船舶则要求另行投保船舶建造保险或船舶拆除保险,并按照工程保险原则来经营;对于石油钻井船、渔船等,一般另有专门的险种承保。

船舶保险的可保标的,包括运输船舶、渔业船舶、工程船舶、工作船舶、特种船舶及其附属设备,以及各种水上装置。同时,船舶保险的保险人往往将上述保险标的的碰撞责任亦作为船舶保险的基本责任予以承保。

船舶保险的保险责任可以划分为碰撞责任与非碰撞责任,前者是指保险标的与其他物体碰撞并造成对方损失且依法应由被保险人承担经济赔偿责任的责任;后者则包括有关自然灾害(主要是海洋灾害)、火灾、爆炸等,以及共同海损分摊、施救费用、救助费用等。船舶保险的除外责任主要包括战争、军事行动和政府征用,不具备适航条件,被保险人及其代理人的故意行为,正常维修,因保险事故导致停航、停业的间接损失,以及超载、浪损等引起的损失。

船舶保险的保险金额通常采取一张保险单一个保险金额的形式,但承保船舶本身的损失、碰撞责任和费用损失等,即上述三项损失均分别以船舶保险的保险金额为最高赔偿限额,从而属于高度综合的险种,附加险不发达。船舶保险的费率厘定,需要综合考虑船舶的种类和结构、船舶的新旧程度、航行区域、吨位大小、使用性质等因素,同时参照历史损失记录和国际船舶保险界的费率标准。其中航行水域是十分重要的因素。

当发生保险事故后,被保险人应当及时通知港务监督部门进行事故调查处理,保险人亦得及时参与。在赔偿时需要注意的事项包括:严格审核事故的性质,区分保险责任与除外责任;对碰撞事故要严格区分碰撞双方或多方的责任,按责论处;对船舶本身损失、碰撞责任的赔偿以保险金额为最高限额分别计算赔款,对有关费用则需要根据情况在保险人与被保险人之间或有关各方之间进行分摊。

▶ 3. 飞机保险

飞机保险也称航空保险,是以飞机及其相关责任风险为保险对象的保险,它主要包括机身保险、第三者责任保险、航空旅客责任保险等若干业务。

机身保险以各种飞机本身作为保险标的,它适用于任何航空公司、飞机拥有者、有利益关系者以及看管、控制飞机的人。保险人对飞机机身的承保责任通常以一切险方式承保,即除外责任以外的任何原因造成的损失或损坏,保险人均负责赔偿。

飞机第三者责任保险承保飞机在保险期间可能造成第三者的损失且依法应由被保险人承担经济赔偿责任的风险。

航空旅客责任保险,是以飞机乘客为保险对象的一种飞机责任保险,保险责任一般从乘客起点验票后开始到终点离开机场止。

第五节 工程保险

一、工程保险的概念及特征

▶ 1. 工程保险的概念

工程保险是承保建筑工程项目和安装工程项目在工程期间及工程结束后的一定时期内,因灾害事故的发生而造成的物质财产损失,以及对第三者的损害赔偿责任的综合性保险。

工程保险是适应现代工程技术和建筑业的发展而产生的,它是为适应工程技术和建筑业的发展由火灾保险、意外伤害保险和责任保险等险种演变而成的一种综合性的财产保险险种。传统的工程保险仅指建筑、安装工程以及船舶工程项目的保险,进入20世纪以后,许多科技工程获得了迅速的发展,又逐渐形成了科技工程保险。

▶ 2. 工程保险的特征

工程保险虽然承保了火灾保险和责任保险的部分风险,但与传统的财产保险相比较,它又有着如下特征:

(1) 风险广泛而集中。工程保险的许多险种都冠以"一切险",即除条款列明的责任免除外,其他一切风险都承保。保险公司不仅承担火灾保险的保险责任,也承担着工程建设本身所具有的各种风险,还承担着相关责任。保险人对保险期间工程项目因一切突然和不可预料的外来原因所造成的财产损失、费用和责任,均予以赔偿。同时,现代工程项目集中了先进的工艺、精密的设计和科学的施工方法,使工程造价猛增,造成工程项目本身就是高价值、高技术的集合体,从而使工程保险承保的风险基本上是巨灾风险。

(2) 涉及较多的利害关系人。在工程保险中,同一个工程项目涉及多个具有经济利害关系的人,如工程所有人、工程承包人、各种技术顾问及其他有关利益方(如贷款银行等),均对该工程项目承担不同程度的风险,所以,凡对于工程保险标的具有保险利益者,均具备对该工程项目进行投保的投保人资格,并且均能成为该工程保险中的被保险人,受保险合同及交叉责任条款的规范和制约。

(3) 工程保险的内容相互交叉。在建筑工程保险中,通常包含着安装项目,如房屋建筑中的供电、供水设备安装等,而在安装工程保险中一般又包含着建筑工程项目,如安装大型机器设备就需要进行土木建筑打好座基。因此,这类业务虽有险种差异,相互独立,但内容多有交叉,经营上也有相通性。

(4) 工程保险技术性强。现代工程项目的技术含量很高,专业性极强,而且可能涉及多种专业学科或尖端科学技术,如兴建核电站、大规模的水利工程和现代化工厂等,因此,从承保的角度分析,工程保险对于保险的承保技术、承保手段和承保能力比其他财产保险提出了更高要求。

二、建筑工程一切险

建筑工程保险是以土木建筑为主体的民用、工业用和公共事业用的工程在整个建筑期间因自然灾害和意外事故造成的物质损失,以及被保险人对第三者依法应承担的赔偿责任为保险标的的保险。

建筑工程一切险和安装工程一切险是工程保险的主要险种。二者有着十分密切的关系,都属综合保险性质,集财产险和责任险为一体。一般来说,凡是在建的厂房、商场、旅馆酒店、医院学校、办公大楼、民居公寓、码头桥梁以及其他大型建设项目都离不开这两种保险。

▶1. 建筑工程一切险的被保险人与投保人

(1) 被保险人。工程的建设通常由业主通过招标或其他形式将工程发包给工程承包人。因此,在工程建设期间,业主和承包人对所建工程都承担有一定风险,即具有保险利益,可向保险公司投保建筑工程保险。保险公司则可以在一张保险单上对所有涉及该项工程的有关各方都予以合理的保险保障。建筑工程保险一张保单下可以有多个被保险人,这是工程保险区别于其他财产保险的特点之一。

建筑工程保险的被保险人一般包括以下几方:

① 业主或工程所有人,既建筑工程的最后所有者。

② 工程承包商,即负责该工程项目施工的单位。分承包人,即与承包人订立分承包合同,负责承建该项工程中部分项目的施工单位。

③ 技术顾问,如建筑师、设计师、工程师等。

④ 其他关系方,如贷款银行等。

(2) 投保人。当存在多个被保险人时,一般由一方出面投保,并负责支付保险费,并提出原始索赔。

① 全部承包方式。所有人将工程全部承包给某一施工单位,该施工单位作为承包人(或主承包人)负责设计、供料、施工等全部工程环节,最后以钥匙交货方式将完工的建筑物交给所有人。在此方式中,由于承包人承担了工程的主要风险责任,故而一般由承包人作为投保人。

② 部分承包方式。所有人负责设计并提供部分建筑材料,施工单位负责施工并提供部分建筑材料,双方各承担部分风险责任,此时可由双方协商,推举一方为投保人,并在合同中写明。

③ 分段承包方式。所有人将一项工程分成几个阶段或几部分分别向外发包,承包人之间是相互独立的,没有契约关系。此时,为避免分别投保造成的时间差和责任差,应由所有人出面投保建筑工程险。

④ 施工单位只提供服务的承包方式。所有人负责设计、供料和工程技术指导;施工单位只提供劳务,进行施工,不承担工程的风险责任。此时应由工程所有人投保。

▶2. 建筑工程一切险的保险对象与保险标的

工程施工现场内在建的主体工程,为主体工程建设服务的临时工程,机器设备、施工机械及原材料等都可以作为建筑工程保险的保险项目,并分别计算保险金额。

(1) 物质损失部分。

① 建筑工程,包括永久性和临时性工程及物料。这是建筑工程保险的主要保险项目。

该项目下主要包含在建筑工程合同内规定建设的建筑物主体，建筑物内的装修设备，配套的道路、桥梁、水电设施、供暖取暖设施等土建项目；存放在工地的建筑材料、设备、临时建筑物。该部分保险金额为承包工程合同的总金额，也即建成该项工程的实际价格，其中应包括设计费、材料设备费、施工费（人工及施工设备费）、运杂费、税款及其他有关费用在内。

② 安装工程，是指承包工程合同中未包含的机器设备安装工程项目，如办公大楼内发电供暖、空调等机器设备的安装项目。该项目的保险金额为该项目的重置价值。有的工程该项目已包括在承包合同之内，在保险中应予以说明。

③ 建筑用机器、装置及设备，是指施工用的推土机、钻机、脚手架、吊车等机器设备。此类物品一般为承包人，即施工单位所有，其价值不包括在工程合同价之内。该项保险金额应按重置价值即重新换置同一厂牌、型号、规格、性能或类似型号、规格、性能的机器、设备及装置的价格，包括出厂价、运费、关税、安装费及其他必要的费用在内。

④ 业主提供的物料及项目，是指未包括在工程合同价格之内的，由业主提供的物料及负责建筑的项目。该项保险金额应按这一部分标的重置价值确定。

⑤ 工地内现成的建筑物，是指不在承保的工程范围内的，业主或承包人所有的或由其保管的工地内已有的建筑物或财产。该项保险金额要与投保人商定，但最高不得超过该建筑物的实际价值。

⑥ 业主或承包人在工地上的其他财产，是指上述五项范围之外的其他可保财产。该项保险金额可与投保人商定。

⑦ 清理费用，这是建筑工程险所特有的一个保险项目，指发生承保危险所致损失后，为清理工地现场所必须支付的一项费用，不包括在工程合同价格之内。建筑工程在遇到危险并造成损失时，常在施工现场产生大量残砾，包括工程的受损部分及任何外来无用的土石、泥沙等物体。为恢复现场，保证施工顺利进行，必须将这些残砾清理出去，为此要支付数目不小的费用。所以，特将此项费用单独列出作为一个保额。该项保险金额一般按大工程不超过其工程合同价格的5%、小工程不超过工程合同价格的10%计算。

七个项目的保额之和构成建筑工程保险物质损失项目的总保额。通常对物质标的部分的保额先按完工时的估定总价值暂定，到工程完工时再根据最后建成价格调整。

(2) 第三者责任部分。建筑工程保险的第三者责任是指被保险人在工程保险期限内因意外事故造成工地以及工地附近的第三者人身伤亡或财产损失，依法应负的赔偿责任。

▶ 3. 建筑工程一切险的保险责任

(1) 物质损失部分的保险责任。

① 在保险期限内，保险单列明的工地范围内的保险财产，除外责任之外的任何自然灾害或意外事故造成的物质损失，保险人均予以负责赔偿。

自然灾害指地震、海啸、雷电、飓风、台风、龙卷风、风暴、暴雨、洪水、水灾、冻灾、冰雹、地崩、山崩、雪崩、火山爆发、地面下沉下陷及其他人力不可抗拒的破坏力强大的自然现象。

意外事故指不可预料的以及被保险人无法控制并造成物质损失或人身伤亡的突发性事件，包括火灾和爆炸。

② 因发生除外责任之外的任何自然灾害或意外事故造成损失的有关费用，保险人也

予以负责。这些费用包括必要的场地清理费用和专业费用等，不包括被保险人采取施救措施而支出的合理费用。

③ 保险人对每一保险项目的赔偿责任均不得超过一定的赔偿限额，即保险单明细表中对应列明的分项保险金额，以及保险单特别条款或批单中规定的其他适用的赔偿限额。

(2) 第三者责任部分的保险责任。建筑工程第三者责任险的"第三者"是指除所有被保险人以及与工程相关的雇员以外的任何自然人和法人。

(3) 交叉责任条款。各个被保险人之间发生的相互责任事故造成的损失，均可由保险人负责赔偿，无须根据各自的责任相互进行追偿。

交叉责任条款是最常用的第三者责任扩展条款，其作用就是使保险人对于共同被保险人之间造成的相互的第三者责任不予追偿。

▶ 4. 建筑工程一切险的除外责任

(1) 总的除外责任。

① 战争、类似战争行为、敌对行为、武装冲突、恐怖活动、谋反、政变引起的任何损失、费用和责任。

② 政府命令或任何公共当局的没收、征用、销毁或毁坏。

③ 罢工、暴动、民众骚乱引起的任何损失、费用和责任。

④ 被保险人及其代表的故意行为或重大过失引起任何损失、费用和责任。

⑤ 核裂变、核聚变、核武器、核材料、核辐射及放射性污染引起的任何损失、费用和责任。

⑥ 大气、土地、水污染及其他各种污染引起的任何损失、费用和责任。

(2) 物质损失部分的除外责任。建筑工程险物质损失部分的除外责任主要有：

① 设计错误引起的损失和费用。设计错误造成物质本身的损失和引起的费用都属于除外责任范围。一方面，设计错误引起的损失是一种必然的风险；另一方面，这也是设计师应承担的责任，他可以投保相应的职业责任险转嫁这一风险。

② 自然磨损、内在或潜在缺陷等。这也是一种必然的损失，不属于不可预料的突然事故引起的损失，因此不是保险人的责任范围。与此相关的被保险人支付的维修费用，保险人也不负责赔偿。

③ 因原材料缺陷或工艺不善引起保险财产本身的损失以及为换置、修理或矫正这些缺点错误所支付的费用。这里指的是对于原材料缺陷或工艺不善本身所引起的一切费用不予负责，不论其造成事故与否。如果已造成事故，保险人仅负责由此造成其他保险财产的损失，对于其本身的损失，仍应由被保险人向供货商或制造商索赔。

④ 非外力引起的机械或电气装置的本身损失，或施工用机具、设备、机械装置失灵造成的本身损失。但是如果由于外来原因导致机器的损失，保险人是要负责赔偿的。

⑤ 维修保养或正常检修费用。这是一种可以预料的费用，因而不属于保险责任。

⑥ 档案、文件、账簿、票据、现金、有价证券、图表资料及包装物料的损失。这类财产的价值不易确定，又具有易损易丢的特性，因此不能成为本保险项下的保险财产。如果被保险人确有保险要求，如现金可另行投保现金保险。

⑦ 盘点时发现的短缺。因为盘点无法证明是意外事故所致，保险人不予负责。

⑧ 领有公共行驶执照的车辆、船舶和飞机的损失。这些运输工具如领有公共行驶执

照，可以在保险区域之外的范围内活动，风险较大，不宜用建筑工程险承保。但对没有公共行驶执照仅在工地上行驶作业的推土机、吊车等，可作为施工机具设备投保建工险。

⑨ 除另有约定外，在保险工程开始之前已经存在或形成的位于工地范围内或其周围的属于被保险人的财产的损失。

⑩ 除另有约定外，在保险单的有效期内，保险财产中已由工程所有人签发完工验收证书，或验收合格或实际占有或使用或接受的部分发生损失。

(3) 第三者责任部分的除外责任。

① 保险单物质损失项下或本应在该项下予以负责的损失及各种费用。

② 由于震动、移动或减弱支撑而造成的任何财产、土地、建筑物的损失及由此造成的任何人身伤害和物质损失。

③ 工程所有人、承包人或其他关系方或他们所雇用的在工地现场从事与工程有关工作的职员、工人以及他们的家庭成员的人身伤亡或疾病。

④ 工程所有人、承包人或其他关系方或他们所雇用的职员、工人所有的或由其照管、控制的财产所发生的损失。

上述两条所提到的人员都不属于第三者的范畴，因此第三者责任保险对其人身伤亡和财产损失不予承保。

⑤ 领有公共运输行驶执照的车辆、船舶、飞机造成的事故。

⑥ 被保险人根据与他人的协议应支付的赔偿或其他款项。

▶ 5. 建筑工程一切险的保险金额与赔偿限额

(1) 物质损失部分的保险金额。工程施工现场内在建的主体工程，为主体工程建设服务的临时工程，机器设备、施工机械及原材料等都可以作为建筑工程保险的保险项目并分别计算保险金额。

① 建筑工程保险金额按保险工程建筑完成时的总价值确定，包括原材料费用、设备费用、建造费、安装费、运输和保险费、关税、其他税项和费用，以及由工程所有人提供的原材料和设备的费用。

② 施工用机器、装置和机械设备的保险金额按照重置同型号、同负载的新机器、装置和机械设备所需的费用确定。

③ 其他保险项目的保险金额按照被保险人与保险公司商定的金额确定。

若被保险人是以保险工程合同规定的工程概算总造价投保，被保险人应在本保险项下工程造价中包括的各项费用因涨价或升值原因而超出原保险工程造价时，必须尽快以书面通知保险公司，保险公司据此调整保险金额；若保险工程的建造期超过3年，必须从保险单生效日起每隔12个月向保险公司申报当时的工程实际投入金额及调整后的工程总造价，保险公司将据此调整保险费；在保险单列明的保险期限届满后3个月内向保险公司申报最终的工程总价值，保险公司据此以多退少补的方式对预收保险费进行调整。

(2) 第三者责任部分的保险金额。以赔偿限额承保。

① 可设每次事故限额。保险期限内次数无限。

② 可设每次事故限额，但保险期限内有累计赔偿限额。

③ 以上两者兼而有之。

第三者责任险的赔偿限额通常由被保险人根据其承担损失能力的大小及愿意承担保险

费的多少来确定。

建筑工程险规定特种危险的赔偿限额是为了控制巨灾损失。特种危险的赔偿限额是指由于保险单中列明的地震、洪水、暴风等特种危险造成保险财产物质损失的赔偿总额，不论发生一次或多次事故，赔款均不能超过该限额。特种危险的赔偿限额的确定要根据工地自然地理条件、以往发生灾害的记录以及工程本身的抗灾能力等因素确定。如果工程的位置在遭受这类灾害可能性较大的地区，赔偿限额应稍低一些；反之，可稍高一些。一般可按物质损失部分总保险金额的80%左右确定。

▶ 6. 建筑工程一切险的保险费率

国际上对建筑工程险和安装工程险的承保都采用谨慎、细致的态度，针对各项工程的具体情况作详尽的评估和鉴定。因此，这两个险种都没有固定费率表，而是根据承保工程的责任范围、工程本身的危险程度、施工单价以及设计者的信誉和经验、施工现场的环境、安全防护措施和管理水平、施工季节和施工方法、以往同类项目的损失统计资料以及免赔额等因素，酌情制定费率。

建筑工程一切险费率厘定的影响因素有工程性质和造价、危险程度、地理环境、工期长短和施工季节、资信和管理水平、免赔额和特种风险的赔偿限额等。

具体承保时，同一工程，其不同保险项目的风险程度是不一样的，尤其是大型工程。因此，建筑工程险的费率应分项确定，一般可分为建筑工程、安装工程、业主提供的物质及项目、工地内现成的建筑物、业主或承包人在工地上的其他财产。这些项目为整个工期一次性费率。建筑用机器、装置及设备为单独的年费率。保期不足一年的，按短期费率计收保费。保证期费率是整个保证期一次性费率。各种附加保障增收费率，也是整个工期一次性费率。

对于一般性的工程项目，为方便起见，费率构成考虑了以上因素的情况下，可以只规定整个工程的平均一次性费率。

建筑工程一切险因保险期较长，保费数额大，可分期交纳保费，但出单后必须立即交纳第一期保费，而最后一笔保费必须在工程完工前半年交清。如果在保险期内工程不能完工，保险可以延期，不过投保人须交纳补充保险费。延展期的补充保险费只能在原始保险单规定的逾期日前几天确定，以便保险人能及时准确地了解各种情况。

▶ 7. 建筑工程一切险的保险期限

建筑工程保险的保险期限，是在保险单列明的建筑期限内，自投保工程动工日或自被保险项目被卸至建筑工地时起生效，直至建筑工程完毕经验收合格时终止。

（1）建筑期。

① 保险责任的开始有两种情况：一是工程破土动工之日；二是保险工程材料、设备运抵至工地时。以先发生者为准，但不得超过保单规定的生效日期。

② 保险责任的终止也有两种情况：一是工程所有人对部分或全部工程签发验收证书或验收合格时；二是工程所有人实际占有或使用或接受该部分或全部工程时。以先发生者为准且最迟不得超过保单规定的终止日期。在实际承保中，在保险期限终止日前，如其中一部分保险项目先完工验收移交或实际投入使用时，该完工部分自验收移交或交付使用时，保险责任即告终止。

（2）试车期。对于安装工程项目，如全部或部分是旧的机械设备，则试车开始时，保险责任即告终止。如安装的是新机器,保险人按保单列明的试车期,对试车和考核引起的损失、费用和责任负责赔偿。

(3) 保证期。自工程验收完毕移交后开始,至保单上注明的加保日期或合同规定的日期满时终止,以先发生者为准。保证期长短应根据合同规定来确定。保证期投保与否,由投保人自己决定,需要投保时,必须加批单,增收相应的保费。保证期主要承保在保单上载明的保证期内,因承包人履行工程合同所规定的保证期责任而进行整修保养的过程中,因保险责任范围内的风险所造成工程标的的损失,对于火灾、爆炸以及自然灾害造成的损失一概不负责。

▶ 8. 建筑工程一切险的赔偿处理

保险人接到出险通知后,详细记录出险日期、工程出险部位、估计损失情况等,并立即组织人员到现场勘查定损;经核实后及时赔付。

被保险人在索赔时除提供事故报告外,还须提供保险单、损失清单、账册等保险公司认为有必要提供的单证。

保险财产发生损失,保险人的赔款以恢复现状为限,残值应予以扣除。

(1) 赔偿方式。保险人可有三种赔偿方式,即以现金支付赔款、修复或重置、赔付修理费用。具体采用哪种方式应视具体情况与被保险人商定。但保险人的赔偿责任就每一项或每一件保险财产而言不得超过其单独列明的保额,就总体而言不得超过保单列明的总保险金额。

(2) 赔偿金额的确定与计算。物质损失部分的赔偿标准分部分损失、全部损失或推定全损两种情况。

部分损失的赔偿标准是:保险人支付修理费将保险财产修复到受损前状态,如果有残值存在,残值应在赔款中扣除。

全部损失或推定全损的赔偿标准是:保险人按照保险金额扣除残值后进行赔偿。

如果保额低于规定的要求,保险公司就要按比例承担赔偿责任,即:

赔款金额=损失金额×某项目现行保额/某项目按规定应投保金额

损失赔付后,保额应相应减少,要出具批单说明保险财产哪一项从何时起减少多少保额,要与明细表中的保险财产项目取得一致。对减少部分的保额不退回保费。如果被保险人要求恢复保额,也应出具批单说明从何时起至何时止对何项保险财产恢复多少金额,并对恢复部分按日比例增收保费。

工程保险金额以工程造价而定,施工中发生保险事故需理赔时,以工程完成部分之价格为准。

三、安装工程一切险

建筑工程保险和安装工程保险在形式和内容上基本一致,是承保工程项目相辅相成的两个险种。

安装工程保险是指以各种大型机器设备的安装工程项目在整个建筑期间因自然灾害和意外事故造成的物质损失,以及被保险人对第三者依法应承担的赔偿责任为保险标的的保险。

安装工程保险涉及的是价值昂贵、技术密集、结构复杂的机器设备,应掌握一定的专业知识。

安装工程保险在许多方面与建筑工程保险相同。安装工程一切险的除外责任除以下两点外，其余与建筑工程一切险基本相同。

(1) 因设计错误、铸造或原材料缺陷或工艺不善引起的保险财产本身的损失以及为换置、修理或矫正这些缺点错误所支付的费用，都属于除外责任范围。技术不善是指按照要求安装但没达到规定的技术，在试车时出现的损失。

值得注意的是，安装工程险只对设计错误等原因引起保险财产的直接损失及其有关费用不予赔偿，而对由于设计错误等原因造成其他保险财产的损失还是予以赔偿的。因为设计错误等原因造成保险财产的直接损失，被保险人可根据购货合同向设计者、供货方或制造商要求赔偿。

建筑工程保险也不承保设计错误等原因引起的保险财产本身的损失及费用，同时也不负责因此种原因造成其他保险财产的损失和费用。

(2) 由于超负荷、超电压、碰线等电气原因造成电气设备或电气用具本身的损失，安装工程险不予负责。也就是说，安装工程险只对由于电气原因造成其他保险财产的损失予以负责赔偿。而建筑工程险对于此种原因造成的任何损失都不负责赔偿。

第六节 农业保险

一、农业风险的概念

所谓农业风险，是指人们在农业生产经营过程中遭受由于灾害所导致的财产损失、人身伤亡或其他经济损失等风险的不确定性。

所谓灾害，是指自然原因、人为原因或者二者兼有的原因所形成的破坏力给自然界、人类社会所带来的祸患。换句话讲，凡是能够造成社会财富和人员伤亡的各种自然、社会现象，都可称之为灾害。

灾害产生破坏作用要借助具体的载体，这种载体称作灾害事故。载体不同，灾害事故的表现形式就不同。因此，灾害就出现了许多种类，比如火灾、风灾、水灾等。

灾害的发生对社会财富和人的生命和健康的破坏结果，叫作灾害损失。灾害损失不同于风险损失，它是实质性的损失结果，而风险损失是带有可能性的灾害损失。

二、农业风险的种类和特点

▶ 1. 农业风险的种类

依据不同的分类标准可以将农业风险分为不同的种类。

(1) 按照农业生产的对象划分。按照农业生产对象的不同，可以将农业风险分为种植业风险和养殖业风险，并可以进一步细分为粮食作物风险、经济作物风险、家禽饲养风险、水产养殖风险等。

(2) 按照风险的性质划分。按农业风险的不同性质，可将农业风险划分为纯粹的农业风险和投机性的农业风险。

(3) 按照农业风险产生的原因划分。概括起来讲，农业风险可由自然因素和人为因素两方面原因引起，具体可分为以下三类：

① 自然风险。指由自然条件异常引发的自然灾害而造成的农业风险。自然条件的异常可以由自然因素引起，也可以由人为因素引起。这些自然灾害主要包括气象灾害（如干旱、低温、风灾、雹灾等），植物病、虫、草害，动物疾病，地壳板块运动（如地震、泥石流等），环境灾害（如水土流失、大气污染、农业污染等），以及洪水、雷电、海啸等。

② 经济风险。指由人为因素引起，即由经济环境的改变所带来的农业风险，如农产品价格变动、利率浮动、经济制度变革、生产资料涨价、贸易条件恶化等。

③ 社会风险。指由人为因素引起，即由社会条件异常引发的灾害事故所造成的农业风险，通常包括政治风险、行为风险和技术风险。

▶ 2. 农业风险的特点

自然条件、经济状况、生产方式等因素的不同，使得相对于不同对象的同一种类农业风险具有不同的特点。我国农业风险的主要特点可概括为以下几点：

(1) 种类多、范围广、程度深。就全国来讲，由于农业风险几乎包括风险的全部内容，涉及农业生产经营的各个环节及农民生产的方方面面，并且我国农业自然灾害频繁、经济损失严重、社会影响深远，从而决定了我国农业风险具有该特点。

(2) 区域性强。我国气象灾害种类繁多，发生频率较高，再加上地理条件十分复杂，使气象灾害的发生具有一定的区域性。总的来说，北方旱灾多，南方雨涝多。

(3) 季节性强。我国气象灾害的季节性比较突出。比如旱涝灾害，春季往往是南涝北旱，盛夏是南旱北涝；寒露风是南方晚稻抽穗开花期的灾害性天气，长江中下游主要出现在9月中、下旬，华南则多出现在10月下旬；霜冻春季主要发生在北方冬麦区，秋季主要发生在东北、华北及西北地区，冬季则主要发生在江南、华南及西南部分地区；暴雨在长江下游浙、闽、两广集中在每年的5月、6月和7月，而在华北、西北地区集中在7月和8月。

(4) 风险单位较大。我国幅员辽阔，灾害众多，经常发生大规模的自然灾害，而对于很多灾害来说，如旱灾、洪水等，一次灾害事故通常会造成较大范围的灾害损失。

(5) 风险承担者弱小且分散。我国以家庭经营为主的农业生产经营方式，使农业风险的承担者常常是每一个农户或规模不大的经济组织。因此，相对于城市集中的人口以及大规模的生产经营单位，农业风险表现出风险承担者的弱小且分散性。

(6) 风险相对集中。农业生产方式方法本身决定了农业风险的相对集中性。与工厂里的工人只负责某一工种不同，大多数农民必须亲自参与农业生产经营的产供销全过程，这一点在以家庭经营为主的生产方式下表现得更为明显。

(7) 风险损失相对严重。一方面，农业风险的相对集中性很好地说明了农业风险损失的相对严重性；另一方面，由于农业风险是人们从主观上对客观损失的一种度量，因此判断一种客观损失空间能形成多大的风险，要取决于承担者的承受能力。在我国，目前农业风险的承担者主要是个体农民、经济实力不强的农村合作经济组织或其他农业投资者，风险承担能力不强，所以我国农业风险具有相对严重的特点。

三、农业自然灾害

▶ 1. 农业自然灾害的概念

按照产生的原因,灾害可以分为自然灾害和人为灾害,人为灾害又可细分为社会灾害和经济灾害。按照破坏对象来划分,灾害可以分为工业灾害、农业灾害等。

目前,对于农业灾害的定义,学术界没有一致意见。下面是两种关于农业灾害的定义:

(1) 一般意义上的农业灾害,是指对种植业、养殖业所利用的动植物有害的灾害事故,主要是指农业自然灾害。一般也称为狭义的农业灾害或农业自然灾害,是人们通常所使用的农业灾害的定义。

(2) 扩展意义上的农业灾害,是指对农业生产经营过程、农业生产经营对象、劳动要素及劳动手段具有破坏或阻碍作用的灾害事故的集合。

随着社会经济的发展和人们认识的深化,农业所包含的内容不仅仅只是狭义的"种"与"养";即使仅从种养意义上的农业生产经营过程来看,农业生产过程不仅有生产对象,还有生产要素和劳动手段;农业的生产过程不单纯是自然的再生产过程,同时也是经济的再生产过程;农业作为一个社会经济系统不可能独立于整个社会大系统之外而单独存在,它要不断地同社会大系统的其他子系统进行物质、能量等方面的交流和联系,才能维持自身系统的正常运行。因而,除自然灾害外,农业还要受到社会灾害和经济灾害的影响。因此,扩展意义上的农业灾害是一个宽泛的概念,它几乎包括了灾害的所有种类和全部内容,农业灾害可以是由自然原因、人为原因造成的,也可以是由自然与人为相结合的原因造成。

▶ 2. 农业自然灾害的特点

农业自然灾害是自然条件异常变化对农业所造成的破坏。由于农业以动植物为基本劳动对象,以土地为基本生产资料,所以农业自然灾害所导致的农业灾害风险,是对农业生产效果和稳定性的最大威胁。

农业自然灾害除了具有一般灾害所共有的有害相对性、量的积累性与质量互变性、不可避免性、可防御性、局部性、间歇性等特点外,还具有以下特点:

(1) 利害互变性。农业自然灾害的发生虽然会给农业造成一定损失,但有时灾害过后还会带来一些好的结果。比如洪水暴发会给农业生产以及农民生活造成很大损失,但洪水后土质得到改良,变得更加肥沃。例如,长江中上游的水土流失形成了下游肥沃的长江三角洲冲积平原。

(2) 局部损失和全局丰收的反差性。对于一般的财产来说,灾害发生必然会产生或大或小、或多或少的财产损失后果,还会因此受益。例如,异常台风过后,停泊在港湾中的一些船舶可能被拦或被吹走,未发生损失的船舶不会因为台风的袭击而变得坚固。但大多数农业自然灾害却是另一种情况。例如,台风可能会使台风中心地区的农作物受损,但随台风而来的雨水,却可能为附近地区的作物解除了旱情,创造了丰产的条件。因此,就可能出现作物生产期受灾而收获不受影响甚至是丰收,不可能出现当时一个地区受灾,而相邻地区却因此丰收的局面。

(3) 损失的自愈性。由于农业自然灾害的破坏对象是有生命的、有生长机能的动植物，而动植物的机体和机能都有自我恢复再生产的能力。因此灾害发生后，如果这些动植物体生活机能没有完全丧失，还能继续生长。而且在灾后遇到适宜的生长条件，得到及时的适当的维护和管理，动植物体就会发挥再生能力，使受到的损害在一定程度上得到弥补和恢复。

（4）成灾的条件性。任何一种自然现象，既可能是动植物生长的必要条件，又可能对其生长构成威胁，关键在于其发生的时间和强度等条件。例如，冰雹被认为是主要的自然灾害，但对于棉花生产，盛夏季节适度的冰雹是秋季凉爽晴朗天气的前奏，而秋天凉爽干燥，正是棉桃晒絮的好时候，能使棉花高产优质，所以盛夏适度的冰雹不是灾害；而初夏季节过多的冰雹，尤其是棉花开花、结蕾期间，过多、过量的冰雹会使棉花落花落蕾，则是灾害。相反，对于烤烟生产，初夏烟苗开花季节的冰雹无关紧要，而盛夏过重的冰雹会把烟叶砸得七零八落，则是灾害。

（5）损失责任难划分性。由于动植物的生产周期都比较长，在此期间，动植物体可能会受到多种自然灾害的侵袭，每种灾害都可能造成一定的损失，但最终都要通过产量等反映出来。因此，在各种灾害的综合作用与影响下，很难精确地划分哪一种灾害究竟给农业生产带来多大的影响。

（6）区域性。与其他类型的灾害相比，农业自然灾害的区域性更为突出，其表现在两个方面：一是灾害种类分布的地域性，即不同地区存在着不同的灾害种类，如我国南方水灾较为频繁，北方则旱灾较为严重，台风主要侵害沿海地区等。二是同一生产对象灾害种类的受损程度的地区差异性，即由于地理、气候、品种不同，同一生产对象灾害种类的受损程度和对同一种灾害的抵抗能力不同。例如，同样是水稻，在我国南方和北方的灾害种类就会不同；即使同样遭受了低温冷害，南方、北方不同水稻品种的抗寒能力也会不同。

（7）伴发性与持续性。伴发性表现在一种灾害发生时往往诱发其他灾害同时发生，如台风灾害往往伴有暴雨灾害，山区暴雨灾害可能导致山洪暴发和泥石流，温度过大容易诱发作物病虫害等。持续性一方面表现在同一灾害的连续发生，如华北部分地区常出现春夏连旱或伏秋连旱；另一方面则表现在不同灾害的交替发生，如河北有"春旱、夏涝、秋又吊"的说法。

▶ 3. 农业自然灾害的分类

按照不同的标准，可以将农业自然灾害划分为不同种类。例如，按危害与受害的密切程度可以分为直接性灾害和间接性灾害、按发生的时间可以分为突发性灾害和缓发性灾害。按危害的主次可分为原生灾害和次生灾害。

综合各种因素，农业自然灾害可以归纳为以下六类：

（1）气象灾害。如旱灾、水灾、风灾、雹灾、冷冻灾、雪灾、热害等，还有些是并发的，如干热风等。

（2）海洋灾害。如风暴潮、海水入侵、海水倒灌等。

（3）土壤灾害。如冻融、掀松、盐碱、龟裂、湿渍等。

（4）生物灾害。如病虫害、草害、鼠害等。

（5）地质灾害。如泥石流、滑坡、火山爆发等。

（6）环境灾害。如水土流失、土地消化、大气污染、农田污染、森林火灾、药害等。

四、农业保险的险种

农业保险是农业生产者以支付保险费为代价把农业生产经营过程中由于灾害事故所造成的财产损失转嫁给保险人的一种制度安排。改革开放以来，我国政府也非常重视农业风险转移和政策性农业保险制度建立。从 21 世纪初开始，全国各地都纷纷实行政策性农业保险的试点工作，并形成了各种有效的模式。

农业保险的主要险种有种植业保险和养殖业保险。种植业保险承保植物性生产为保险标的保险，如农作物保险、林木保险等；养殖业保险承保动物性生产为保险标的保险，如牲畜保险、家禽保险、水产养殖保险等。

重要概念

财产保险　海上保险　企业财产保险　家庭财产两全保险　机动车辆保险　工程保险　农业保险

思考题

1. 简述企业财产保险的保险责任与除外责任。
2. 简述机器损坏保险的保险金额和赔偿处理。
3. 举例说明什么是新型的家庭财产保险。
4. 简述机动车辆保险的主要内容。
5. 简述工程保险的保险期限和赔偿处理。

第六章 责任保险

学习目标

1. 了解责任保险的起源以及责任保险和法律的关系；
2. 理解责任保险的共同特征；
3. 了解责任保险的类型；
4. 了解各种责任保险的责任范围和除外责任；
5. 理解影响责任保险费率的因素。

第一节 责任保险概述

一、责任保险的含义

责任保险是指以被保险人依法应负的民事赔偿责任或经过特别约定的合同责任作为保险标的的一类财产保险业务。责任保险是一种无形财产保险，属于广义财产保险的范畴。责任保险与一般财产保险具有共同的性质，即都属于赔偿性保险。但又具有自己的独特内容和经营特点，是一类可以独成体系的保险业务。

在人们的社会生产、社会生活和社会活动中，由于疏忽、过失等行为可能造成他人的人身伤害或财产损失，并且由此要承担相应的民事损害赔偿责任，这种民事损害赔偿责任可以通过风险转嫁的方式由保险人予以承担。被保险人产生民事损害赔偿责任时由保险人替被保险人履行赔偿责任。

二、责任保险的基本特征

▶ 1. 产生和发展最为直接的基础是健全和完善的法律制度

责任保险产生的基础不仅仅是民事损害责任风险的存在，而且是由于法律制度的不断健全和完善。只有确立了一种法律规范,当人们的某种行为违反了这种规范,必须承担由此而引起的经济赔偿责任时,人们才会通过保险来转嫁这种风险,从而形成对责任保险的市场需求。法律制度不健全,责任保险发展就缓慢。

▶ 2. 赔偿对象是不确定的第三者

在普通的财产保险和人身保险业务中,保险人对被保险人的财产损失或人身伤害进行直接赔偿或给付,保险金直接支付给被保险人或受益人。而在责任保险业务中,保险人承保的是被保险人依法应对第三者承担的经济赔偿责任,因而保险人支付的保险金最终落入第三者手中。原来由被保险人(致害人)支付给第三者的经济赔偿金,通过被保险人(致害人)投保责任保险的方式转嫁给了保险人,既直接保障了被保险人的利益,又间接保障了第三者的合法权益。

▶ 3. 保险人承担赔偿责任的最高额度是赔偿限额

在一般的财产保险业务中,保险人承担的最高赔偿额是根据保险标的的实际价值确定的保险金额,而责任保险承保的是被保险人依法应对第三者承担的经济赔偿责任,是没有实体标的的。在保险责任发生之前,第三者是不确定的,对第三者可能造成的经济损失也是不确定的,因此,无法确定保险金额,只能以赔偿限额作为保险人承担经济赔偿责任的最高额度。凡超过赔偿限额的索赔,仍须由被保险人自行承担。

保险人在承保责任保险时,通常对每一种责任保险业务要规定若干等级的赔偿限额,由被保险人自己选择,被保险人选定的赔偿限额便是保险人承担赔偿责任的最高限额,超过限额的经济赔偿责任只能由被保险人自行承担。

▶ 4. 赔偿的处理以法院的判决或执法部门的裁决为依据

在普通财产保险业务中,保险人的赔偿金额由保险人按照被保险人的投保方式、保险金额、损失金额等因素来确定。而在责任保险业务中,赔偿责任产生后,被保险人承担的赔偿金额通常由仲裁机构或法院根据受害人的财产或人身的实际损害程度来裁定。其中对财产损失的赔偿取决于该财产的损失程度和市场价值,对人身伤害的经济补偿取决于客观支出和实际需要。保险人在保险单列明的赔偿限额内按照司法仲裁或裁决的标准予以支付,不足部分由被保险人自行承担。

三、责任保险的共性内容

▶ 1. 责任保险的适用范围

责任保险是一类独成体系的保险业务,适用于一切可能造成他人财产损失与人身伤亡的各种单位、家庭或个人。具体而言,其适用范围包括:

(1) 各种公众活动场所的所有者、经营管理者;
(2) 各种产品的生产者、销售者、维修者;
(3) 各种运输工具的所有者、经营管理者或驾驶员;
(4) 各种需要雇用员工的单位;
(5) 各种提供职业技术服务的单位;
(6) 城乡居民家庭或个人。

此外,在各种工程项目的建设和安装过程中也存在着民事赔偿责任事故风险,工程的所有者、承包者等对相关责任事故风险具有保险利益;企业等单位的非公众活动场所也存在着公众责任风险。

2. 责任保险的保险责任与责任免除

（1）责任保险的保险责任。包括以下两部分：

① 被保险人依法对造成他人财产损失或人身伤亡应承担的经济赔偿责任，这是责任保险最基本的保险责任。被保险人的故意行为通常是绝对除外不保的风险责任，责任保险承保的责任范围明显地小于民事损害赔偿责任的范围。被保险人提出要求，并经过保险人的同意，责任保险又可以承保超越民事损害赔偿责任范围的风险。无过错责任即超出了一般民事损害赔偿责任的范围，但保险人通常将其纳入承保责任范围。保险人的赔偿以受害人的损害程度及索赔金额为依据，以保单上的赔偿限额为最高赔付额。

② 因赔偿纠纷引起的由被保险人支付的诉讼、律师费用及其他事先经过保险人同意支付的费用。

（2）责任保险的责任免除。包括以下几个方面的内容：

① 战争、罢工；
② 核风险（核责任保险除外）；
③ 被保险人故意和重大过失行为所造成的损失；
④ 被保险人的家属、雇员的人身伤害或财产损失（雇主责任保险除外）；
⑤ 被保险人的违约责任（特别约定除外）；
⑥ 被保险人所有、占有、使用或租赁的财产，或由被保险人照顾看管或控制的财产损失。

3. 责任保险的保险费率

责任保险的保险费率，通常根据各种责任保险的风险大小及损失率的高低来确定。从总体上看，保险人在制定责任保险费率时，主要考虑的影响因素应当包括如下几项：

（1）被保险人的业务性质及其产生意外损害赔偿责任可能性的大小；

（2）法律制度对损害赔偿的规定；

（3）赔偿限额的高低。

此外，承担风险区域的大小、每笔责任保险业务的量及同类责任保险业务的历史损失资料亦是保险人在制定责任保险费率时必须参照的依据。

4. 责任保险的赔偿限额与免赔额

在承保时由保险双方约定的赔偿限额是确定保险人承担的责任限额的依据。通常有以下几种类型：

（1）每次责任事故或同一原因引起的一系列责任事故的赔偿限额，又可分为财产损失赔偿限额和人身伤亡赔偿限额两项。

（2）保险期内累计的赔偿限额，又可分为保险期内累计的财产损失赔偿限额和累计的人身伤亡赔偿限额。或者只规定每次事故和同一原因引起的一系列责任事故的赔偿限额而不规定累计赔偿限额。

（3）某些情况下，财产损失和人身伤亡两者合成一个限额。责任保险单上除规定责任限额以外，一般还有免赔额的规定，以此促使被保险人防止发生事故和减少小额、零星赔款支出的目的。责任保险的免赔额通常采用绝对免赔额的方式。

第二节 公众责任保险

一、公众责任与公众责任保险

所谓公众责任,是指致害人在公众活动场所的过错行为致使他人的人身或财产遭受损害,依法应由致害人承担的对受害人的经济赔偿责任。公众责任的构成,以在法律上负有经济赔偿责任为前提,其法律依据是各国的民法及各种有关的单行法规制度。

企业及团体、个人在固定的场所从事生产、经营等活动,以至于日常生活中由于意外事故而造成第三者人身伤害或财产损失,依法应承担的经济赔偿责任就是公众责任。公众责任风险是普遍存在的,如商店、旅馆、展览馆、医院、动物园等各种公共场所,都有可能在营业过程中发生意外事故,造成他人的人身伤害或财产损失。因此,通过开办公众责任保险,分散和转嫁公众责任风险,是公众责任保险产生并得到迅速发展的基础。

公众责任保险亦称普通责任保险或综合责任保险,主要承保企业、机关、团体、家庭、个人以及各种组织在固定场所从事生产、经营等活动,以及日常生活过程中由于疏忽或过失造成他人人身伤害或财产损失,依法应由被保险人承担的经济赔偿责任。

二、公众责任保险的保险责任

公众责任保险的保险责任包括以下两种:
(1) 被保险人在保险期限内和保险地点内从事与承保业务活动有关的活动时发生的突然的不可预料的事故导致的第三者的人身伤害(不包括精神损害、诽谤等,但包括医疗费用和误工损失)或财产损失(有形物质)依法应负的经济赔偿责任;
(2) 与上述活动有关的需支出的法律诉讼费用。

三、公众责任保险的除外责任

公众责任保险的除外责任包括以下几个方面:
(1) 被保险人故意行为引起的损害事故;
(2) 战争、内战、叛乱、暴动、骚乱、罢工或封闭工厂引起的任何损害事故;
(3) 人力不可抗拒的原因引起的损害事故;
(4) 核事故引起的损害事故;
(5) 有缺陷的卫生装置及除一般食物中毒以外的任何中毒;
(6) 由于震动、移动或减弱支撑引起的任何土地、财产或房屋的损坏责任;
(7) 被保险人的雇员或正在为被保险人服务的任何人所受到的伤害或其财产损失,他们通常在其他保险单下获得保险;
(8) 各种运输工具的第三者或公众责任事故,由专门的第三者责任保险或其他责任保险险种承保;
(9) 公众责任保险单上列明的其他除外责任等。

四、公众责任保险赔偿限额的确定

公众责任保险赔偿限额的确定通常采用规定每次事故赔偿限额的方式，它只能制约每次事故的赔偿责任，对整个保险期内的总的赔偿责任不起作用。也有规定累积赔偿限额的，有效期的累积赔偿责任不超过累积赔偿限额。

五、公众责任保险的保费计收

保险人在经营公众责任保险业务时，一般不像其他保险业务那样有固定的保险费率表，而是通常视每一被保险人的风险情况逐笔议订费率，以便确保保险人承担的风险责任与所收取的保险费相适应。

按照国际保险界的习惯做法，保险人对公众责任保险一般按每次事故的基本赔偿限额和免赔额分别确定人身伤害和财产损失两项保险费率，如果基本赔偿限额和免赔额需要增减时，保险费率也应适当增减，但又非按比例增减。

公众责任保险费的计算方式有以下两种：

（1）以赔偿限额（累计或每次事故赔偿限额）为计算依据，即

$$保险费 = 累计赔偿限额 \times 适用费率$$

（2）对某些业务按场所面积大小计算保险费，即

$$保险费 = 保险场所占用面积（平方米） \times 每平方米保险费$$

六、公众责任保险的主要险种

▶ 1. 综合公共责任保险

综合公共责任保险是一种综合性的责任保险业务，它承保被保险人在任何地点因非故意行为或活动所造成的他人人身伤害或财产损失依法应负的经济赔偿责任。从国外类似业务的经营实践来看，保险人在该种保险中除一般公众责任外还承担着包括合同责任、产品责任、业主及工程承包人的预防责任、完工责任及个人伤害责任等风险。

▶ 2. 场所责任保险

场所责任保险承保固定场所因存在着结构上的缺陷或管理不善，或被保险人在被保险场所进行生产经营活动时因疏忽发生意外事故，造成他人人身伤害或财产损失且依法应由被保险人承担的经济赔偿责任。

场所责任保险的险种主要有宾馆责任保险、展览会责任保险、电梯责任保险、车库责任保险、机场责任保险以及各种公众活动场所的责任保险。

▶ 3. 承包人责任保险

承包人责任保险专门承保承包人的损害赔偿责任，它主要适用于承包各种建筑工程、安装工程、修理工程施工任务的承包人，包括土木工程师、建筑工、公路及下水道承包人以及油漆工等。

在承包人责任保险中，保险人通常对承包人租用或自有的设备，对分承包人应承担的责任等负责，但对被保险人看管或控制的财产、施工的对象、退换或重置的工程材料或提供的货物及安装了的货物等不负责任。

▶ **4. 承运人责任保险**

承运人责任保险专门承保承担各种客、货运输任务的部门或个人在运输过程中可能发生的损害赔偿责任,主要包括旅客责任保险、货物运输责任保险等险种。依照有关法律,承运人对委托给他的货物运输和旅客运送的安全负有严格责任,除非损害货物或旅客的原因是不可抗力、军事行动及客户自己的过失等,否则,承运人均须对被损害的货物或旅客负经济赔偿责任。

与一般公众责任保险不同的是,承运人责任保险保障的责任风险实际上是处于流动状态中的责任风险,但因运行途径是固定的,从而亦可以视为固定场所的责任保险业务。

【案例 6-1】

某市政公司于 2012 年 5 月投保了公众责任保险,赔偿限额为每起事故 5 万元。同年 10 月 2 日,该公司一队工人在维修路边窨井时,因突然下大雨跑回施工棚,忘记在井边设立标志,也未盖好井盖。傍晚时分,雨还在下,一骑自行车者跌入井中受伤,并受感染而死亡。受害者家属向该市人民法院起诉,要求市政公司承担损害赔偿责任。法院依法判决被告赔偿原告方的医疗费、抚恤金共计 102 756 元。因市政公司投保了公众责任保险,遂向保险公司索赔。

第三节 产品责任保险

一、产品责任与产品责任保险

所谓产品责任,是指产品在使用过程中因其缺陷而造成用户、消费者或公众的人身伤亡或财产损失,依法应当由产品供给方(包括制造者、销售者、修理者等)承担的民事损害赔偿责任。用户不按照产品说明去安装、使用或在非正常状态下使用产品时造成的损害事故,不属于产品责任。产品责任又以各国的产品责任法律制度为基础。

产品责任保险,是指以产品制造者、销售者、维修者等的产品责任为承保风险的一种责任保险。

产品的制造者包括产品生产者、加工者、装配者;产品修理者指被损坏产品或陈旧产品或有缺陷的产品的修理者;产品销售者包括批发商、零售商、出口商、进口商等各种商业机构,如批发站、商店、进出口公司等。此外,承运人如果在运输过程中损坏了产品并因此导致产品责任事故时,亦应当承担起相应的产品责任。

二、产品责任保险的保险责任与除外责任

保险人承保的产品责任风险,是承保产品造成的对消费者或用户及其他任何人的财产损失、人身伤亡所导致的经济赔偿责任,以及由此而导致的有关法律费用等。

产品责任保险的除外责任,一般包括以下几个方面:

(1) 被保险人根据与他人的协议应承担的责任;

(2) 根据劳工法律制度或雇佣合同等应由被保险人承担的对其雇员及有关人员的损害赔偿责任;

(3) 被保险人所有、照管或控制的财产的损失除外不保;

(4) 产品仍在制造或销售场所,其所有权仍未转移至用户或消费者手中时的责任事故除外不保;

(5) 被保险人故意违法生产、出售或分配的产品造成的损害事故;

(6) 被保险产品本身的损失不保;

(7) 不按照被保险产品说明去安装、使用或在非正常状态下使用时造成的损害事故等。

三、产品责任保险的保险费率与保险费

产品责任保险的费率厘定,主要考虑如下因素:

(1) 产品的特点和可能对人体或财产造成损害的风险大小;

(2) 产品数量和产品的价格,它与保险费呈正相关关系,与保险费率呈负相关关系;

(3) 承保的区域范围;

(4) 产品制造者的技术水平和质量管理情况;

(5) 赔偿限额的高低。

一般将企业全部产品予以承保,如果仅投保某批,则必须有明确的标注或标号,和未投保产品有所区分。

预收保费＝上年度销售额×费率,期限届满后根据实际销售额进行调整。

四、产品责任保险的赔偿

在产品责任保险的理赔过程中,保险人的责任通常以产品在保险期限内发生事故为基础,而不论产品是否在保险期内生产或销售。

赔偿标准以保险双方在签订保险合同时确定的赔偿限额为最高额度,它既可以每次事故赔偿限额为标准,也可以累计的赔偿限额为标准。生产、销售、分配的同批产品由于同样原因造成多人的人身伤害、疾病、死亡或多人的财产损失均被视为一次事故造成的损失,并且适用于每次事故的赔偿限额。

【案例 6-2】

北京某生物医药工程公司在某保险公司投保了产品责任险。某年3月,被保险人医药工程公司投保的产品"人工股骨",在植入病人高某体内两年后断裂。高某要求医药工程公司赔偿医药费、误工费等实际支出,另要求依医药工程公司与保险公司签订的产品责任险合同得到10万元人民币的赔偿,但要求被拒绝。高某便委托其代理人向某区人民法院提起诉讼,法院受理了此案。接到出庭通知后,保险公司派人参与了诉讼。

第四节 雇主责任保险

一、雇主责任与雇主责任保险

雇主对其雇用的员工在受雇期间从事业务时因发生意外事故或因职业病造成的人身伤

残或死亡应承担的经济赔偿责任，就是雇主责任。构成雇主责任的前提条件是雇主与雇员之间存在着直接的雇用合同关系。

雇主责任保险是以被保险人即雇主的雇员在受雇期间从事业务时因遭受意外导致伤、残、死亡或患有与职业有关的职业性疾病而依法或根据雇用合同应由被保险人承担的经济赔偿责任为承保风险的一种责任保险。西方国家的雇主责任保险比较发达，一般是强制保险。

保险人所承担的责任风险将被保险人（雇主）的故意行为列为除外责任，主要承保被保险人（雇主）的过失行为所致的损害赔偿，或者将无过失风险一起纳入保险责任范围。

以下情况通常被视为雇主的过失或疏忽责任：

(1) 雇主提供危险的工作地点、机器工具或工作程序；
(2) 雇主提供的是不称职的管理人员；
(3) 雇主本人直接的疏忽或过失行为，如对有害工种未提供相应的合格的劳动保护用品等即为过失。

凡属于这些情形且不存在故意意图的均属于雇主的过失责任，由此而造成的雇员人身伤害，雇主应负经济赔偿责任。

二、雇主责任保险的责任范围

雇主责任保险的保险责任，包括在责任事故中雇主对雇员依法应负的经济赔偿责任和有关法律费用等，导致这种赔偿的原因主要是各种意外的工伤事故和职业病。

下列原因导致的责任事故通常除外不保：

(1) 战争、暴动、罢工、核风险等引起雇员的人身伤害；
(2) 被保险人的故意行为或重大过失；
(3) 被保险人对其承包人的雇员所负的经济赔偿责任；
(4) 被保险人的合同项下的责任；
(5) 被保险人的雇员因自己的故意行为导致的伤害；
(6) 被保险人的雇员由于疾病、传染病、分娩、流产以及由此而施行的内、外科手术所致的伤害等。

三、雇主责任保险的费率

雇主责任保险一般根据一定的风险归类确定不同行业或不同工种的不同费率标准，同一行业基本上采用同一费率，但对于某些工作性质比较复杂、工种较多的行业，则还须规定每一工种的适用费率。同时，还应当参考赔偿限额。

雇主责任保险费的计算公式如下：

应收保险费＝A 工种保险费（年工资总额×适用费率）＋
B 工种保险费（年工资总额×适用费率）＋…

其中

年工资总额＝该工种人数×月平均工资收入×12

四、雇主责任保险的赔偿

在处理雇主责任保险索赔时，保险人必须首先确立受害人与致害人之间是否存在雇用关系。根据国际上流行的做法，确定雇佣关系的标准包括：一是雇主具有选择受雇人的权力；二是由雇主支付工资或其他报酬；三是雇主掌握工作方法的控制权；四是雇主具有解雇受雇人的权力。

雇主责任保险的赔偿限额通常是每一雇员若干个月的工资总额，每一雇员只适用于自己的赔偿额度。在一些国家，雇主责任保险的保险人对雇员的死亡赔偿限额与永久完全残废赔偿限额是有区别的，后者往往比前者的标准要高。但对于部分残废或一般性伤害，则严格按照事先规定的赔偿额度表进行计算。其计算公式为

$$赔偿金额＝该雇员的赔偿限额×适用的赔偿额度比例$$

如果保险责任事故是第三者造成的，保险人在赔偿时仍然适用权益转让原则，即在赔偿后可以代位追偿。

【案例 6-3】

一个制砖公司雇了一个承包商在其砖瓦上钻孔。承包商提供了两个技术工人进行钻孔，制砖公司同意提供一个无技术的体力工 A 作为助手，由制砖公司支付 A 工钱，只有制砖公司有权力解雇 A，但是 A 在承包商的指令下工作。A 在工作中因故致死。依照有关法律规定，承包商有责任向 A 的遗孀支付赔偿金。承包商有公众责任保险单和雇主责任保险单，试分析哪张保险单应承担赔偿责任。

第五节 职业责任保险

一、职业责任与职业责任保险

职业责任是从事各种专业技术工作的单位或个人因工作上的失误造成他人人身伤害或财产损失，依法所应承担的赔偿责任。职业责任保险就是承保职业责任风险的保险。

职业责任有以下特点：

(1) 它限于技术工作者从事保单列明的与职业有关的活动时造成对方的人身伤害或财产损失；

(2) 它属于技术性较强的工作导致的责任事故；

(3) 它是专业人员因疏忽、过失产生的职业责任。

二、职业责任保险的一般内容

▶ 1. 职业责任保险的承保方式

(1) 以索赔为基础的承保方式。所谓以索赔为基础的承保方式，是保险人仅对在保险期内受害人向被保险人提出的有效索赔负赔偿责任，而不论导致该索赔案的事故是否发生在保险有效期内。这种承保方式使职业责任保险的风险较其他责任保险的风险更大。

采用上述方式承保，可使保险人能够确切地把握该保险单项下应支付的赔款，即使赔款数额在当年不能准确确定，至少可以使保险人了解全部索赔的情况，对自己应承担的风

险责任或可能支付的赔款数额作出较切合实际的估计。

同时，为了控制保险人承担的风险责任无限地前置，各国保险人在经营实践中，又通常规定一个责任追溯日期作为限制性条款。

（2）以事故发生为基础的承保方式。该承保方式是保险人仅对在保险有效期内发生的职业责任事故而引起的索赔负责，而不论受害方是否在保险有效期内提出索赔，它实质上是将保险责任期限延长了。

它的优点在于，保险人支付的赔款与其保险期内实际承担的风险责任相适应，缺点是保险人在该保险单项下承担的赔偿责任往往要经过很长时间才能确定，而且因为货币贬值等因素，受害方最终索赔的金额可能大大超过职业责任保险事故发生当时的水平或标准。在这种情况下，保险人通常规定赔偿责任限额，同时明确一个后延截止日期。

从一些国家经营职业保险业务的惯例来看，采用以索赔为基础的承保方式的职业责任保险业务较多，采用以事故发生为基础的承保方式的职业责任保险业务要少。

▶ 2. 职业责任保险的费率

从总体而言，确定职业责任保险的费率时需要着重考虑七个因素：一是投保人的职业种类；二是投保人的工作场所；三是投保人工作单位的性质；四是该笔投保业务的数量；五是被保险人及其雇员的专业技术水平与工作责任心；六是赔偿限额、免赔额和其他承保条件；七是被保险人职业责任事故的历史损失资料以及同类业务的职业责任事故情况。

▶ 3. 职业责任保险的赔偿

在赔偿方面，保险人承担的是赔偿金与有关费用两项，其中保险人对赔偿金通常规定一个累计的赔偿限额；法律诉讼费用则在赔偿金之外另行计算，但如果保险人的赔偿金仅为被保险人应付给受害方的总赔偿金的一部分，则该项费用应当根据各自所占的比例进行分摊。

三、职业责任保险的主要险种

▶ 1. 医疗职业责任保险

医疗职业责任保险承保医务人员或其前任由于医疗责任事故而致病人死亡或伤残、病情加重等，依法应当由医疗方承担的经济赔偿责任。医疗职业责任保险以医院为投保对象，承保基础普遍采用期内索赔式。

▶ 2. 律师职业责任保险

律师职业责任保险承保被保险人或其前任在职业服务中发生的一切疏忽行为、错误或遗漏过失行为所导致的法律赔偿责任，包括一切侮辱、诽谤，以及赔偿被保险人在工作中发生的或造成的对第三者的人身伤害或财产损失。律师责任保险的承保基础可以以事故发生或索赔为依据确定。

▶ 3. 会计师职业责任保险

会计师责任保险承保因被保险人或其前任因违反会计业务上应尽的责任及义务，而使他人遭受损失，依法应负的经济赔偿责任，但不包括身体伤害、死亡及实质财产的损毁。

重要概念

责任保险　公众责任保险　产品责任保险　绝对责任　疏忽责任　雇主责任保险　职业责任保险

思考题

1. 责任保险与法律之间的关系是什么？
2. 责任保险有哪些共性？
3. 责任保险为什么要规定赔偿限额和免赔额？

第七章 信用保险与保证保险

> **学习目标**
> 1. 掌握信用保险和保证保险的作用及分类；
> 2. 熟悉出口信用保险的特点和基本类型。

第一节 信用保证保险概述

一、信用保证保险的相关概念

▶ 1. 信用保证保险

信用保证保险是以信用风险为保险标的的保险，实际上是由保险人（保证人）为信用关系人中的义务人（被保证人、债务人）提供信用担保的一类保险业务，可以分为信用保险和保证保险。

▶ 2. 信用保险

信用保险是指权利人向保险人投保债务人的信用风险的一种保险，是一项企业用于风险管理的保险产品。其主要功能是保障企业应收账款的安全。其原理是把债务人的保证责任转移给保险人，当债务人不能履行其义务时，由保险人承担赔偿责任。

通常情况下，信用保险会在投保企业的欠款遭到延付的情况下，按照事先与企业约定好的赔付比例赔款给企业。引发这种拖延欠款的行为可能是政治风险（包括债务人所在国发生汇兑限制、征收、战争及暴乱等）或者商业风险（包括拖欠、拒收货物、无力偿付债务、破产等）。

在实际操作中，投保企业需要为其买家向保险公司申请限额，限额规定了投保企业在一定时期内向该买家赊销，能够获保的最高金额。限额体现了保险公司对于与该买家进行交易潜在风险的认定。

投保信用保险需要支付一定比率的保费。通常保险费率较低，由债务人所在国风险以及债务人自身风险等标准厘定。

3. 保证保险

保证保险是由保险人以保证人的身份为被保证人向权利人提供信用担保，如果由于被保证人的行为导致权利人遭受损失，在被保证人不能补偿权利人经济损失的情况下，由保证人代替被保证人赔偿权利人的经济损失，并拥有向被保证人追偿的权利。

二、信用保险与保证保险的区别

信用保险与保证保险的区别主要包括以下几点：

（1）投保人不相同。

（2）信用保险是填写保险单来承保的，保证保险是出立保证书来承保的。

（3）信用保险的被保险人是权利人，除保险人外，保险合同中只涉及权利人和义务人两方；保证保险除保险人外，涉及权利人、义务人和反担保人三方利益。

（4）在信用保险中，被保险人缴纳保费是为了把可能因义务人不履行而使自己受到损失的风险转嫁给保险人，保险人承担实实在在的风险，风险较大；保证保险中，履约的全部义务还是由义务人自己承担，没有发生风险转移，风险相对较小。

三、信用保险与保证保险的作用

1. 有利于保证企业生产经营活动

银行向企业发放贷款必然要考虑贷款的安全性，即能否按期收回贷款的问题。企业投保了信用保险以后，就可以通过将保单作为一种保证手段抵押给贷款银行，通过向贷款银行转让保险赔款，要求保险人向贷款银行出具担保等方式，使银行得到收回贷款的可靠保证，解除银行发放贷款的后顾之忧。可见，信用保险的介入，使企业较容易得到银行贷款，这对于缓解企业资金短缺、促进生产经营的发展均有保障作用。

2. 有利于促进商品交易的健康发展

在商品交易中，当事人能否按时履行供货合同，销售货款能否按期收回，一般受到多种因素的影响。而商品的转移又与生产商、批发商、零售商及消费者有着连锁关系。一旦商品交易中的一道环节出现信用危机，不仅会造成债权人自身的损失，而且常常会引起连锁反应，使商品交易关系中断，最终阻碍商品经济的健康发展。有了信用保险，无论在何种交易中出现信用危机，均有保险人提供风险保障。因此，即使某个环节出了问题，也能及时得到弥补。

3. 有利于促进出口创汇

外贸出口面向的是国际市场，风险大，竞争激烈，一旦出现信用危机，出口企业就会陷入困境，进而影响市场开拓和国际竞争力。如果企业投保了出口信用保险，在当被保险人因商业风险或政治风险不能从买方收回货款或合同无法执行时，就可以从保险人那里得到赔偿。因此，出口信用保险有利于出口企业的经济核算和开拓国际市场，最终促使其为国家创造更多的外汇收入。

四、信用保险的主要险种

1. 出口信用保险

出口信用保险，也叫出口信贷保险，是各国政府为提高本国产品的国际竞争力，推动本国的出口贸易，保障出口商的收汇安全和银行的信贷安全，促进经济发展，以国家财政为后盾，为企业在出口贸易、对外投资和对外工程承包等经济活动中提供风险保障的一项政策性支持措施，属于非营利性的保险业务，是政府对市场经济的一种间接调控手段和补充，是世界贸易组织（WTO）补贴和反补贴协议原则上允许的支持出口的政策手段。目前，全球贸易额的12%～15%是在出口信用保险的支持下实现的，有些国家的出口信用保险机构提供的各种出口信用保险保额甚至超过本国当年出口总额的1/3。

2. 国内信用保险

（1）国内信用保险的概念。国内信用保险也叫商业信用保险，主要是针对企业在商品交易过程中所产生的信用风险。在商品交换过程中，交易的一方以信用关系规定的将来偿还的方式获得另一方的财物或服务，但不能履行给付承诺而给对方造成损失的可能性随时存在。比如买方拖欠卖方货款，对卖方来说就是应收款项可能面临的坏账损失。有些人会认为提取坏账准备金已经是一种自行保险了，参加这种商业保险不仅要支付保费，增加企业的成本费用，而且保险公司参与监督企业的经营活动会损害公司管理的独立性。然而情况并非如此。对于小公司来说，可用于周转的资金量较小，一笔应收款项成为坏账就可能使整个企业陷于瘫痪状态，所提取的坏账准备于事无补，发生这类情况的例子举不胜举。对于规模较大的公司来说，一般不会因少数几笔坏账就出现资金周转困难，但从我国这些年发生的"三角债"来看，信用保险是一项能避免信用风险、维持企业正常经营的有效措施。

（2）国内信用保险的类型。

① 赊销保险。是为国内商业贸易中延期付款或分期付款行为提供信用担保的一种信用保险业务。

② 贷款信用保险。是保险人对银行或者其他金融机构与企业之间的借贷合同进行担保并承担信用风险的保险。

③ 个人贷款信用保险。是指金融机构对自然人进行贷款时，由于债务人不履行贷款合同致使金融机构遭受经济损失为保险对象的信用保险。

3. 投资保险

投资保险又称政治风险保险，承保投资者的投资和已赚取的收益因承保的政治风险而遭受的损失。投资保险的投保人和被保险人是海外投资者。开展投资保险的主要目的是鼓励资本输出。作为一种新型的保险业务，投资保险于20世纪60年代在欧美国家出现以来，现已成为海外投资者进行投资活动的前提条件。

五、保证保险的主要险种

保证保险的主要险种是雇员忠诚保证保险，是一种个人信用保险，承保雇主因雇员的不诚实行为而遭受的经济损失。

对于雇主因雇员的不诚实行为而遭受的直接经济损失，保险人在下列条件下履行赔偿责任：

(1) 雇员的不诚实行为发生在保险期内；

(2) 雇员的不诚实行为发生在其受雇用期间(该期间连续未中断)；

(3) 雇员的不诚实行为发生在其从事雇用工作的过程中，即与其职业或职责有关。

但是，由于雇员的不诚实行为不易立即发觉，所以本保险对雇员的不诚实行为规定了一个发现期，即在保险期限内从雇员退休、离职、死亡、脱离工作岗位日期起或保单终止之日起6个月，在此期间内发现的雇员的不诚实行为给雇主造成的损失也属于保险责任范围。

第二节 出口信用保险

一、出口信用保险产生的背景

国际贸易中，为降低进出口贸易的风险，经常会用到出口信用保险。出口信用保险是在商品出口或相关经济活动中发生的，保险人(经营出口信用保险业务的保险公司)与被保险人(向国外买方提供信用的出口商或银行)签订的一种保险合同。信用保险公司根据保险合同规定对企业投保的出口货物、服务、技术和资本的出口应收账款提供安全保障。它以出口贸易中投保人的债权为保险标的，保险人承保国内出口商在经营出口业务过程中，因进口商方面的商业风险或进口国(或地区)方面的政治风险发生而遭受的债权损失。出口信用保险已经成为国际贸易中的一个重要工具，是贸易中各国争夺出口市场尖锐化的产物，是各国政府为推动本国出口贸易发展的一项经济保障措施。

传统的出口信用保险主要是指对出口货物的保险，随着中国贸易地位在世界上的提升，中国的企业开始逐步"走出去"，国际贸易领域不断扩大，已经从货物贸易领域扩展到服务、技术、资本等领域，出口信用保险支持的领域也不仅仅局限在货物贸易，还支持资本性的输出、技术出口和服务出口。

二、出口信用保险承担的风险

▶ 1. 出口信用保险防范的政治风险

政治风险又叫国家风险，是指与被保险人进行贸易的进口商所在国家内部的政治、经济状况的变化而导致的收汇风险，主要包括以下几个方面：

(1) 进口商所在国家政权更迭，包括政变、军事动荡等。

(2) 进口商所在国家实行进口管制。买方所属国家为保护其本国企业某些产品的市场而限制或不许进口某些外国产品。

(3) 进口商所在国家实行外汇管制。外汇管制也是一种比较高的政治风险，很多国家经常颁布外汇延期付款令，这就造成出口企业的收汇难以安全回收。另外越来越多的技术性壁垒也影响到出口收汇的安全回收。

▶ 2. 出口信用保险承担的商业风险

出口信用保险承担的商业风险主要有以下三种:

(1) 进口国的买方破产。这个风险比较明显,买方一旦破产,出口企业收汇就难以回收,破产在发达国家是比较普遍的问题。

(2) 进口商拒绝受领货物并拒付货款。出口商跟进口商签订了合同,但是由于种种原因进口商到时候不按合同执行,拒绝受领货物,同时拒付货款。

(3) 买方不按合同规定按期付款,拖延付货款。这种情况比较复杂,有善意的拖延付货款,就是忘记了,有恶意拖延付货款。

出口信用保险承保的商业风险,中国出口的传统市场,特别是欧美、日本这些市场是相当普遍的,有相当大的概率。这些国家市场经济机制比较完善,同时企业破产的情况经常发生。相对来说,政治风险在出口的新兴市场是经常发生的,非洲、拉美、中东等国家或地区的政治风险还是比较大的。

三、出口信用保险的主要功能

出口信用保险有很多功能,主要有以下几种:

(1) 支持企业抓住贸易机会,扩大出口。当出口企业把握不住贸易机会的时候,或者对国际市场不了解,对进口买家的了解非常少的时候,可以找出口信用保险。出口信用保险可以提供很多信息,促使出口企业抓住贸易机会,扩大出口。

(2) 为出口企业提供融资便利,缓解企业资金紧张状况。出口企业抓住了贸易机会,开始进行出口贸易的时候,这时发现资金不足。投保了出口信用保险后,有关银行可以提供保险项下的融资业务,解决资金不足问题。保险项下的融资也是一种金融创新。

(3) 协助企业建立风险防范机制,共同加强应收账款管理。企业抓住了贸易机会,也解决了资金问题,但是企业对应收账款的管理和对信用的管理没有建立一种机制。信用管理是企业自身的事,企业的内因非常重要。出口信用保险公司可以帮助企业建立风险防范机制,加强应收账款的管理。企业是内因,出口信用担保是外因,内因外因结合,可以加强风险管理。此外,出口信用保险还可提供风险顾问服务。

(4) 运用出口信用保险的损失补偿保障机制,有益于企业稳健经营。信用保险按照保险合同规定,给企业提供损失补偿,从而确保企业的稳健经营。

四、出口信用保险政策性的体现

▶ 1. 支持国家外经贸、外交、财政、金融方面政策目标的实现

因为有了这些政策目标,所以国家支持出口信用保险的开展。出口信用保险是政策性保险,商业化运作,保本经营。

首先,出口信用保险要体现外经贸方面的最大战略——"走出去"战略,这是最重要的任务。为了支持贸易增长方式的转变,科技兴贸战略也是要贯彻落实的。出口信用保险还从外交方面体现着国家国别政策(具体体现国别承保政策和国家限额。)

其次,出口信用保险是对出口收汇安全的保障,对增强金融安全有利,对增加国家外汇储备也是有利的。

▶ 2. 国家财政支持和税收减免的特点

首先，公司运营的资本金完全是由国家财政拨付的；而且随着业务的增长，财政建立了预算补充机制。

其次，为了使政策性目标能够实现，国家减免了直接税和间接税，也就是说全部免征营业税，企业所得税先征后返。

最后，由于企业认知程度低，为了引导企业尽快投保出口信用保险，国家还有保费扶持政策。

五、我国出口信用保险的历史和现状

▶ 1. 我国出口信用保险的历史

我国有信用保险的历史非常短。1989年，中国人民保险公司开办短期险业务。1993年，中国人民保险公司开始开办中长期业务。1994年，中国进出口银行成立，开办出口信用保险业务，其中以中长期出口信用保险业务为主。2001年12月18日，中国出口信用保险公司成立。

▶ 2. 我国出口信用保险公司简介

我国唯一的专业出口信用保险机构，其任务是积极配合国家的外交、外贸、产业、财政、金融政策，通过政策性出口信用保险手段，加强对货物、技术和服务出口，特别是对高技术、附加值大的机电产品成套设备等资本性货物出口的支持力度，在信用保险、出口融资、信息咨询、应收账款管理等方面为外经贸企业提供快捷、完善的服务，为企业积极开拓海外市场提供收汇风险保障和出口融资便利。

六、出口信用保险的保险费

制定出口信用保险的保险费率时要考虑以下因素：
（1）买方所在国的政治、经济及外汇收支状况；
（2）出口商的资信、经营规模、支付能力及出口贸易的历史记录；
（3）以往向出口商赔付的记录；
（4）贸易合同规定的付款方式和期限；
（5）投保的出口贸易额大小及货物的种类；
（6）国际市场的经济发展趋势。

七、出口信用保险的类型

从出口信用保险实践的角度来看，出口信用保险按信用期限长短，大致可分为短期出口信用保险和中长期出口信用保险。

▶ 1. 短期出口信用保险

（1）定义。短期出口信用保险承保信用期限在1年以内的业务，主要用于以付款交单（D/P）、承兑交单（D/A）、赊账（OA）等商业信用为付款条件的出口，以及银行开具的信用证项下的出口。

（2）作用。

① 控制风险。出口企业投保出口信用保险后，可以通过中国出口信用保险公司对买

家进行资信调查，由此对买家有比较详细的了解，将收汇风险控制在出运前端。

② 保障收汇。货物出运后，一旦发生损失，出口企业将获得赔偿，正常进行出口退税、核销，企业经营不会因收汇风险而受到影响。

③ 融资便利。有了出口信用保险的保障，银行将更乐意为出口企业提供贸易融资，及时满足出口企业的资金需求；同时，中国出口信用保险公司开办的押汇保险、融资担保业务，将首先为保户服务。

④ 有利于出口企业采取多种贸易方式。投保出口信用保险后，出口企业可以更多地采用非信用证结算方式，增加贸易机会。

（3）产品。

① 综合保障保险。综合保障保险承保出口企业所有以非信用证为支付方式和以信用证为支付方式出口收汇风险。由于出口企业对所投保的买方没有选择性，风险分散，费率较低。

② 统保保险。统保保险承保出口企业所有以非信用证为支付方式出口的收汇风险。

③ 信用证保险。信用证保险承保出口企业以信用证为支付方式出口的收汇风险。

④ 特定买方保险。特定买方保险承保出口企业对一个或几个特定买方以非信用证为支付方式出口的收汇风险。由于出口企业是选择性投保，风险集中，费率相对较高。

⑤ 买方违约保险。买方违约保险承保出口企业以分期付款方式签订的商务合同项下，因买方违约而遭受的出运前和出运后的收汇风险。它适用于机电产品和成套设备等产品的出口，以及对外承包工程和劳务合作。其特点是商务合同中以分期付款为支付方式，且付款间隔期不超过180天。

（4）实务操作。

① 展业。展业是保险人市场开发的简称。中国出口信用保险公司将展业作为公司经营的核心技术之一，坚持市场开发优先战略，不断提高服务水平，增加服务内涵，对不同客户实行差异化服务，充分发挥出口信用保险的作用。

② 承保。承保是指保险人接受被保险人的投保要求，与被保险人签订保险合同并承担相应保险责任的行为。一般财产保险，承保过程相对简单，即主要工作在保单签发的过程中即告完成。而出口信用保险，承保工作要复杂得多。签发保单只是承保工作的第一个环节，更多的承保工作是在保单框架下对具体买方或开证银行的限额审批，最后进入接受被保险人的申报环节。具体承保手续大致如下：

③ 出口申报与保费收缴。保险合同是保险双方当事人权利与义务的约定，保险人与被保险人在保险合同的约束下，既享受权利，又必须履行义务。被保险人履行相应合同义务是享受合同权利的前提条件。被保险人须履行的义务包括出口申报和缴纳保费。

被保险人获得信用限额并安排出运后，即应在规定时间内将符合保单适保范围的全部出口按保险人规定的格式进行申报。保险人对申报的出口按发票金额和事先在《保单明细表》中约定的费率计收保费，并承担保险责任。在发生保险事故时，对于被保险人未申报的出口保险人不承担赔偿责任。

被保险人应当按照合同约定方式，在接收到保险人发出的《保险费通知书》后，如数缴纳保费。

(5) 理赔与追偿。

① 理赔。理赔是保险标的发生保险事故后,保险人对被保险人所发生的保险合同责任范围内的经济损失履行经济补偿义务,对被保险人提出的索赔进行处理的行为,即保险人对被保险人的收汇损失进行定损赔偿的过程。理赔直接关系到被保险人的经济利益,是出口信用保险保障作用的直接体现。

② 追偿。在出口信用保险中,致使保险标的发生损失的原因既属于保险责任,又属于第三者责任时,被保险人有权向保险人请求赔偿,也可以向第三者请求赔偿。如果被保险人选择向保险人提出索赔,保险人应当按照保险合同的规定支付赔偿,被保险人在取得赔偿后,应将向第三者追偿的权利转让给保险人,由保险人代位行使追偿的权利。

▶ 2. 中长期出口信用保险

(1) 定义。中长期出口信用保险简称"中长期险业务",是出口信用保险业务中非常重要的分支,它是指保险责任期限为中期(1~5年)或长期(5~10年)的出口信用保险产品。中长期出口信用保险是各国政府支持本国资本性货物出口和帮助本国公司在境外承揽大型工程项目的重要政策性金融工具。

(2) 特点。中长期出口信用保险业务,除期限的特征外,相对于短期业务而言从风险特征、业务办理模式、业务目标和风险承担机制方面都具有自身的特点。

① 期限长、金额大、风险高。中长期出口信用保险业务所承保的项目信用期限较长,在此期间,债务人的经营状况、市场环境以及其所在国家的政治经济状况发生变化的概率要远远高于短期出口信用保险业务。同时中长期出口信用保险业务的单笔金额大,项目执行复杂,建设期风险和执行风险较高。中长期出口信用保险业务风险的度量和定价仍是金融界的难题,因此该业务至今难以商业化。

② 服务国家外贸、外交和产业政策。政策性是中长期出口信用保险业务最重要的特征。中长期出口信用保险在落实国家政策方面具有自己独特的优势。首先,中长期出口信用保险业务是帮助企业开拓新市场的有力武器。新市场、新客户、新环境往往使出口商望而却步,特别是面对金额大、信用期限长的项目,决策就更加困难。有了中长期出口信用保险的帮助,出口商可以专心致力于商务及项目执行的管理,中长期出口信用保险的风险咨询服务将为出口商提前采取风险化解和规避措施提供有利的帮助。其次,中长期出口信用保险业务以其较强的风险承担能力,具有广泛的市场影响力,因此通过其承保政策的导向作用,为政府落实产业政策,调整贸易结构和进行反周期的市场干预提供手段。中长期出口信用保险作为政策性调节工具的最大好处是其对市场造成的扭曲程度最低,占用公共资源规模最小,取得的效果却非常显著和直接。

③ 国家信用支持,中央财政作为后盾。中长期出口信用保险产品,到目前为止,一般都是由国家单独设立机构办理,或政府委托商业机构办理,业务所产生的责任由国家承担,财政提供保证。政府对中长期业务的支持还表现在税收的减免以及政府驻外机构为中长期业务提供大量的国别信息和谈判协助方面。

④ 非营利性。为提高对本国出口的支持力度,并服务其他政策目标,各出口信用机构都宣布中长期出口信用保险业务实行保本经营的原则,这样既符合世界贸易组织的有关规定,又弥补了商业市场无法提供此类产品的缺陷。中长期出口信用保险业务的非营利性、政策性以及政府的支持等特点是相辅相成的。

(3) 主要险种。

① 出口卖方信贷保险。出口卖方信贷保险又称延付合同保险,是在出口商以延期付款的方式向境外出口商品和服务时,延付期超过1年,出口信用机构(ECA)向出口商提供收汇风险保障的政策性信用保险。出口卖方信贷保险承保的风险包括政治险和商业险,赔付比率为90%。出口商可以将卖方信贷保险的赔款权益转让给银行作为保证,获得出口卖方信贷,这就是"出口卖方信贷保险"名称的由来。出口卖方信贷保险承保的是境外进口商和担保人不付款的风险,保险责任是基于商务合同项下的买家的支付货款的责任,因此出口卖方信贷保险标的是出口商务合同而不是出口卖方信贷协议。

从理论上讲,出口卖方信贷保险并不一定和出口卖方信贷必然相联系,其逻辑是出口商通过投保出口卖方信贷保险有效地提升自身的信用等级,符合银行的信贷要求,从而能够顺利获得贷款。实践中出口商投保出口卖方信贷保险往往源于银行的要求。出口卖方信贷保险的投保人和被保险人都是出口商,保单货币与商务合同一致,通常是美元,而出口卖方信贷的货币通常是人民币。

② 出口买方信贷保险。出口买方信贷保险是指在出口买方信贷融资方式下,出口信用机构(ECA)向贷款银行提供还款保障的政策性保险。出口买方信贷保险承保的风险包括政治风险和商业风险,赔付比率均为95%。出口买方信贷保险所依据的基础合同是出口买方信贷贷款协议,保险货币与贷款协议货币一致,一般是美元。出口买方信贷的被保险人是贷款银行,投保人一般为出口商或贷款银行。

上述中长期信用保险产品都是特定式项目保险,为了帮助出口商参与市场竞争,中长期出口信用保险产品还推出了信用额度保险,以简化后期审批程序,缩短出单时间。中长期出口信用保险产品还包括"融资租赁保险"。根据市场需求,通过对不同风险的选择性承保、赔付比率的调整以及出运前和出运后的单独承保等方式,还可以派生出为客户或为项目量身定做的中长期出口信用保险产品。对进口国当地货币融资的中长期出口信用保险正在探讨中。随着中国出口信用保险公司中长期业务自身风险管理技术的提高,在国际大型项目的结构化融资中,中长期出口信用保险产品也表现出更大的灵活性和更强的适应性。

(4) 承保的风险。中长期出口信用保险通常承保的风险有政治风险和商业风险。

① 政治风险。包括:债务人所在国颁布法律、法令、命令、条例或采取措施,禁止或限制债务人以合同(或协议)货币或其他可自由兑换的货币偿还债务;债务人所在国或还款须经过的第三国颁布延期付款令;债务人所在国或项目所在国发生战争或其他政治事件导致债务人无法履行还款义务。

② 商业风险。包括:债务人违约,拖欠商务合同或贷款协议项下的本金和利息;债务人破产、倒闭、解散和被清算。

重要概念

信用保险　出口信用保险　保证保险

思考题

1. 信用保险和保证保险有什么区别？
2. 试述信用保险和保证保险的作用。

第八章 人身保险

学习目标

1. 掌握传统型人寿保险的基本种类和各自的特点；
2. 了解创新型人寿保险的创新之处；
3. 了解人身意外伤害保险的含义及特点；
4. 掌握健康保险的特征及不同分类方式下的类型；
5. 了解健康保险的经营风险及其影响因素。

第一节 人身保险概述

一、人身保险的概念

人身保险是以被保险人的寿命和身体作为保险标的的保险。投保人根据合同约定，向保险人交纳保险费，当被保险人遭受灾害或不幸事故、疾病，以致死亡、伤残、患病或者达到合同约定的年龄、期限时，由保险人承担给付保险金责任。

人身保险的标的包括人的寿命和身体两部分。人的寿命是一个抽象的概念。它作为保险标的，在人身保险中具体表现为：当被保险人由于生存或者自然死亡的原因而产生经济上的需要时，由保险人给付保险金。人的寿命有长有短，当它作为被保障的对象时，它在约定的时期内以人的生存和死亡两种形式存在。这一切体现在以人的生存作为给付前提的生存保险和以人的死亡作为给付前提的死亡保险上。所以说，生存保险和死亡保险是与人的寿命因素有关的保险。

生存保险是指保险人在被保险人于保险期满时仍然生存的情况下按约定向被保险人给付保险金的保险。死亡保险是指保险人在被保险人于保险期内死亡的情况下按约定向被保险人给付保险金的保险。它们与人的寿命因素有关系，表现在两个方面：一是从费率的制定来看，被保险人的生存率和死亡率是制定费率的主要依据；二是从保险金的给付来看，人身保险保险金的给付以被保险人的生存或者死亡（即生存到某一期限或在某一期限内死亡）作为前提条件。

生存保险和死亡保险尽管内容不同，但它们在制定费率和给付保险金两方面都与人的寿命因素有关。在这两种保险中，人身保险保障的是人的寿命，即被保险人由于生存或者死亡所产生的经济需要。我们把以人的寿命作为保险标的的保险统称为"人寿保险"，其他与人的寿命因素没有关系的保险称为"非人寿保险"。在非人寿保险业务中，保险费率的制定以危险损失率为依据，保险赔偿以损失发生为前提。

人身保险标的的另一部分是人的身体。这里，人的身体是作为人赖以生存的手段，在人身保险中，当被保险人身体的某一部分受到伤害，以至完全或者部分丧失劳动能力时，由保险人给付保险金。此时人身保险给予保障的是被保险人由于身体上的伤害而完全或者部分损失劳动能力所产生的经济需要。例如，某被保险人由于车祸造成断肢，以至部分地丧失了劳动能力；另一被保险人由于工伤造成双目失明，从此无法以自己的劳动来维持生活。他们都可以根据合同规定，从保险人处获得保险金。在人身保险业务中，以人的身体作为保险标的的保险是人身意外伤害保险。

人的身体遭遇意外伤害是由于本身以外的原因造成的，它与人的寿命因素的直接联系不大。也就是说，它不受人的年龄、性别及其生存率和死亡率的影响。在相同的环境下，男女老幼面临的风险是差不多的，这与人寿保险不同。在人寿保险中，不同性别、不同年龄的人的死亡率是不同的。同年龄的人，男性死亡率高于女性；同性别的人，高年龄者的死亡率高于低年龄者。因此即使客观环境相同，男女老幼面临的保险费率也是有区别的。

为了正确理解人身保险的概念，应注意把握以下几点：

（1）人身保险包括与人的寿命有联系的人寿保险，它在费率制定、保险金给付方面与人的寿命因素有联系；人身保险也包括与人的寿命没有直接联系的人身意外伤害保险。两者在性质上有所不同，其保险标的也不同。

（2）人寿保险虽然只是人身保险中的一部分，但由于它在人身保险中占有非常大的比重，同时还由于它在业务经营上有自己的特点，因此，习惯上称人身保险为人寿保险。注意不要因此在人身保险和人寿保险之间画等号。人身保险包括的范围大于人寿保险。

二、人身保险的特点

▶ 1. 人身保险标的的特点

（1）人身保险保险金额的确定不同于财产保险。人身保险的保险标的是人的生命和身体，而人的生命或身体不能用货币衡量其实际价值，因此保险金额确定不能用财产保险方法衡量，而是根据投保人缴费的能力和被保险人的经济需要由投保人和保险人共同约定。

（2）人身保险不存在重复保险、不足额保险和超额保险问题。人身保险的保险标的是人的生命和身体，无法用货币衡量其价值，保险金额是根据当事人的约定，因此人身保险不存在重复保险、不足额保险和超额保险。被保险人可以先后或同时参加同一种或几种人身保险，都可以根据约定得到规定的保险金合付。

（3）人身保险不适用代位追偿。人身保险不适用损失补偿原则，因此，即使被保险人或者受益人已经从保险公司得到保险金，仍可以要求第三者承担赔偿责任。我国《保险法》

第四十六条规定，被保险人因第三者的行为而发生死亡、伤残或者疾病等保险事故的，保险人向被保险人或者受益人给付保险金后，不享有向第三者追偿的权利，但被保险人或者受益人仍有权向第三者请求赔偿。

▶ 2. 人身保险经营的特点

（1）人身保险采用均衡费率。由于人的死亡危险随着人的年龄的增长而逐年增加，在人身保险中如果以当年死亡率为依据计收保险费，就会出现年轻的投保人缴费负担较轻，年老的投保人交费负担过重的情况。60岁以后的人交费数量是年轻人的10多倍。老年时期是最需要保险保障的时期，但由于费用负担过重，投保人可能会放弃投保，这将不利于保险业务的开展。为了克服短期业务中的不平衡性，人身保险一般采取长期性业务。保险期限少则5年、10年，多则十几年或几十年甚至终身，同时采取了按年度均衡费率计收保费的做法。

按年度均衡费率计收保费就是保险人每年收取的保费的数量不随投保人的死亡率逐年变化，而是每年收取相同数量的保费，费率在整个保险期内保持不变。这样使得投保人每年缴费负担比较均衡，不致因费用负担过重而使晚年得不到保险保障。均衡费率不反映投保人当年的死亡率。因此它与反映投保人当年死亡率的自然费率是不一致的。保险前期的均衡费率高于自然费率，保险后期的均衡费率低于自然费率。保险人用保险前期多收的保费弥补保险后期不足的保费。这样既可以使投保人经济负担均衡，又能保证被保险人晚年也能享受到保险保障。

（2）对每张人寿保险单逐年提存责任准备金。保险人每年收取的保费与当年发生的给付在数额上是不一致的。保险人在保险前期收取的保费大大超过他当年应付的保险金，因此多收的保费不能被视作保险人当年的财务收入。它是投保人预先支付给保险人，用于履行未来年度保险义务的保险费，所以应被看作保险人对被保险人的负债，作为责任准备金提留。

在人身保险中，由于每张保单的具体情况不同，比如被保险人的年龄不同，保险责任不同，保险期限不同，缴费方式不同等，因而保单每年的责任准备金是不同的，即使是同一张保单，在保险期间各年的责任准备金也是不同的。所以，在人身保险中，有必要对每张保单各年的责任准备金进行精确计算，以便提取出来弥补保险后期保险费的不足。

（3）由业务本身的长期性所产生的特点。

① 可用于投资的资金多。在人身保险中，保险人可以从长期稳定的保费中获得长期稳定的资金。特别是保险前期多收的保费，需要经过相当长时间才被用于支付。保险人可以用它投资，为公司和社会产生经济效益。鉴于这一点，人寿保险在资金融通方面的作用大于财产保险。

② 保单调整的难度大。人身保险合同，特别是人寿保险合同大多是长期性的合同，在保险合同签订之初确立的保险合同和保险金额，可能会不再适应新的形势的需要，此时，要对原保险单进行调整，将会对投保人和保险人产生重大影响。如通货膨胀的存在对保险人来说存在提高保险费率的需要，但提高保险费率将增加投保人的经济负担，投保人可能会选择退保，将影响保险业务的稳定发展。如果投保人的经济状况在投保后有所提高，对保险的需求也会随之增加，投保人若按原有的保单确定的保险费率增加保额，则对保险人不公平。因此，人身保险的保险费率和保险金额的调整存在较大的难度。

③ 业务管理要有连续性。在比较长的保险期内，被保险人可能会发生各种变化（如被保险人迁移、退保等），这要求保险部门能够及时记录、反映这些变化，以便准确核算、随时查阅，因此人身保险要有一套与之相适应的内部管理制度。

▶ 3. 人身保险事故的特点

（1）大部分人身保险事故的发生具有必然性。人的寿命包括生存和死亡两个对立的方面，即人非生即死，具有必然性。

如前所述，人身保险的事故，从个体上看，其发生的时间具有不确定性，比如人的寿命多长不能确定，未来生存时间也不能确定。但是从被保险人整体上看，人身保险事故的发生具有必然性。

（2）死亡风险通常随被保险人年龄的增长而增加。人的死亡风险随着被保险人年龄的增长而逐年增加，不同年龄的人死亡率是不相同的。如果用数学方法表示，则死亡风险是年龄的函数。年龄是自变量，死亡率是因变量。有一个年龄，就有一个与之对应的死亡率。年龄越大，死亡率越高。60岁以后的死亡率是年轻时死亡率的十多倍甚至几十倍。

这种必然性对人身保险中是否发生给付有很大影响。如果人身保险只是将生存或死亡的某一个方面作为保险事故，保险人是否给付保险金就具有两种可能性，可能给付也可能不给付。比如我们考虑一个5年期的生存保险，这个给付就存在两种可能性。若被保险人生存至5年期满，保险人给付保险金；如果被保险人在5年内死亡，保险人不给付保险金。又比如考虑5年期的死亡保险，这个给付也存在两种可能性。如果被保险人在5年内死亡，保险人给付保险金；如果被保险人生存至5年期满，保险人就不给付保险金。但是，如果在人身保险中，同时将生存和死亡作为保险事故，即在某一时期内（或者不定期内），被保险人如果生存，保险人给付保险金；被保险人如果死亡，保险人也给付保险金，那么保险人给付保险金就只具有一种可能性，即必然给付。因此，人身保险的一个重要特点就是保险人对大部分保单要给付保险金。

▶ 4. 人身保险收益的特点

（1）人身保险具有储蓄性。人身保险在为被保险人提供保险保障的同时，兼有储蓄性的特点。这主要是因为人身保险的保险费可以分为危险保费和储蓄保费两部分，储蓄保费以预定利率进行积累。对于终身死亡保险和两全保险来说，其储蓄性非常强。储蓄保费的投资收益使投保人不仅可以获得风险保障，还可以享受到投资所带来的收益。由于保单具有储蓄性，投保人可以用保单做抵押贷款，在中途退保时还可以获得退保金。

（2）人身保险享有税收方面的优惠。世界上许多国家都对人身保险金免征所得税。原因是保险金是对损失的补偿，只有在有所失之后才能得到保险金，因此保险金不能被看作所得。不是所得，自然就不应征收所得税。

许多国家对人身保险金还免征遗产税。有的国家的遗产税率高达百分之几十。为了避税，较富裕的人将打算留给后代的钱买人身保险，而不是作为遗产，这样可以节省一大笔遗产税。

▶ 5. 人身保险费率厘定的特点

生存率和死亡率的预测值较为准确。人身保险事故具有小额分散的特点，大部分保险单的给付具有必然性，且危险事故发生的频率具有相当的稳定性。也就是说，人身保险财务稳定性较强，因此，通常没必要通过再保险机制去分散风险，只是在保障死亡率增加和丧失劳动能力的给付大量产生方面才运用再保险。

三、人身保险的分类

为了满足不同人的需要，人身保险的种类很多。由于人身保险主要面向个人，而不同的人年龄、工作性质、家庭经济情况以及享受社会福利的程度等方面是不同的，他们在生活中遇到的困难不同，使得他们对人身保险保障的需求也就不同。有的人是老无所养，有的人是病无所医。人身保险只有根据不同人的需要，设计出为不同人所欢迎的险种，才能更好地为投保人和被保险人服务，人身保险这项事业才能具有生命力，才能得到发展。

基本的人身保险的种类并不多，主要包括死亡保险、生存保险、两全保险、年金保险等。但是根据这几个险种设计出的新险种却是五花八门。人身保险在有些国家之所以非常发达，往往超过财产保险，原因之一是因为这些国家在人身保险中设计了为不同阶层、不同个人所需要的不同的人身保险险种。人身保险按照不同的标准可以有不同的分类方法。

▶ 1. 按照保险标的分类

按照保险标的的不同，人身保险可以分为人寿保险、人身意外伤害保险和健康保险。人寿保险是以人的生命作为保险标的，人身意外伤害保险是以人的身体或劳动能力作为保险标的，健康保险则是以人的健康作为保险对象。

（1）人寿保险。人寿保险这个概念有广义和狭义之分。广义的人寿保险就是人身保险；而狭义的人寿保险则不包括人身意外伤害保险和健康保险。

狭义的人寿保险又分为普通人寿保险、年金保险。这是按照保险金的给付方式分类的。普通人寿保险是在保险事故发生或者保险单期满时，保险人按照事先约定好的保险金数额一次性给付被保险人保险金。比如一份保险金额为1 000元的定期死亡保险，如果被保险人在保险期内死亡，保险人就要根据约定，一次将1 000元保险金给付给受益人。普通人寿保险主要包括死亡保险、生存保险、生死合险（两全保险）。

年金保险是保险人按照事先约定的间隔（可以是1个月，也可以是1年），对被保险人或受益人的一系列给付。保险人每次给付保险金的数额是订立契约时约定的，而普通人寿保险是一次性给付保险金。

（2）人身意外伤害保险。人身意外伤害保险简称意外伤害险，是以人的身体或劳动能力作为保险标的的人身保险。它以被保险人因遭受意外伤害事故而造成死亡、残疾、暂时失去劳动能力作为给付保险金的条件。在全部人身保险业务中，人身意外伤害保险虽然占的比重不大，但由于保费低廉，只需要付少量保费便可获得高额保障，投保简便，无须检查身体，所以承保人次很多。例如，人们可以在外出旅行乘坐飞机时，只投保一个班次的飞机人身意外伤害保险等。

（3）健康保险。健康保险是以人的身体为对象，对被保险人在疾病或意外伤害事故所致伤害时的医疗费用或损失给予补偿的保险。依据保险责任的不同，健康保险可分为医疗保险和收入损失保险。

▶ 2. 按投保方式分类

人身保险按投保方式不同可分为个人保险和团体保险两大类。

（1）个人保险。个人保险是以个人或家庭为保险对象的保险，是为了满足个人或家庭需要而投保的。

(2) 团体保险。团体保险是以团体为保险对象，以集体名义投保并由保险人签发一份总的保险合同，保险人按合同规定向其团体中的成员提供保障的保险。

人寿保险、年金保险和健康保险都有个人保险和团体保险之分。

▶ 3. 按保险期限分类

按照保险期限长短的不同，人身保险可以分为长期保险、1年期保险和短期保险。

(1) 长期保险。长期保险是保险期限超过1年的人身保险业务。人寿保险一般属于长期业务，保险期限一般最短为2年。

(2) 1年期保险。1年期保险是保险期限为1年的人身保险业务。1年期业务中以人身意外伤害保险居多。健康保险也可以是1年期业务。

(3) 短期保险。短期保险是保险期限不足1年的人身保险业务。短期保险一般是只保一次航程、一次旅程的游客、旅客或公共场所旅客人身意外伤害保险。

▶ 4. 按有无分红分类

按照投保人能否参加分红，人身保险可以分为分红保险和不分红保险。

(1) 分红保险。分红保险是投保人参加人寿保险公司的利润分红，一般是在投保1~2年后才开始进行。分红保险的红利在一定程度上表示保险公司向保险单持有人退还部分保险费。红利一般来自实际死亡率与预定死亡率的差异(死差)、实际利息率和约定利息率的差异(利差)、实际营业费用和预定营业费用的差异(费用差)。在分红保险中由于投保人可以得到红利，所以均衡费率比较高，但随着红利的逐年增高，从应交保费中减去所得红利后，其实际缴费数额是在逐年减少的。红利给付金额取决于保险公司的实际经营业绩。当保险公司获得经营利润时，把一部分利润以红利形式分配给保险单持有人；当保险公司发生亏损时，则会减少红利分配。

(2) 不分红保险。不分红保险是投保人不参加人寿保险公司的利润分红的保险。这种保险的投保人投保的目的是获得保险保障，因此，费率通常较低。

▶ 5. 按照保险技术不同分类

按照保险技术不同，人身保险可分为普通人身保险和简易人身保险。

(1) 普通人身保险。普通人身保险是通常的技术方法承保的人身保险。

(2) 简易人身保险。简易人身保险主要针对低收入者和特定险种的需要，如简易人身意外伤害保险、特定意外伤害事故保险等。

简易人身保险相对于普通人身保险而言，具有保险金额少、保费低、缴费期限短、无须体检等特点。

第二节 人寿保险

人寿保险简称寿险，是指以人的生命为保险标的，以人的生存或死亡为保险事故的保险。人寿保险金的给付只与人的生死状况有关。例如，定期死亡保险，以被保险人在保险期间发生死亡事故为给付条件，只有当其死亡时才给付死亡保险金，活至期满则不给。

人寿保险的内容由很多因素组成，包括：保障内容是生存、死亡，还是既包括生存，又包括死亡；保险期限是定期还是不定期；保险金额是单一保额还是变动保额；给付方式是一次性给付还是用年金形式给付；缴费方法是一次缴清保费还是分期缴纳保费。正是由于多种因素的存在，并且可以相互交叉组合，才构成了各种不同内容的独具特色的人寿保险险种。

尽管大多数人需要人寿保险保障，但却没有任何一种单一形式的人寿保险保单可以满足每一个人的要求，或一个人的多种要求。因此，人寿保险公司通常设计多种类型的人寿保险产品，以满足人们多层次的人寿保险需求。

一、传统型人寿保险

▶ 1. 死亡保险

死亡保险是以被保险人的死亡为保险事故，在保险事故发生时，由保险人给付一定保险金额的保险。死亡保险保障的是被保险人的家属或依赖其生活的人在被保险人死亡后能维持一定的生活水平，避免因被保险人的死亡而陷入困境。按照保险期限的不同，死亡保险又可分为定期人寿保险和终身人寿保险。

（1）定期人寿保险。

① 定义。定期人寿保险又叫定期死亡保险，是一种以被保险人在规定期间内发生死亡为保险事故而由保险人负责给付保险金的保险。若保险期满后被保险人仍然生存，保险公司不承担给付责任，也得不到赔款。定期人寿保险只有保险功能，没有储蓄功能，其保费是人寿保险中最便宜的。

定期人寿保险只提供一个确定时期的保障，如5年、10年、20年，或者到被保险人达到某个年龄为止，如65岁。如果被保险人在规定时期内死亡，保险人向受益人给付保险金。如果被保险人期满生存，保险人不承担给付保险金的责任，也不退还保险金。

这种保险适合收入较低而急需较高保险金额的人购买，通常作为终生人寿保险或两全保险的补充，可以用作贷款的担保手段。

② 特点。

a. 可续保性。几乎所有的1年期、5年期、10年期等定期人寿保险保单都包含一项续保选择权。该选择权允许保单持有人在保单到期时，不经可保性检查便可续保，通常续保的期间长度有一定的限制。规定这项选择权是为了保护被保险人的利益。否则被保险人可能在保险期满时因健康状况不佳或其他原因不能再取得人寿保险。一般人寿保险在每个保单有效期内均采取均衡保费，但在续保时，由于年龄的增大，均衡保费额也在提高。通常，在保单条款中包含了未来续保时的保费范围，但在实际执行时，保险人往往收取较低的保费。

b. 可转换性。很多定期人寿保险都可以进行转换，即被保险人未必体检，不论健康状况如何，具有把定期人寿保险单变换为终身人寿保险单或两全保险单的选择权。即允许保单持有人将定期人寿保险转换成为终身人寿保险、两全保险或其他等额的人寿保险而无须提供可保性证明。定期人寿保险可以转换的特征可以消除被保险人因健康原因或经济能力变化对投保人所带来的不利影响，这种选择权一般只允许在一个规定的转换期内行使。通常，定期人寿保险的可转换期较保单有效期要短。保单的可转换性增加了定期人寿保险的灵活性。

c. 费率较低，适于低收入者投保。定期人寿保险的保险费是根据被保险人的死亡概率计算的，不包含储蓄因素，而且定期保险责任单一，只以死亡为给付条件，不发生保险事故概不退还保费。所以，即使在保险金额相等的条件下，投保定期保险所缴纳的保费也低于定期生存保险、终身保险和两全保险。由于其保费低廉，只需付出少量的保费就可以获得较大的保险保障，所以，定期保险既适合于高收入者，又适用于低收入者投保。

d. 期限较短。定期保险一般为5年期、10年期、15年期或20年期保险，有时应投保人的要求，保险公司还为特定的被保险人提供极短期的定期保险，可能是1年，也可能是几个月，还可能是几天。例如，应某剧场经理的要求为其邀请的演员承保演出期间的死亡保险；应登山者的要求承保其登山期间的死亡保险。再如，某人向银行贷出一笔款项，期限6个月，银行为确保贷款安全收回，要求借款人向保险公司投保与其借款期限、数额完全相同的定期保险，以免借款者死亡贷款不能如期收回。

e. 容易产生逆选择和道德危险。投保定期人寿保险可以较少的支出获取较大的保障，所以极容易产生逆选择。所谓逆选择是指身体健康欠佳的人或者危险性较大的人，往往积极地申请投保死亡保险。在人寿保险经营中，表现为被保险人在感到或已经存在着身体不适或有某种极度危险存在时，往往会投保较大金额的定期人寿保险。为了使承保的危险掌握在已知的风险中，保险公司对被保险人有严格的选择，以保证公司财务的稳健。采取的措施有：一是对超过一定保险金额的保户的身体作全面、细致的检查；二是对身体状况略差或一些从事某种危险工作的被保险人，提高收费标准；三是对年龄较高身体又较差者拒绝承保。

③ 局限性。

a. 定期人寿保险保单不具有储蓄性，没有储蓄的好处。

b. 中途退保不退还保险费。

c. 在保险有效期内，没发生保险合同约定范围内的保险责任事故，不予任何给付。那些身体健康者可能觉得白白损失了保险费，从而产生划不来的念头，使投保者减少。

d. 定期人寿保险以死亡为给付条件，当被保险人保险期满仍然生存时，保险费归保险人所有，不予退还。

e. 定期人寿保险期满后必须更新契约，重新续保，保险费也随着被保险人年龄增大而提高，致使投保人负担加重。

f. 定期人寿保险不适合终身保障，保险合同期满时，可能已达到保险公司规定的不接受投保的年龄而不能续保。这样，就使得被保险人在最需要保险的时候失去保险的保障。

定期人寿保险具有较强的保险功能。比较适合选择定期人寿保险的人，一是在短期内从事比较危险的工作急需保障的人；二是家庭经济境况较差，子女尚幼，自己又是一个家庭经济支柱的人。对他们来说，定期人寿保险是廉价的保险，可以用最低的保险费支出取得最大金额的保障，但无储蓄与投资收益。

（2）终身人寿保险。

① 定义。终身人寿保险又叫终身死亡保险、终身保险，是一种不定期的死亡保险。终身人寿保险的保险期间自保险合同生效时起至被保险人死亡时为止，保险人须对被保险人的终身负责，不论被保险人何时死亡，保险人均依照保险合同的规定给付死亡保险金。通常被保险人的年龄以100岁或105岁为限，若被保险人在100岁或105岁时仍生存，也

可以领取终身保险金。终身人寿保险的最大优点是使被保险人得到永久性的保障。

在终身人寿保险中，死亡保险金的给付为一必然事件，只是给付的时间为一随机事件，所以它是一种不定期的死亡保险。

这种保险是保障被保险人家属的一种方式，被保险人不能领取，只能由受益人领取。

终身人寿保险可分为分红型终身人寿保险和不分红型终身人寿保险。

② 特点。

a. 该险种没有确定的保险期限，自保险合同生效之日起，至被保险人死亡为止，无论被保险人何时死亡，保险人均须按照合同约定给付死亡保险金。

b. 几乎所有的终身人寿保险所使用的生命表，都假设100岁为人的生命极限，因此，保险费的计算也按照最高年龄100岁确定，即终身人寿保险相当于是保险期限截至被保险人100周岁的定期人寿保险。当被保险人生存至100岁，从保险人的角度看相当于定期人寿保险到期，被保险人被视为死亡，保险人给付全部保险金。

c. 终身人寿保险的保险费中含有储蓄成分，保单具有现金价值，若保单所有人在保险期间中途退保，可获得一定数额的退保金。

③ 种类。终身人寿保险根据其缴费方式上的不同，可分为普通终身人寿保险、限期缴费的终身人寿保险和保险费不确定的终身人寿保险。

a. 终身缴费终身人寿保险，又叫普通终身人寿保险。投保人在被保险人生存期间，每年交同样的保险费，直至被保险人身故。在相同保额条件下，其保险费低于限期缴费终身人寿保险。

这种保险保单现金价值几乎按固定比例增长，直至在被保险人达到最高年龄时，现金价值达到保险金额。

b. 限期缴费终身人寿保险。限期缴费终身人寿保险的缴费期为某一确定期间，经过这段缴费期，全部保费都已交清。缴费期的限制一般规定一定年数或达被保险人某一年龄，如果缴费期规定为20年，则称这种保单为20年缴费终身人寿保险。如果规定被保险人达65岁以前为缴费期，则称这种人寿保险为缴费至65岁的终身人寿保险。在同一保险金额下，缴费期越长，投保人每期缴纳的保险费越少；反之，则越多。年均衡保费大于普通终身人寿保险，适合短期内有较高收入的人购买。

限期缴费的一种极端形式是趸缴保费。趸交终身人寿保险是指投保人在投保时一次性交清全部保费。趸交终身人寿保险可以避免因停交费而致保单失效的情况发生，但由于保费需一次交清，因此金额较大。另一种极端形式是终身缴费，即缴费期限制在被保险人最高年龄以前。

c. 保险费不确定的终身人寿保险。这种保险在最初的几年内，年保险费低于普通终身人寿保险单的年均衡保险费，此后高于年均衡保险费。也可以使用其他保险费调整方式。

这种终身人寿保险适用于年轻人收入变动大的情况。年轻人刚参加工作时收入较少，投保后可少交一些保费，若干年后工资提高了，则多交一些保费。

▶ 2. 生存保险

(1) 生存保险及年金保险的定义。生存保险是以被保险人在保险期满时仍然生存为条件，由保险人依照保险合同的规定给付保险金的一种保险。生存保险的突出特点是，以生存率作为费率的计算基础，有较高的储蓄性。

年金保险是以被保险人的生存为给付保险金条件的人寿保险,但保险金的给付通常是采取按年度周期给付的方式。年金保险具有生存保险的特点。只要被保险人生存,被保险人通过年金保险,都能在一定时期内定期领取到一笔保险金,获得因长寿所致的收入损失保障,达到年金保险养老的目的。

(2) 年金保险的分类。

① 按年金保险的保险对象分类,年金保险分为个人年金保险和联合年金保险两种。个人年金保险又称单生年金保险或个人养老金保险,是以一个被保险人的生存作为年金给付条件的保险;联合年金保险是以两个或两个以上的家庭成员为被保险人,按约定期缴付保费后,保险人对被保险人共同生存期间,承担按期给付保险年金的责任,直至被保险人中任何一人死亡为止。联合最后生存年金保险与联合年金保险的性质差不多,只是其承保范围有所扩大。它是以两人或两人以上家庭成员为被保险人,按约定期缴付保险费后,保险人对被保险人在共同生存或任何一人生存期间,承担按期给付年金的责任,直至被保险人全部死亡时为止。

② 按年金给付开始期分类,年金保险分为即期年金保险和延期年金保险两种。即期年金保险又叫即付年金保险,一次缴清年金现价,就可进入给付年金周期;延期年金保险又叫延付年金保险,保险契约成立后,经过一定期间或到达一定年龄,保险人根据契约规定开始给付年金。

③ 按年金的给付日期分类,年金保险分为期首付年金、期末付年金两种。期首付年金是指在周期开始时给付一周期的年金,如被保险人死亡,保险人不再有补付年金的责任;期末付年金意味着周期终了时给付年金。

④ 按年金给付期限分类,年金保险分为定期年金保险、终身年金保险、保证年金保险。定期年金保险也称定期生存年金保险,是以被保险人在约定期内生存作为给付年金的条件;终身年金保险又称永久年金保险,被保险人在有生之年一直可以领取约定的年金;保证年金保险也称给付最低保证年金,是在领取年金期间上或在领取年金金额上提供最低保证的一种年金。

▶ 3. 两全保险

(1) 定义。两全保险又称生死合险、混合人寿保险,它是死亡保险和生存保险的混合险种。投保两全保险的被保险人,不论在保险期内生存还是死亡,到保险期满时可以领取约定的保险金。

(2) 特点。定期人寿保险和终身人寿保险都是在被保险人死亡情况下给付保险金。两全保险不仅在被保险人在保险期内死亡时向其受益人给付保险金,而且在被保险人期满生存时也向其本人给付保险金。因此,两全保险是定期死亡保险和定期生存保险的综合,能使被保险人获得更充分的保障。两全保险与终身人寿保险的区别是保险有一定期限,其年均衡保险费要高于终身人寿保险。

(3) 作用。目前保险市场上的多数险种都属于两全保险,常见的有子女婚嫁保险、子女教育金保险、学生平安保险,以及多数养老保险。两全保险深受人们的欢迎。

两全保险主要有以下三个方面的作用:

① 作为一种储蓄手段。两全保险具有保险和储蓄双重性质。从人寿保险保单价值分析,两全保险保费中的风险保费,随投保时间的延长逐年递减,至保险期满时为零。而储

蓄保费则逐年增加，到保险期满时累积为保单的保险金额。因此，两全保险最能体现人寿保险中保险与储蓄的两重性。虽然两全保险并不提供比其他投资方式更高的收益率，但它可以作为一种强制节俭的手段。

② 作为提供养老保障的手段。两全保险有时称为养老保险。如果选择在退休年龄时期满，两全保险可以作为积累养老金的手段。

③ 作为为特殊目的积累一笔资金的手段。例如，两全保险可以为子女教育目的积累一笔资金。

（4）种类。

① 普通两全保险。这是不论被保险人在生存期间内身故还是保险期届满时仍生存都必须支付保险金的保险。

② 满期双倍保额两全保险。"满期双倍保额"的含义是，如果被保险人生存至期满时，保险公司按照期内死亡给付金额的两倍给付保险金。这是因为，死亡后的费用给付是一次性的，而生存的费用往往是较长期的，而且将来死亡还需要一笔丧葬费用。这种保险的费率比普通两全保险费率略高些。

③ 联合两全保险。这种保险是适应家庭的需要而设计的，其不同于其他两全保险的是，它可以有两个或两个以上的被保险人，在规定的期限内，任何一个被保险人最先死亡，保险公司给付全部保险金；期限届满时，联合被保险人全部生存，保险人也给付全部保险金。

二、创新型人寿保险

▶ 1. 投资连结保险

（1）定义。投资连结保险简称投连险，也称单位连结、证券连结、变额人寿保险，是一种证券化的终身人寿保险。根据保监会的规定，投资连结保险是指包含保险保障功能并至少在一个投资账户拥有一定资产价值的人身保险产品。

（2）特点。

① 投资连结保险的死亡保险金和现金价值随投资账户资产的投资业绩上下波动。除了同传统终身人寿保险一样给予保户终身保障外，投资连结保险还可以让保户直接参与由保险公司管理的投资活动，将保单的价值与保险公司的投资业绩联系起来。投资连结保险保户缴纳的保费一部分纳入保险保障账户，另一部分用来购买由保险公司设立的投资账户单位，由投资专家负责账户内资金的调动和投资决策，用保户的资金购买各种金融产品。投资连结保险的保险金额也由两部分构成：一部分是保险保障账户中的，这一部分是固定的，它不受保险公司投资业绩好坏的影响。而投资账户中的部分是变动的，随资金运用的好坏而变动。投资账户价值取决于保险公司的投资业绩，经常变化，与投资账户价值相关的保额部分也会发生变化。

② 投资连结保险资金单独设立账户，管理透明。这一点是投资连结保险与传统人寿保险最大的不同之处。保户的资金单独立账，保户拥有自己的投资顾问，定期获取透明、清晰的财务报告，在任何时候都可以通过电脑终端查询其保险单的保险成本、费用支出以及独立账户的资产价值，使之能及时了解资产增值的全面情况。

③ 投资风险由客户承担。投资连结保险保单允许保户根据自己的投资收益目标和风

险偏好选择投资账户和投资组合,而且至少每年可以变动投资选择。保险人对不同投资账户采取不同的投资策略。保险人只负责死亡风险和费用风险,由保户承担全部投资风险。不论投资账户的投资业绩如何,保险人不承诺投资账户的最低投资收益。

由此可见,投资连结保险除了具有保障的功能外,最显著的特点是通过分立投资账户的投资运作,实现投资的功能。

▶ 2. 万能人寿保险

(1) 定义。万能人寿保险是一种缴费灵活、保险金额可以调整、分别列示各种定价因素的终身人寿保险。投保人在购买了万能人寿保险以后,既可以通过调整保额来满足不同生命周期阶段的保险需求,又可以根据实际保费缴付能力增减保费甚至停缴保费,还可以通过对现金价值的抵押贷款和提现来满足对现金的需求。因此,万能人寿保险是一种综合性和应变性强的新型人寿保险产品。由于其特有的灵活性而提供了一种可能,即一个人一生需要的唯一一张人寿保险保单就是万能人寿保险。

(2) 特点。

① 保险费缴付灵活。保险公司通常规定万能人寿保险首期保费的最低水平,目的是避免保单因为保费缴纳没有严格限制而导致的过早失效。投保人可以在允许范围内自主选择首期保费和各续期保费。保单生效后,保单持有人有极大的灵活性决定何时支付续期保费,只要保单的现金价值足以支付死亡给付和保险公司规定的各项费用,即使保单持有人不缴付续期保费,保单也不会失效。当现金价值不足以缴付死亡给付及保险公司的各项费用时,投保人必须缴付续期保费来维持保单效力。

② 保险金额可变。万能人寿保险的灵活性不仅表现在保费的缴付方式上,还表现在保单持有人改变保险金额上。当保单持有期间超过约定年限(通常为1年)时,保单持有人可以要求增加或减少保险金额。

③ 保单的透明度高。传统人寿保险产品只向消费者提供总保费水平,而对死亡保障成本、应计利息以及营业费用等信息不予披露。相对于传统人寿保险,万能人寿保险透明度更高。保险人在每一张万能人寿保险保单上列示三大定价因素,即保险人采用的死亡费用、保单现金价值采用的利息率以及保险人采用的经营费用。保险公司每年、每半年或每季度向投保人寄送财务报告,显示所缴保费如何在提供死亡给付保障、费用和现金价值之间的分配信息。

▶ 3. 分红保险

(1) 定义。分红保险是指保险公司向客户提供基本人身保障的同时,在每个会计年度结束后,将上一个年度该类分红保险的可分配盈余,按一定的比例,以现金红利或增值红利的方式分配给投保人的人寿保险。客户除享受保障之外,还可以领取保险公司有盈余时的红利,但保障的目的高于投资。我国人寿保险市场上自 2000 年 3 月以来,已陆续推出了各种分红保险。

分红保险可以对利率波动而给保险人带来的利差风险通过红利返还的方式转嫁给投保人。当银行利率水平较高时,人寿保险公司设计险种时设定较低的预定利率,然后将保险投资收益率超过预定利率的部分返还给保单持有人;当银行利率较低时,人寿保险公司可以减少红利分配。一方面,分红保险将投保人的收益与银行利率挂钩,并且保证最低的回报,保障了投保人的利益;另一方面,虽然分红保险牺牲了保险人的部分短期利益,但是大大增强了保险人抵御利率风险的能力,有利于保险人的财务稳定。因此分红保险成了世界各国人寿保险业规避利率风险的最有效的手段。

由于保险公司每年的经营状况不同,投资者每年能领到的红利也不同。客户能否获得红利、能得多少红利,都取决于保险公司的经营能力,这一点正是选择分红类保险的关键。

(2) 特点。

① 共享经营成果。客户在获得人身保障的同时,还可以获得保险公司分配的赢利分配。

② 共担投资风险。每个公司的经营状况不同,客户所能得到的红利也会不一样。经营状况较好的年份,客户可以分到较多的红利;投保经营比较稳健的保险公司,客户就能获得稳定的红利分配。

③ 获得保险保障。和不分红保险一样,被保险人生存至约定年龄时,可以获得满期金,如果在保险期间内伤残或身故,可以得到相应赔偿。

④ 多种分配方式。保险公司一般会提供多种红利分配方式供客户选择,常见的方式有现金领取、累积生息、抵交保费,而且客户也可以在保险期间内根据需要改变分配方式。

⑤ 经营公开透明。人寿保险公司会将经营的分红保险设置独立的账户,实行单独立账、单独管理、单独核算,保险公司在每一会计年度向客户寄送分红业绩报告等资料。

(3) 分红保险和传统人寿保险的区别。分红保险和传统人寿保险的主要区别见表 8-1。

表 8-1 分红保险和传统人寿保险的主要区别

险种项目	分红保险	传统人寿保险(不分红)
功能	保障和投资相结合	纯粹保障
保险费用	相对较高	相对较低
投资风险	人寿保险公司与客户共同承担	人寿保险公司承担
盈余分配	客户参与人寿保险公司的盈余分配	客户不参与盈余分配
利率风险	可以部分克服市场利率变动给客户带来的风险	条款和回报固定,抗风险能力差
保险金给付	固定保险金+保单红利	固定保险金
经营透明度	比较透明,保险公司定期向客户寄送分红业绩报告	不透明

(4) 红利的来源。分红保险的红利主要来源于保单定价时所假设的预定死亡率、预定利率和预定费用率与实际死亡率、实际的投资收益率和实际费用率之间的差异,即通常所说的死差益、利差益、费差益。

① 死差益。指保险公司的实际风险发生率低于预计的风险发生率,即由于实际死亡人数比预定死亡人数少而产生的收益。其计算公式为

$$死差益=(预定死亡率-实际死亡率)\times 风险保额$$

风险保额是保险金额扣除责任准备金的余额。在储蓄性人寿保险保单中,如终身人寿

保险、两全保险中责任准备金是随着保单期间的增加而增加，故风险保额随着保单期间的增加而减少，满期时趋近于零。因此，死差益在每个保单期间的产生呈递减趋势，期满时为零。保险公司在保险定价时使用"经验生命表"，无论是国家颁布的经验生命表还是保险公司依据本公司情况编制的经验生命表都采取保守原则，使保险公司实际发生的赔付金额比假定时少，从而产生死差益。因此，在一般情况下，保险公司可以获得较稳定的死差益。

② 利差益。指保险公司的实际投资收益高于预计的投资收益时所产生的盈余利益。其计算公式为

$$利差益＝（实际收益率－预定利率）\times 责任准备金总额$$

保险公司在厘定保险费率时，由其精算师根据保险法规、公司政策和经验等设定一个预定利率，这个预定利率往往比较保守。如果保险公司的实际投资收益率大于保单预定利率，就产生了利差益。

③ 费差益。指保险公司实际营业费用低于预计费用形成的收益。其计算公式为

$$费差益＝（预定费用率－实际费用率）\times 保险费$$

在保单承保初期，保险公司要垫付大量的费用，如代理人佣金、体检费用、宣传费用、印制保单凭证的费用等，会产生费差损，但是一般保险公司会通过优化管理流程和提高效率等方式控制费用，使实际费用支出比预计要少，从而产生费差益。

(5) 红利的分配方式。按照我国保监会的规定，在保险合同的有效期内，保险公司每年根据分红保险业务的实际经营状况确定红利的分配，并于保单周年日分配给投保人。投保人在投保时可选择以下几种红利领取方式中的一种。

① 累积生息。红利留存于保险公司，保险公司按每年确定的红利累积利率，以复利方式储存生息，并于合同终止或投保人申请时给付。

② 抵交保险费。红利用于抵交下一期的应缴保险费，若抵交后仍有余额，则用于抵交以后各期的应缴保险费。

③ 购买缴清增额保险。依据被保险人当时的年龄，以红利作为一次缴清保险费，按相同的合同条件增加保险金额。

如果投保人在投保时没有选择红利领取方式，则以累积生息方式处理。

(6) 分红保险和投资连结保险的比较。目前，人寿保险市场上出现了分红保险和投资连结保险这两种与传统人寿保险不同的保险。这两种保险除了有共性外，其实区别非常大。

分红保险和投资连结保险的共同点是，分红保险和投资连结保险都是在传统寿险基础上发展起来的险种，它们均具有保险保障的功能，还具有投资性；对身故、全残、高残等保险事故具有保险保障的责任，而且可以不同程度地分享保险公司的投资收益。

分红保险和投资连结保险的不同之处主要表现在以下几点：

① 归属类别不同。分红保险比传统人寿保险虽然增加了分红功能，但保费只提供保障，不分成两部分，它仍属于传统人寿保险。而投资连结保险则具有更强的投资功能，它将保单的保险利益水平与独立投资账户的投资业绩直接联系起来，一个账户缴纳保险保障保费，另一部分进入投资账户由保险公司独立的部门运作，需要复杂的电脑平台支持及完善的核保、精算、理赔体系，因此属于非传统保险。

② 收益来源不同。分红保单的收益来自于费差益、死差益和利差益，三个差益均来自保险公司因经营、承保、收益等方面的盈余；而投资连结保险的收益来源于投资账户上的收益。

③ 可能的投资收益率不同。分红保险由于以保值满足保险给付为主要目的，因此投资策略较为保守，收益也可能较低。而投资连结保险是以资产的保值增值、为客户获取最大效益为目的，投资策略选择相对积极，投资收益率水平相对较高。

④ 承担的风险不同。分红保险的收益由保险公司和客户共同分享，投资的风险也由保险公司和客户共同分担。而投资连结保险的收益由客户完全享有，相应地风险也是由客户承担。

⑤ 透明度不同。分红保险的保费只是提供保障，资金运作不向客户说明，保险公司只在每个保险合同周年日以书面形式告知保单持有人保单的红利金额，透明度较低。而投资连结保险的保费分为投资和保障两部分，投资部分运作上保持透明，各项费用的收取比例透明，每月至少一次向客户公布投资单位价格，客户每年还会收到年度报告。

三、人寿保险合同的常见条款

人寿保险的条款主要包括保险标的、保险金额、保险责任、除外责任、保险期限、保险费率等，另外还有一些比较常见的条款。

▶ 1. 不可抗辩条款

不可抗辩条款又称不可争条款，是指人寿保险合同生效满两年后，保险人不能再以投保人在投保时违反最大诚信原则、没有履行告知义务为由，对保单提出异议。保险合同生效后，保险公司有两年的抗辩期，在此段时间内，保险公司如果发现投保人在投保时误告、漏告、隐瞒重要事实，可以提出抗辩，并可以解除合同。两年的抗辩期满后，不能再提出抗辩，被保险人死亡，保险公司必须支付死亡保险金。这是保护被保险人或受益人利益的条款。不可抗辩条款包括的范围有年龄和健康状况。

不可抗辩条款与最大诚信原则有直接的关系。最大诚信原则要求投保人在投保时一定要如实告知，尤其是影响保险人决定是否承保以及保险费率高低的重要事实一定要如实告知，否则保险人有权解除保险合同或者拒绝承担保险金给付责任。由于人寿保险合同是长期性的合同，在订立合同许多年以后，保险人很难查清投保人在投保当时申报的真实性，如果被保险人死亡，受益人就更难以对几年甚至几十年前的投保单中声明的真实情况进行辩护，而保险人以不履行如实告知主张合同无效或拒绝给付保险金，将会损害被保险人或者受益人的利益。如果允许保险人在保险合同生效的许多年后，以投保人在投保时违反最大诚信原则为理由主张保险合同无效，保险人容易产生道德风险。

▶ 2. 宽限期条款

分期缴纳保费的保险合同，当投保人未按时缴纳第二期以及以后各期的保险费时，在宽限期内，保险合同仍然有效，如发生保险事故，保险人要从给付的保险金中扣除所欠的保险费。宽限期通常是60天，如遇天灾人祸等特殊情况，可以适当延期。

人寿保险合同是长期合同，如采用分期缴纳保费方式，投保人因外出、疏忽遗忘或财务问题不能按时交纳续期保费，给予宽限期，在宽限期内缴纳保费，原保险合同的所有条件都有效；如在宽限期内还是不能缴纳保费，合同效力将中止，投保人可以申请恢复合同的效力。

宽限期条款实际上是保险人给予投保人的一种优惠，规定宽限期的目的是避免保险合同的非故意失效。

我国《保险法》第三十六条规定：合同约定分期支付保险费，投保人支付首期保险费后，除合同另有约定外，投保人自保险人催告之日起超过三十日未支付当期保险费，或者超过约定的期限六十日未支付当期保险费的，合同效力中止，或者由保险人按照合同约定的条件减少保险金额。

▶ 3. 复效条款

投保人不按时缴纳保险费，导致合同效力中止后，自效力中止之日起的一定时期（一般是两年）内，投保人可以向保险人申请复效。经过保险人审查同意后，投保人补缴失效期间的保费及利息，保险合同即恢复效力。

上述宽限期间已提供给投保人一大便利，但很不幸的是，仍有些人没有在宽限期间内交付到期的保费，保单在宽限期终了日之次日开始中止效力。而所谓中止并非合同的消灭，意指保险效力的暂时中止，合同处于中止效力的状态，被保险人如死亡，保险人可拒绝给付保险金。

人寿保险合同失效后复效首先要对被保险人体检，不排除被保险人有风险增加的可能，要防止逆选择。如果投保时不需体检，复效时也不需体检。

▶ 4. 不丧失现金价值条款

现金价值不因保险合同效力的变化而丧失。现金价值又称"解约退保金"或"退保价值"，指被保险人要求解约或退保时，人寿保险公司应该发还的金额。在长期人寿保险契约中，保险人为履行契约责任，通常需要提存一定数额的责任准备金。当被保险人于保险有效期内因故要求解约或退保时，保险人按规定，将提存的责任准备金减去解约扣除后的余额退还给被保险人，这部分余额即解约金，也即退保时保单所具有的现金价值。

▶ 5. 贷款条款

贷款条款又称保单质押贷款条款，它的基本内容是：人寿保险合同生效满一定时期后，投保人可以以保险单为抵押向保险人申请贷款，贷款金额以保单累积的现金价值为限。投保人应按期归还贷款本息。如果在归还贷款本息之前发生了保险事故或退保，保险人从保险金或退保金中扣除贷款本息。如果贷款本息达到了保单现金价值数额时，保险合同终止。

为了提高人寿保险保单的使用价值，给投保人提供方便，同时保证人寿保险公司业务经营的稳定，在人寿保险合同尤其是两全保险和终身人寿保险合同中列入了贷款条款。

▶ 6. 自杀条款

自杀条款的基本内容：在保险合同生效后的一定时期（一般为两年）内，被保险人自杀死亡属除外责任，保险人不给付保险金。对于投保人所缴的保险费，保险人按照保险单退还其现金价值。在保险合同生效满一定时期之后，被保险人因自杀死亡，保险人要承担保险责任，按照约定的保险金额给付保险金。

自杀条款只在以死亡为给付保险金条件的人寿保险合同中出现。自杀条款的引入，一方面防止道德风险发生，不让蓄意自杀者谋取保险金企图得逞；另一方面最大限度地保障被保险人、受益人的利益。

第三节 人身意外伤害保险

人身意外伤害保险是在保险期内因发生意外事故致使被保险人死亡或伤残，保险人按照合同的规定给付保险金的保险。

一、意外伤害的含义

▶ 1. 意外

意外是对被保险人的生存状态而言的，指侵害的发生是被保险人事先没有预见到的或违背被保险人主观意愿的。

造成意外伤害必然有意外事故的发生，意外事故一般是指外来的、剧烈的、偶然的事故。

（1）外来事故。外来事故是指伤害是由于被保险人身体外部的作用所引起的，身体内在的原因影响身体健康不能算意外。例如，脑溢血引起跌倒摔残不属于意外伤害的范围，而属于疾病保险的范畴。通常伤害大多归于外部的作用，如交通事故、摔伤是由于外部作用而引起的伤害，误食毒蘑菇毒死是因食物有毒造成的伤害。因此，凡是来自身体以外的有效原因，都可以作为外来事故。

（2）剧烈的事故。剧烈的事故是指事故是突然发生的，突然发生的事故是相对于缓慢发生的事故而言的，表现为事故的原因与伤害的结果之间具有直接瞬间的关系，而并非长期积累而成的。像交通事故、天空坠落物体引起的伤亡，都是突然发生瞬间造成的伤害，而长途行军以至双脚起泡就不能认为是突然引起的事故；吸入剧毒气体身体立即遭受伤害，与长期在有毒的环境下工作逐步形成的职业病也有区别，前者可以看作意外伤害事故；后者则不属于意外伤害事故。

（3）偶然事故。偶然事故是相对于必然发生的事故而言的，指在一般情况下不会发生的事故。正是一般情况下不会发生，所以人们才事先无法预料到。

构成意外伤害有三个要素，即外来、剧烈、偶然。在这三要素中，以非本意的偶然事故最为重要，而外来，剧烈仅仅是作为限定偶然的概念。

▶ 2. 伤害

（1）定义。伤害是指任何一种因素对人体完整性的破坏或器官组织生理机能的阻碍，换言之，是指使人的身体遭受到伤害以至损害健康或者引起死亡。

（2）分类。从起因上看，伤害包括职业上的伤害、日常生活上的伤害、交通上的伤害、运动上的伤害、军事上的伤害。从构成要素上看，伤害包括器械伤害、自然伤害、化学伤害、生物伤害。

（3）构成。伤害由致害物、伤害对象、伤害事实三个要素构成。

① 致害物，即造成伤害的物体或事物，是导致伤害的物质基础。没有致害物的存在，就不可能构成伤害。人身意外伤害保险强调的致害物是外来的，即在发生伤害之前存在于被保险人身体之外的物质，与那些存在于被保险人身体内部形成的内生疾病截然不同，这

也正是意外险与健康险的主要区别。

② 伤害对象,即遭受致害物伤害的载体,在人身意外伤害保险中是指人的身体。如果遭伤害的不是人的身体,而是姓名权、肖像权、名誉权、著作权等与人身不相联系的权利,则不认为构成保险意义上的伤害。所以说,人身意外伤害保险所承保的伤害必须是被保险人生理或身体上的,而不是权利等方面的伤害。

③ 伤害事实,即致害物以一定方式破坏性地作用于被保险人身体的事实。伤害方式一般包括碰撞、撞击、坠落、跌倒、坍塌、淹溺、灼烫、火灾、辐射、爆炸、中毒、触电、接触、掩埋、倾覆等。

二、人身意外伤害保险的定义

人身意外伤害保险,简称意外伤害保险或意外险,是人身保险的一种,指在保险合同有效期内,被保险人由于外来的、突发的、非本意的、非疾病的意外事故造成身体上的伤害,并以此为直接原因致使被保险人死亡或残废时,由保险人按照合同规定向被保险人或受益人给付死亡保险金、残疾保险金或医疗保险金的一种保险。

三、人身意外伤害保险的特点

(1) 职业是计算人身意外伤害保险费率的重要因素。人身意外伤害保险净保险费是根据保险金额损失率计算的。人身意外伤害的发生率与年龄、性别关系不大,而与职业和生活环境密切相关。在其他条件都相同时,被保险人的职业、工种或所从事活动的危险程度越高,应交的保险费就越多,对被保险人的年龄和身体状况则没有严格限制。但一般人身意外伤害保险中都规定,凡全部丧失劳动能力或精神病、癫痫病患者不能投保。

(2) 承保条件一般较宽,高龄者可以投保,对被保险人也不必进行体检。

(3) 不负责因疾病所致的死亡和残疾。

四、人身意外伤害保险的可保风险

人身意外伤害保险承保的风险为意外伤害,但并非所有意外伤害都可保。按是否可保来划分,意外伤害可分为不可保意外伤害、特约承保意外伤害和一般可保意外伤害三种。

▶ 1. 不可保意外伤害

不可保意外伤害一般是指那些因违反法律规定或违反社会公共利益的行为引发的意外伤害,这种风险保险人一般都不予受理。不可保意外伤害主要包括以下几种:

(1) 被保险人在过失或故意犯罪活动中受到的伤害。保险只为合法行为提供保障,如果为犯罪活动中的意外伤害提供保障,就等于间接支持这些不法行为,违反社会公共利益,不利于社会的安定。

(2) 被保险人在寻衅斗殴中受到的意外伤害。寻衅斗殴是故意制造事端挑起殴斗,虽然不一定构成犯罪,但也具有社会危害性,有违社会安全,属于违法行为,所以同样不能承保。但值得注意的是在受到他人不法侵害之时被保险人正当防卫中所受的意外伤害是正义行为所致,应当予以承保。

(3) 被保险人在酒醉、吸食或注射毒品后所受的伤害。这些伤害起因是不道德行为,甚至在大多数国家是不法行为,所以不予承保。

（4）战争、核辐射使被保险人遭受的意外伤害。

（5）被保险人的自杀行为导致的意外伤害。

▶ 2. 特约承保的意外伤害

特约承保的意外伤害是指只有经过投保人与保险人特别约定，有时还要另加收保险费后才予承保的意外伤害，如被保险人在从事登山、跳伞、滑雪、江河漂流、赛车、拳击、摔跤等剧烈的体育活动或比赛中遭受的意外伤害。被保险人在从事上述活动或比赛时，会使其遭受意外伤害的概率大大增加。因而保险公司一般不予承保，只有经过特别约定并另外加收保险费以后才能承保。

▶ 3. 一般可保的意外伤害

一般可保的意外伤害指在一般情况下可以承保的意外伤害。

五、人身意外伤害保险的保险责任

▶ 1. 人身意外伤害保险的给付

（1）死亡给付。被保险人因遭受意外伤害造成死亡时，保险人给付死亡保险金。死亡必须是发生在自伤害之日起的180天内，并且死亡的直接原因是此次意外伤害。这是因为如果没有死亡发生的时间限制，被保险人遭受意外伤害后很长时间才死亡，死亡的直接原因是否是意外伤害很难查证，会引起不必要的纠纷。

（2）残废保险金给付。被保险人因遭受意外伤害造成残废时，保险人给付残废保险金。残废保险金为全部保险金的一定比例。被保险人因遭受意外伤害事故，致使身体受到伤害，自伤害之日起180天内造成残废者，保险人按照鉴定的伤残程度给付残废保险金。国家对残废程度有统一的鉴定标准，不同的残废程度对应不同的残废保险金给付比率。在同一保险期限内，被保险人不论一次或多次遭受意外伤害，保险人都按规定分别给付保险金，但累计给付的保险金总额不得超过保险单中列明的保险金额。

（3）医疗保险金给付。被保险人因遭受意外伤害而进行治疗，保险人按照合同约定予以补偿。意外伤害医疗不是人身意外伤害保险的责任范围，需要经过当事人同意，以特约条款的形式，附加于人身意外伤害保险单或人寿保险单上。医疗费用补偿的范围包括治疗费、药费、抢救费、住院费等。医疗保险金按实际发生的医疗费用支出，但以保险金额为限。

（4）停工保险金给付。被保险人因遭受意外伤害而暂时失去工作能力、不能工作时，保险人给付停工保险金。可以在投保意外险的基础上，再投保停工收入保险。停工收入保险的目的是缓解被保险人遭受意外伤害后的经济压力。

对于一个具体的人身意外伤害保险险种来说，可以同时提供上述四项保障，也可以只提供其中的一项或若干项。通常情况下提供前三项保障。

▶ 2. 构成人身意外伤害保险的保险责任的必要条件

（1）被保险人遭受了意外伤害。被保险人在保险期限内遭受意外伤害是构成人身意外伤害保险保险责任的首要条件。这一首要条件包括以下两方面的要求：

① 被保险人遭受意外伤害必须是客观发生的事实，而不是臆想的或推测的。

② 被保险人遭受意外伤害的客观事实必须发生在保险期限内。如果在保险期限开始以前遭受意外伤害，而在保险期限内死亡或残废，不构成保险责任。

(2) 被保险人死亡或残废。被保险人在责任期限内死亡或残废,是构成保险责任的必要条件之一。这一必要条件包括以下两个方面的要求:

① 被保险人已死亡或残废。死亡即机体生命活动和新陈代谢终止。在法律上发生效力的死亡包括两种情况:一是生物学死亡,即心跳和呼吸永久停止。近年提出了脑死亡的新概念,脑死亡是包括大脑、小脑和脑干在内的全脑功能完全地停止,即脑先死亡,随后呼吸与心跳停止。二是宣告死亡,即按照法律程序推定的死亡。公民下落不明满四年或因意外事故下落不明,从事故发生之日起满两年,经过有关部门证明该公民不可能生存,人民法院可以根据利害关系人的申请在法律上推定其死亡,即宣告其死亡。

残废包括两种情况:一是人体组织的永久性残缺,如肢体断离等;二是人体器官正常机能的永久丧失,如丧失知觉、听觉、嗅觉等。如果被保险人虽然遭受意外伤害,但是通过治疗或自身修复在180天内未遗留组织器官缺损或功能障碍,则不属于残废。

② 被保险人的死亡或残废发生在责任期限内。责任期限是指被保险人从可保意外伤害发生之日开始的一段时间里(如90天、180天、1年等),如果发生了死亡、残废等保险事故,保险人仍然承担保险责任。责任期限是意外险和健康险所特有的概念,人寿保险和财产保险中没有这一概念。

责任期限是在被保险人遭遇意外伤害后,对其治疗情况进行观察等待,以确定其是否会残废的期间,所以又叫等待期。被保险人遭受意外伤害之后,需要治疗一段时间才能知道是否会造成残废,以及残废程度如何,所以需要确定一个责任期限加以观察和等待。如果死亡、残废或医疗费用支出在保险期限内,那么责任期限并无实际意义。但如果在保险期限内被保险人受到伤害,而在保险期限结束之后发生死亡、残废或医疗费用支出,责任期限的重要性就显露出来了。表现为意外伤害发生在保险期内,但在保险期内尚不能确定是否残废或残废程度的,只要在保险公司责任期限内确定,保险公司就负给付责任。如果当责任期限结束时仍不能确定最终结果,那么就应该推定责任期限结束这一时点上被保险人的组织残缺或器官正常机能的丧失是永久性的,即以这一时点的情况确定残废程度,并以此为基础给付残废保险金。在此之后,即使被保险人经治疗痊愈或残废程度减轻,保险人也不能追回多给付的保险金;反之即使以后被保险人加重了残废程度甚至死亡,也不能要求保险人追加保险金。

(3) 意外伤害是死亡或残废的直接原因或近因。在人身意外伤害保险中,被保险人在保险期限内遭受了意外伤害,并且在责任期限内死亡或残废,并不意味着必然构成保险责任。只有当意外伤害与死亡、残废之间存在因果关系,即意外伤害是被保险人死亡或残废的直接原因或近因时,才构成保险责任。意外伤害与死亡、残废之间的因果关系包括以下三种情况:

① 意外伤害是死亡、残废的直接原因或近因。即意外伤害事故直接造成被保险人死亡或残废,或意外伤害是引起直接造成被保险人死亡、残废的事件或一连串事件的近因。当意外伤害是被保险人死亡、残废的直接原因或近因时,构成保险责任,保险人应该按照保险金额给付死亡保险金,或按照保险金额和残废程度给付残废保险金。

② 意外伤害是死亡或残废的诱因。即意外伤害使被保险人原有的疾病发作,从而加重后果,造成被保险人死亡或残废。当意外伤害是被保险人死亡、残废的诱因时,保险人不是按照保险金额和被保险人的最终后果给付保险金,而是比照身体健康遭受这种意外伤

害会造成何种后果给付保险金。

六、人身意外伤害保险的保险费

▶ 1. 费率厘定考虑的因素

一年期的人身意外伤害保险的费率一般是根据被保险人的职业分类而确定。我国1年期的人身意外伤害保险，通常把被保险人的职业危险分为三类。不足1年短期人身意外伤害保险，一般是按照被保险人所从事活动的性质分类。

▶ 2. 保险费的计算收取

（1）按保险金额的一定比率（即保险费率）计收。如为投保团体人身意外伤害保险，保险费率为2‰，保险金额为10 000元时，保险费为20元，即10 000×2‰＝20元。

（2）按有关收费金额的一定比率计收。如人保公司的公路旅客人身意外伤害保险条款规定，保险费按票价的2%计收，而每名旅客的保险金额为3 000元。当票价为10元时，保险费为0.20元（10元×2%）。

（3）按保险条款中规定的金额收费。如人保公司某分公司开办的旅游人身意外伤害保险条款中规定，每名游客（即被保险人）每天收保险费0.10元。

七、人身意外伤害保险的保险期限

保险期限是在保险合同中明确约定的保险效力起始、终止的日期。如果被保险人在保险期限开始以前遭受意外伤害，在保险期限以内死亡、残废，或发生医疗费用支出，不构成意外伤害险保险人的保险责任。人身意外伤害保险期限一般为1年，也有半年或1个月的，不足1个月的按1个月计算。

在人身意外伤害保险合同中，确定保险期限的方式有以下两种：

（1）填写日历时间，即在保险单的有关栏目中填写保险期限的起止日历时间。

（2）规定识别标志，即在保险条款中规定识别保险起止时间的标志。例如，公路旅客人身意外伤害保险条款规定："保险有效期自旅客验票进站或中途购票上车后开始，到达旅程终点站为止。"

八、人身意外伤害保险的分类

▶ 1. 个人意外伤害保险

（1）按照所保风险分类。

① 普通人身意外伤害保险。该类人身意外伤害保险承保的是在保险期限内由于普通的一般风险而导致的各种意外伤害事件。

② 特定人身意外伤害保险。该类人身意外伤害保险承保的是在特定时间、特定地点或特定原因而导致的意外伤害事件。相对于普通人身意外伤害保险，特定人身意外伤害保险的被保险人遭受意外伤害事故的概率更大些。目前国内保险公司开办的航空人身意外伤害保险、旅游人身意外伤害保险、交通事故伤害保险，均属于特定人身意外伤害保险。

（2）按险种结构分类。根据险种结构的不同，人身意外伤害保险可分为单纯人身意外伤害保险和附加人身意外伤害保险两类。前者是一张保单所承保的责任仅限于意外伤害；后者则包括意外伤害与其他责任。后者又分为两种情况：其一是其他保险附加人身意外伤害保险；其二是人身意外伤害保险附加其他保险责任，如住宿旅客人身意外伤害保险属于人身意外伤害保险附加财产（旅客行李物品）保险。

(3) 按保险期限不同分类。

① 极短期人身意外伤害保险。极短期人身意外伤害保险是指保险期限不足1年，甚至只有几天、几小时或几分钟的人身意外伤害保险，例如，铁路旅客人身意外伤害保险、索道游客人身意外伤害保险等。

② 一年期人身意外伤害保险。1年期人身意外伤害保险的保险期限是1年，团体人身意外伤害保险、学生团体人身意外伤害保险多为1年期人身意外伤害保险。

③ 长期人身意外伤害保险。长期人身意外伤害保险是指保险期限超过1年的人身意外伤害保险。

(4) 按是否出立保单分类。1年期和多年期的必须向被保险人出立保险单。极短期的人身意外伤害保险大多为不出单人身意外伤害保险。公路旅游人身意外伤害保险以车票为保险凭证。

▶ 2. 团体人身意外伤害保险

团体人身意外伤害保险是以团体方式投保的人身意外伤害保险，其保险责任、给付方式均与个人投保的人身意外伤害保险相同。一个团体内的全部或大部分成员集体向保险公司办理投保手续，以一张保单承保。团体指投保前即已存在的机关、社会团体、企业、事业单位等，而不是为了投保而结成的团体。

与人寿保险、健康保险相比，人身意外伤害保险最有条件最适合采用团体投保方式。这是因为，人寿保险的保险费率是依被保险人的年龄而不同，人身意外伤害保险的保险费率与被保险人的年龄和健康状况无关，而是取决于被保险人的职业或从事的活动。在一个团体内部，团体成员从事风险性质相同的工作或活动，应该采用相同的保险费率。企业雇员遭受意外伤害，大都是在工作中发生的，雇主要负一定的责任，所以雇主乐于为其雇员投保团体人身意外伤害保险。

由于人身意外伤害保险最适合以团体方式投保，所以在人身意外伤害保险中，以团体人身意外伤害保险居多。由于团体人身意外伤害保险的保险费率很低，所以在企业中一般是由企业或雇主支付保险费为雇员投保。在机关、学校、事业单位中，也可以由单位组织投保，保险费由被保险人个人支付。

团体投保的人身意外伤害保险与个人投保的人身意外伤害保险在保险责任、给付方式等方面相同，只是保单效力有所区别。在团体人身意外伤害保险中，被保险人一旦脱离投保的团体，保单效力对该被保险人即行终止，投保团体可以为该被保险人办理退保手续，保单对其他被保险人仍然有效。

【案例 8-1】

2000年1月31日，丛某之父在平安保险公司购买了平安永利两全保险及附加意外伤害险，被保险人为其本人，身故受益人为丛某。其中永利险保额为2万元，意外伤害险保额为5万元，丛某之父如期缴纳了保险费。2001年6月30日下午，丛某之父在水稻田里劳动时死亡，庄河市公安局经鉴定确定死亡原因为：死者系生前冠状动脉粥样硬化性心脏病急性发作致溺水窒息死亡，无外力性损伤。丛某于2001年11月13日向保险公司提出理赔申请，要求支付永利保险金2万元，意外伤害保金5万元。2002年12月9日，丛某在保险公司处领取了永利保险金 22 000 元，但保险公司对意外伤害保险金拒绝理赔。

丛某认为，导致其父死亡的原因是溺水，符合保险合同中"意外伤害"的保险责任，因此将保险公司诉至法院。

【案例 8-2】

1998 年 9 月 9 日，赵某为其父向某保险公司投保了 10 万元的终身寿险和 5 万元的意外伤害保险。1999 年 4 月 17 日，被保险人赵父被人发现倒卧在其居所附近的自行车棚内死亡。家属向保险公司提出索赔请求。保险公司经调查，对终身寿险 10 万元保险金给付责任无疑义，但对给付 5 万元意外伤害保险金有疑义。家属上诉法院。

第四节 健康保险

随着社会经济的发展，人类的物质生活日益丰裕，死亡和生存已不再是人们眼中可怕又恐怖的人身风险，身体的健康和健全开始成为人们普遍关注的问题，于是疾病和残疾就相继被纳入主要的人身风险之列。健康是人类最大的财富，疾病或残疾不仅暂时或永久地剥夺了人们健康快乐生活的权利，给人们带来心理、生理的压力，而且看病治疗永远意味着一笔费用开支，给个人和家庭也造成了一种相当严重的经济负担；更为不幸的是，很多病人或因病致残的人在忍受疾病的同时，还要承受不能继续原来的工作的压力，由此产生的收入上的损失无疑更是雪上加霜。

一、健康保险的概念

健康保险是以人的身体为保险对象，对被保险人因疾病或意外事故而产生费用支出或造成的收入损失进行补偿的人身保险。

在美国，健康保险是包括意外保险、疾病保险、医疗费用保险、失能收入保险以及意外伤害残疾保险等多个险种的统称。我国 2007 年颁布的《健康保险管理办法》规定，健康保险是指保险公司通过疾病保险、医疗保险、失能收入损失保险和护理保险等方式对因健康原因导致的损失给付保险金的保险。经营健康保险业务的保险公司有人寿保险公司和健康保险公司，其他保险公司经过监管机构批准可以经营短期健康险业务。

从某种意义上说，健康是人类社会的主题。人类曾经为了追求财富可以抛弃一切，但当人们开始比较财富与健康时，理智的人都会选择健康。根据著名心理学家马斯洛的"需求五层次"论，人类需求大致可以分为五个层次，当较低一级的需求获得满足之后，人们才会产生更高一级的需求，从而产生新的行为动机。当人们解决了温饱之后，就会对健康和安全产生需求。并且，即使人们在追求更高层次的自我价值实现需求时，健康需求仍为首要因素。健康的体魄是人们从事一切活动的基础，没有了健康就没有了生活的乐趣，也就丧失了创造新财富的一切机会。但是在现实生活中，没有人可以实现对所有疾病的终身免疫，也就是说每个人都面临疾病的危险；同样也没有人可以保证不会被疾病或者意外事故夺去自身健康且健全的身体，尤其是在患病时或妇女生育时。而一旦发生疾病就需要治疗，需要花费一定的医疗费用，这笔费用对每个人都可能是一种相当严重的经济负担；更为不幸的是，疾病或遭受意外伤害致残还可能会导致人工作能力的完全或部分丧失，劳动收入也将因此减少。而保险正好提供了这样一个将这些不确定的费用支出或收入损失转变为日常一笔小金额的稳定开支（即保险费）的机制，这也就是健康保险。

二、健康保险的特征

健康保险以人的身体为保险对象，属于人身保险的范畴。但是健康保险与普通人寿保险有着较大的区别。

▶ 1. 保险期限上的特征

健康保险合同多为短期合同。除少数承保特定风险的保险业务如重大疾病保险、特种疾病保险、长期护理保险外，大多数的健康保险，如医疗保险、残疾收入保险等都属于短期性险种，保险期限通常为一年。

▶ 2. 赔付方式上的特征

健康保险合同有补偿性合同和定额给付性合同。对被保险人因疾病或意外伤害支出的医疗费用和收入损失，保险人进行补偿；对被保险人因疾病或生育所导致的残疾或死亡，保险人按保险合同的规定，向被保险人给付保险金。健康保险合同大部分是补偿性的。

在健康保险中，保险人拥有代位追偿权。根据保险损害补偿的基本原理，任何被保险人都不能因保险事故的发生而得到额外的补偿，健康保险也不能例外。被保险人投保健康保险发生医疗费用支出后，如果该医疗费用已经从第三方得到全部补偿或部分补偿，保险人就可以不再给付医疗保险金，或只给付第三方给付后的差额部分。如果保险人已经支付了医疗保险金，而事故责任应由第三方承担时，被保险人应将对第三方的追偿权转移给保险人。因此，保险代位权的有关规定尽管不适用于人寿保险和人身意外伤害保险，但却适用于健康保险。可以说，健康保险是一种带有损害补偿性质的人身保险。

▶ 3. 经营风险上的特征

健康保险的保险人赔付具有变动性和不易预测性。健康保险事故的发生次数和损失程度越来越难以估计，使赔付的次数和数量总是处于变动之中。另外，医疗费用开支中有不少人为因素存在，使赔付的支出是否合理难以区分。

三、健康保险的特殊条款

由于健康保险承保的危险具有变动性和不易预测性，赔付风险大，保险人对所承担的保险金给付责任还规定了一些特殊的条款，即健康保险所独有的条款。

▶ 1. 观察期条款

保险人仅仅依据病历等有限资料很难判断被保险人在投保时是否已经患有某种疾病，为了防止已有疾病的人带病投保、保证保险人的利益，保单中要规定一个观察期（大多是半年）。在此期间，被保险人因疾病支出医疗费或收入减少，保险人不负责赔偿，只有观察期满之后，保单才正式生效。也就是说，观察期内发作的疾病都假定为投保之前就已患有，保险人根据最大诚信原则可以拒绝承担责任。如果在观察期内因免责事由造成被保险人因病死亡，则保险合同终止，保险人在扣除手续费后退还保险费；如果保险标的没有灭失的，则由保险人根据被保险人的身体状况决定是否续保，也可以风险增加为由解除保险合同。

2. 免赔额条款

在健康保险合同中，对医疗费用赔偿通常有免赔额的规定，可以促使被保险人加强自我保护、自我控制意识，减少因疏忽等原因导致的保险事故的发生和损失的扩大。对于保险人来说，可以减少理赔工作量，减少成本支出。

3. 比例给付条款

比例给付条款又称为共保比例条款。比例给付是指保险人与被保险人按一定比例共同分摊被保险人的医疗费用。此种情形下，相当于保险人与被保险人的共同保险。例如，共保比例为80%，意味着对被保险人的医疗费用，保险人负担80%，被保险人要自负20%；如果同一份健康保险合同既有共保条款又有免赔额条款，则是指保险人对超出免赔额以上部分的医疗费用支出，采用与被保险人按一定比例共同分摊的方法进行保险赔付。健康保险承保的危险不易控制，因此，在大多数健康保险合同中，保险人对医疗保险金的支出有比例给付的规定。当然，通常是保险人承担其中的大部分费用。这样，既有利于被保险人对医疗费用的控制，也有利于保障被保险人的经济利益，达到保险保障的目的。比例给付有固定比例给付和按累进比例给付两种方式。累进比例法即随着实际医疗费用支出的增大，保险人承担的比例累进递增，被保险人自负的比例累进递减。

4. 赔付限额条款

在补偿性质的健康保险合同中，保险人给付的医疗保险金有最高限额规定，如单项疾病给付限额、住院费用给付限额、手术费用给付限额、门诊费用给付限额等。健康保险的被保险人的个体差异很大，其医疗费用支出的高低差异也很大，因此为保障保险人和大多数被保险人的利益，规定医疗保险金的最高给付限额，可以控制总的支出水平。而对于具有定额保险性质的健康保险，如大病保险等，通常没有赔偿限额，而是依约定保险金额实行定额赔偿。

四、健康保险的类型

按保险责任分，健康保险可分为医疗保险、失能收入保险和长期护理保险。

1. 医疗保险

目前，商业保险公司推出的医疗保险产品种类繁多。按给付保险金内容的不同，医疗保险可以分为费用型医疗保险和津贴型（或称定额给付型）医疗保险。费用型医疗保险是保险人以被保险人在医疗诊治过程中发生的医疗费用为依据，按照保险合同的约定，补偿其全部或部分医疗费用。由于这类产品在理赔时必须提供原始医疗费用收据，因此，适合没有社会医疗保险或其他费用型保险的人群投保。津贴型保险是指不考虑被保险人的实际医疗费用支出，而是以保险合同约定的保险金额给付保险金的保险。这类保险产品在理赔时无须提供医疗费用收据，因此适合所有人群投保。

被保险人因患病或意外伤害，在治疗过程中，医疗费用涉及的范围很广，既有治疗疾病的直接费用，如药费、手术费，又有与治病无关但患者必须支出的费用，如假肢费、整形费。对于这些名目繁多的费用，究竟是否属于保障范围，是保险人在进行赔付之前必须仔细区分的。原则是直接费用予以负责，间接费用可负可不负，无关费用一律不予负责。一般来说，保险人均会列入保障范围的费用有药费、手术费、诊断费、专家会诊费、化疗费、输血输氧费、检查费（包括心电图、CT、核磁共振等）、拍片透视费、理疗费、处置费、换药费及 X 光疗费、放射疗费等。有些费用是否属于保障范围，则视保险单的具体规定而异，如住院床位费、家属陪护费、取暖费。另外，还有一些费用是作为除外责任的，如病人的膳食费、滋补药品费、安装假肢假牙假眼费、整形整容费。但对于上述费用，不同保险人提供的医疗保险，其保障范围和除外责任范围也不大相同。

（1）普通医疗保险。普通医疗保险保障的是一般性医疗费用，包括门诊费用、医药费用、检查费用等。该类保险的费率较低，但是由于医疗费用和检查费用难以控制，所以合同条款中一般有免赔额和比例给付的规定。这是一种简单的医疗保险，适合一般社会公众投保。

（2）住院保险。住院保险是为特定的住院费用提供保障的医疗保险。住院所发生的费用比较多，所以住院保险可作为一项单独的保险承保。其中，住院费用包括住院期间的床位费用、医生费用、手术费、医院杂费、各种检查费等。住院时间的长短将直接决定医疗费用的金额，而住院所发生的费用又比较高，因此，为了防止被保险人的道德风险、无故延长住院时间，此险种的合同中一般都约定每日的给付金额、免赔天数和最长给付天数，保险人只负责承担超过免赔天数而未超过最长给付天数的住院费用。

（3）手术保险。手术保险是为被保险人在患病治疗过程中进行必要的各种大小外科手术而消耗的医疗费用提供保障的医疗保险，保险人负责的主要是所有手术费用。该险种既可作为独立的险种，也可作为住院费用保险的一项附加险。在实践中，保险人一般根据两种方法确定手术保险的保险金额：一是在保险合同中规定各种手术的保险金额。这种方式具体又有两种处理方法，其一是只要被保险人在保险期间接受外科手术的费用不超过保险金额，保险人就按实际发生额进行赔付；其二是不论被保险人实际发生的手术费金额是多少，保险人只按合同的约定给付固定的保险金额。二是制定外科手术表。这种方式也有两种具体处理方法，一种方法是在表中列明各种外科手术及相对应的保险人给付的最高保险金额；另一种方法是根据外科手术的复杂程度确定保险金额的给付，兼顾各地外科手术费用的差价，具体做法是将外科手术表列成相对价值表，该表对每种外科手术分配一个单位数，实际给付保险金额等于该单位数乘以保险合同中规定的单位价值。

（4）综合医疗保险。综合医疗保险是保险人为被保险人提供的一种保障范围较全面的医疗保险，其保障项目包括医疗和住院、手术等的一切费用，它实际上是前面几个险种的板块式组合，如住院医疗费用保险已包括了住院的外科手术费用，但没涵盖在门诊接受外科手术的费用，如果将三者结合在一起，就形成了综合医疗保险。一般来说，综合医疗保险的保险费率较高，同时还会确定一个较低的免赔额及适当的分摊比例。

（5）特种疾病保险。或称大病医疗费用保险，是针对那些特种疾病，特别是癌症等需要巨额医疗费用的恶性疾病所致医疗费用提供保障的，现今在美国、日本等国十分流行，在我国医疗保健体制改革之后也十分热门。特种疾病保险有两种组合形式：一种是就某一种重大疾病提供的保险，其中尤以癌症保险居多。此险种的补偿方式分明细费用定额型和每日费用限额型两种，前者对每一类型的费用约定保险金给付定额，一经确诊立即一次性支付保险金；后者通常对住院期间的每日费用仅给付合同约定的日保险金额。各项给付合计金额达到最高总额时，合同自动终止。这里所承保的癌症，通常只限于合乎世界卫生组织第七回修正国际死亡原因及疾病统计分类第 140～209 号所列示的范围。另一种特种疾病保险是针对多种重大疾病开办的保险，保障的疾病一般有心脏病、冠状动脉旁路手术、脑中风、慢性肾衰竭、癌症、瘫痪、重大器官移植手术、主动脉手术等。

【案例 8-3】

李某在游泳池内被从高处跳水的王某撞昏，溺死于水池底。由于李某生前投保了一份健康保险，保额 5 万元，而游泳馆也为每位游客保了一份意外伤害保险，保额 2 万元。事后，王某承担民事损害赔偿责任 10 万元。问题是：

(1) 因未指定受益人，李某的家人能领取多少保险金？

(2) 对王某的 10 万元赔款应如何处理？说明理由。

▶ 2. 失能收入保险

(1) 定义。失能收入保险又称收入补偿保险、收入损失保险、收入保险等，是对被保险人因疾病或遭受意外事故而导致残疾、丧失部分或全部工作能力而不能获得正常收入或使劳动收入减少造成损失的补偿保险。它并不承保被保险人因疾病或意外伤害所发生的医疗费用。

当人们谈论健康保险时，主要是看重医疗保险，失能收入保险居于次要地位。当被保险人因患病或遭受意外伤害致残而无法正常工作时，该保险可以定期给付收入保险金。失能收入保险承保的风险是收入损失风险，但表面上，它承保的通常是导致无法继续工作的残疾。一个人若因病或意外伤害事故致残而丧失工作能力后，其伤残时间无法确定，由此无法参加工作而导致的收入损失数额可能是全部的，也可能是部分的。更为严重的是，丧失工作能力的人将需要依靠其家庭其他成员的收入来维持生活，在某些方面的支出还可能要比以前增加许多；如果家庭其他成员没有收入来源的话，其后果将更加不堪设想。

失能收入保险一般可分为两类：一类是补偿因疾病致残的收入损失；另一类是补偿因意外伤害致残的收入损失。

(2) 保险金额与保险金给付的确定。失能收入保险的目的不是维持被保险人丧失部分或全部工作能力前的收入不变，而是缓解被保险人因丧失工作能力给自身及家庭所带来的经济压力。一般来说，保险人在确定保险金额时，要参考被保险人过去的专职工作收入水平或社会平均年收入水平。但一个人的收入来源总是多渠道的，如在专职收入之外还有兼职收入，有时兼职收入甚至要高于专职收入，按照专职收入确定最高赔付额显然满足不了这类人的保障需求，因此保险人确定保险金额的难度较大。

(3) 保险责任。失能收入保险的保险责任是被保险人因病或遭受意外伤害而丧失的工作能力，丧失工作能力是指被保险人在最初的一段时间内（也称等待期，比如 2 年）无法从事其原有的工作，并且没有从事其他任何工作；并且在等待期后仍然无法从事任何与其以往接受的教育和培训合适的工作。

(4) 保险费率的厘定。失能收入保险与医疗保险相比，受时间因素的影响程度更大。因此，在确定保险费率时，保险人还需要考虑货币的时间价值、通货膨胀状况等。为此，保险人在保单中往往要制定生活指数条款，规定保险人给付的保险金额按照生活指数进行调整。

(5) 失能收入保险的投保方式。这一险种的投保形式多样，它既可以作为独立险种进行承保，也可以作为主险的附加险。保险期限也可长可短。在短期的失能收入保险中，保险人基本上把保险金额限制在被保险人每周收入的 60%；在长期的失能收入保险中,保险人有时把保险金额限制在被保险人月收入的70%,但绝大多数的保险人是把月最大保险金给付额限制在某一限额上,规定这些限额的主要目的是防止道德风险因素的发生。

(6) 保险金给付金额的确定。失能收入保险所提供的保险金并不是完全补偿被保险人因残疾所导致的收入损失。事实上,残疾收入保险金有一限额,一般该限额要低于被保险人在残疾前的正常收入。如果没有这一限制,就有可能导致残疾的被保险人失去重返工作岗位的动力,甚至有意延长伤残时间。因此,残疾收入保险金的目的仅在于保障被保险人的正常生活。

残疾一般可分为全残或部分残疾。全残是指被保险人永久丧失全部劳动能力,不能参加工作以获得工作收入。部分残疾是指被保险人部分丧失劳动能力,只能进行原职业以外的其他职业,且新的职业可能会使收入减少。因此,收入的损失在数额上可能是全部或部分,在时间上可能是长期的或短期的。

保险金给付金额按照以下两种情况分别确定:

① 对于被保险人全残的,保险人给付的保险金额一般为被保险人原收入的一定比例,如70%或80%;

② 对于被保险人部分残疾的,保险人则给付被保险人全残保险金的一定比例,其计算公式一般为

部分残疾给付金=完全残疾给付金×(残疾前收入-残疾后收入)/残疾前收入

(7) 失能收入保险金的给付方式。

① 一次性给付。

a. 被保险人全残。被保险人因病或遭受意外伤害导致全残,同时保单规定保险金的给付方式为一次性给付,那么保险公司通常按照合同约定的保险金额一次性给付被保险人。比如,有的保险公司规定保险金给付方式如表8-2所示。

表8-2 失能收入保险金的给付方式

被保险人全残时的年龄(周岁)	小于16岁	16~25岁	26~60岁	61~75岁	75岁以上
全残保险金	保险金额	保险金额的3倍	保险金额的5倍	保险金额的2倍	保险金额

b. 被保险人部分残疾。如果失能收入保险合同规定被保险人可以领取部分失能收入保险金,那么保险公司一般根据被保险人的残疾程度及其对应的给付比例支付保险金。

② 分期给付。

a. 按月或按周给付。保险人根据被保险人的选择,每月或每周提供合同约定金额的收入补偿。由保险公司在等待期末开始给付,直至最长给付期间。

b. 按给付期限给付。给付期限分为短期或长期两种。短期给付补偿是被保险人在身体恢复以前不能工作的收入损失补偿,期限一般为1~2年。长期给付补偿是被保险人因全部残疾而不能恢复工作的收入补偿,具有较长的给付期限,通常规定给付至被保险人年满60周岁或退休年龄;若此期间被保险人死亡,保险责任即告终止。

c. 按推迟期给付。在被保险人残疾后的一段时期为推迟期,一般为90天或半年,在

此期间被保险人不能获得任何给付补偿。超过推迟期，被保险人仍不能正常工作的，保险人才开始承担保险金给付责任。推迟期的规定，是由于被保险人在短期内通常可以维持一定的生活；同时设定推迟期也可以降低保险成本，有利于为确实需要保险帮助的人提供更好的保障。

▶ 3. 长期护理保险

长期护理保险于20世纪70年代起源于美国，随后进入法国、德国、英国、爱尔兰等欧洲国家和南非。

我国在2000年正式步入老龄化国家的行列。2011年我国第六次人口普查结果显示，截至2010年年底，我国60岁以上老年人口已经达到1.78亿，占总人口的13.3%，随着"四二二""四二一"甚至"八四二一"结构家庭及"空巢家庭"的大量出现，亟须一种为子女分担压力的老年长期护理服务以及为此服务提供经济保障的老年健康保险产品——长期护理保险。

长期护理保险是指为那些因年老体衰、疾病或伤残不能自理，需要长期照顾的被保险人提供护理服务费用补偿的健康保险。当被保险人身体衰弱不能自理或不能完全自理，甚至不能利用辅助设备生活时，由保险机构付给保险金用来补偿其护理费用。

长期护理保险是健康保险非常重要的组成部分，在国外比较流行。一般的医疗或其他老年医疗保险不提供长期护理的保障。

（1）长期护理保险保险金的给付期限。长期护理保险保险金的给付期限有1年、数年和终身等几种不同的选择，同时也规定有20天、30天、60天、90天、100天等多种免责期，例如，选择20天的免责期，即从被保险人开始接受承保范围内的护理服务之内起，在看护中心接受护理的前20天不属保障范围。免责期越长，保费越低。终身给付保单通常很昂贵。

（2）长期护理保险的保费。长期护理保险的保费通常为平准式，也有每年或每一期间固定上调保费者，其年交保费因投保年龄、等待期间、保险金额和其他条件的不同而有很大区别。长期护理保险一般有豁免保费保障，即保险人开始履行保险金给付责任的60天、90天或180天起免交保费。

（3）长期护理保险的保单。所有长期护理保险保单都是保证续保的，可保证对被保险人续保到一个特定年龄，如79岁，有的甚至保证对被保险人终身续保。保险人可以在保单更新时提高保险费率，但不得针对具体的某个人，必须一视同仁地对待同样风险情况下的所有被保险人。

（4）长期护理保险的特殊条款。长期护理保险有不没收价值条款，即当被保险人撤销其现存保单时，保险人会将保单积累的现金价值退还给投保人。

（5）中国发展长期护理保险的必要性。中国人口老龄化趋势、家庭结构变化带来广阔市场、护理费用不断攀升等使得我国发展长期护理保险成为一种必要。

目前市场上的商业健康险不提供长期护理服务。我国市场上的健康险大多是附加险，主要作为一种投资的形式存在，还谈不上提供长期护理服务。社区养老服务普遍存在筹资难、效益低的状况。据在北京、上海养老服务市场的调研，个人经营的养老机构渴望政府投入，政府举办的养老服务希望吸引民营资本。

重要概念

人身保险　人寿保险　定期人寿保险　养老保险　分红保险　投资连结保险
万能人寿保险　人身意外伤害保险　健康保险　医疗保险　长期护理保险
失能收入保险

思考题

1. 简述定期人寿保险的概念和特征。
2. 简述终身人寿保险的种类划分。
3. 简述分红保险红利分配的原则及分配方式。
4. 简述投资型人寿保险与传统人寿保险的区别。
5. 简述人寿保险合同的常见条款。
6. 简述人身意外伤害保险的含义及基本内容。
7. 简述健康保险的含义及基本内容。
8. 比较健康保险与人寿保险的异同。
9. 健康保险合同有哪些特殊条款？
10. 分析影响健康保险发展的几大因素。
11. 何为医疗保险？医疗保险具有哪些特征？

第九章 再保险

> **学习目标**
> 1. 了解再保险的概念、发展概况、基本职能和再保险经营,理解再保险与原保险、共同保险的关系;
> 2. 重点掌握再保险的两种类别——比例再保险和非比例再保险。

第一节 再保险概述

一、再保险的概念

再保险是指保险人在原保险合同的基础上,通过签订合同,将其所承保的全部或部分风险和责任向其他保险人进行保险的行为。所以,国际上把再保险称为"保险的保险"。

在再保险交易中,分出业务的公司称为原保险人或分出公司,接受业务的公司称为再保险人,或分保接受人、分入公司。再保险转嫁风险责任也要支付一定的保费,这种保费叫作分保费或再保险费;同时由于分出公司在招揽业务过程中支出了一定的费用,分出公司需要向分入公司收取一定的费用加以补偿,这种由分入公司支付给分出公司的费用报酬称为分保佣金或分保手续费。

二、危险单位、自留额和分保额

在再保险业务中,分保双方责任的分配与分担都是通过确定的自留额与分保额来体现的,而自留额和分保额则是按危险单位来划分的。

▶ 1. 危险单位

所谓危险单位,就是保险标的发生一次灾害事故可能造成的最大损失范围。危险单位的划分比较复杂，在实际业务操作中往往根据不同的险别和保险标的来决定。如人寿保险以一个人为一个危险单位，汽车保险以一辆车为一个危险单位，船舶保险以一艘船为一个危险单位。而在火灾保险中，通常以一栋独立的建筑物为一个危险单位，但如果数栋建筑物毗连在一起或一个高层建筑中承保了若干楼层，划分一个危险单位时就要考虑建筑物的等级、使用性质、有无防火墙隔开、周围环境和消防设备等各种因素。

危险单位划分得恰当与否，直接关系到再保险业务双方当事人的经济利益，甚至影响到被保险人的利益，因此它是再保险实务中一个非常重要，同时也是一个技术性很强的问题。我国《保险法》第一百零四条规定："保险公司对危险单位的划分方法和巨灾风险安排方案，应当报国务院保险监督管理机构备案。"

▶ 2. 自留额与分保额

对于每一危险单位，分出公司根据自己能承担责任的能力而确定承担的限额，称为自留额。任何一项再保险业务，分出公司都必须要有自留额。再保险的成交，首先要确定自留额。

为了确保保险企业的财务稳定性及其偿付能力，许多国家通过立法形式限制保险公司的自留额。我国《保险法》第一百零二条规定："经营财产保险业务的保险公司当年自留保险费，不得超过其实有资本金加公积金总和的4倍。"第一百零三条规定："保险公司对每一危险单位，即对一次保险事故可能造成的最大损失范围所承担的责任，不得超过其实有资本金加公积金总和的40%；超过的部分应当办理再保险。"

经过分保由接受公司所承担的限额，称为分保额。在再保险实务中，自留额和分保额都是按危险单位来确定的。自留额与分保额可以以保额为基础计算，也可以以赔款为基础计算。以保额为基础计算的，保额、保费和赔款按同一个比例分割，称为比例再保险；以赔款为计算依据的，称为非比例再保险。

三、再保险的产生与发展

▶ 1. 再保险的产生

再保险最早产生于欧洲海上贸易发展时期，从1370年7月在意大利热内亚签订第一份再保险合同到1688年劳合社建立，再保险仅限于海上保险。十七八世纪由于商品经济和世界贸易的发展，特别是1666年的伦敦大火，使保险业产生了巨灾损失保障的需求，为国际再保险市场的发展创造了条件。从19世纪中叶开始，在德国、瑞士、英国、美国、法国等国家相继成立了再保险公司，办理水险、航空险、火险、建筑工程险及责任保险的再保险业务，形成了庞大的国际再保险市场。第二次世界大战以后，发展中国家的民族保险业随着国家的独立而蓬勃发展，使国际再保险业进入了一个新的历史时期。20世纪末，世界各国的保险公司，作为一个独立的经济部门，无论规模大小都要将其所承担的风险责任依据大数法则及保险经营财务稳定性的需要，在整个同业中分散风险，再保险已成为保险总体中不可缺少的组成部分。再保险的形式从简单到复杂，逐渐向更高级形式发展。

▶ 2. 再保险的发展

在再保险产生之初，再保险交易都是临时性的，原保险人为了能够接受大于自身财力所承担的保额，再保险人为了能够得到稳定的业务来源，必然要共同寻求一种手续简便、分保渠道可靠的分保方式，因此合同再保险应运而生。

再保险业务的发展和再保险公司不断发展，许多再保险公司的业务已经超越国界，促进了各国和国际性再保险市场的形成，目前世界主要的再保险市场有伦敦再保险市场，德国、法国、瑞士构成的欧洲大陆再保险市场，纽约再保险市场，百慕大再保险市场和亚洲的新加坡、中国香港、日本等的再保险市场。世界再保险费也主要集中在一些大的再保险集团或公司：前十大再保险集团集中了大约40%的市场份额，前百大再保险集团集中了大约90%的市场份额。

我国再保险业发展的历史不长。新中国成立后我国的保险业务和再保险业务一直由中国人民保险公司独家经营。1996年年初，中保再保险有限公司成立。1999年，国务院在中保再保险公司的基础上组建了中国再保险公司，行使国家再保险公司的职能。从分保方式上看，主要是比例分保，便于操作，也有利于我国的再保险公司承担更大规模的再保险业务。

四、再保险的特点

▶ 1. 再保险是保险人之间的一种业务经营活动

再保险只在保险人之间进行。原保险人可以充当再保险人，再保险人也可以充当原保险人。我国除了中国再保险公司外，其他都是保险公司兼营再保险业务。我国《保险法》第九十二条规定，经金融监督管理部门核定，保险公司可以在分业经营的原则下经营分出保险和分入保险。也就是说，再保险业务的经营需要经过授权，并且不得经营超过原保险业务之外的再保险业务。

▶ 2. 再保险合同是独立合同

再保险合同是在原保险合同的基础上签订的，没有原保险合同就不可能有再保险合同。但是，再保险合同和原保险合同在法律上没有任何继承关系，因为保险和再保险没有必然的联系。再保险合同独立于原保险合同。在被保险人无权向再保险人索赔，再保险人也无权向投保人收取保费；原保险人不能因再保险人未履行分保责任而对被保险人（或受益人）不履行赔偿义务。

再保险合同和原保险合同虽然在法律上是相互独立的，但在经济赔偿责任和给付责任方面是相互依存的。

五、再保险与原保险、共同保险的比较

▶ 1. 再保险与原保险的关系

再保险从原保险中独立出来，成为与原保险既有联系又有区别的保险业务。在再保险合同中，原保险人的权利是在原保险的保险标的发生保险事故后，向再保险人分摊赔款；其义务是向再保险人缴纳分保费。而再保险人的权利是收取再保险费，其义务是原保险的保险标的发生保险事故后承担分保责任。

（1）两者的主要联系。原保险与再保险都是对风险责任的分散。原保险是对投保人的

风险责任予以分散，再保险是对保险人的风险责任予以分散。也可以说，再保险是对风险的进一步转移和分散。

（2）两者的主要区别。

① 主体不同。原保险的主体一方是保险人，另一方是投保人与被保险人；再保险主体双方均为保险人。

② 保险标的不同。原保险的保险标的是被保险人的财产、人身以及相关的利益、责任和信用等；再保险的标的只是原保险人对被保险人承保合同责任的一部分或全部。

③ 合同性质不同。原保险合同中的财产保险合同属于补偿性质，人身保险合同属于给付性质；再保险合同全部属于经济补偿性质，再保险人负责对原保险人所支付的赔款或保险金给予一定补偿。

▶ 2. 再保险与共同保险的关系

共同保险是由两家或两家以上的保险人联合直接承保同一标的、同一保险利益、同一风险责任，而总保险金额不超过保险标的的可保价值的保险。共同保险的各保险人在各自承保金额限度内，对被保险人负赔偿责任。

共同保险与再保险均具有分散风险、扩大承保能力、稳定经营成果的作用。但是，二者又有明显的区别。其一是与被保险人关系不同。共同保险的接受人都与被保险人存在直接法律关系，共同保险属于原保险，是原保险的一种特殊形式；而再保险接受人只与原保险人有直接法律关系，而与被保险人没有必然联系。其二是承保方式不同。共同保险的承保的是多个保险人直接承保标的物的一部分或全部；再保险则是一个保险人将自己承保的风险责任的一部分或全部分摊给其他保险人，其他保险人是间接承保的。其三是风险分摊方式不同。共同保险是对风险进行一次性分摊，是对风险的横向分摊；再保险是对风险的第二次或更多次的分摊，是对风险的纵向分摊。

六、再保险的作用

再保险作为保险的保险，不论在微观方面还是宏观方面，都对我国经济稳定可持续发展有重要作用。

▶ 1. 再保险的微观作用

再保险的微观作用主要体现在以下三个方面：

（1）再保险对再保险分出公司的作用。

① 分散风险。再保险的职能是分散风险，将保险人所承担的保险风险在共同承担的同业之间进行分担，以补偿可能遭遇的巨大灾害和保险事故损失。

a. 分散巨额风险。保险人作为风险的承担者，在它直接承保的大量业务中，不可避免地会有一些巨额赔款责任。特别是随着现代化生产和科学技术的高度发展，财产价值越来越昂贵。当标的价值巨大时，其保险金额也巨大，例如核电站保险、大型海上石油钻井平台保险的保险金额往往非常巨大。如果标的遭遇保险风险，保险人将要一次性支付巨额赔款。通过再保险，原保险人可以将超过自己承保能力的保险金额分由再保险人来承担，从而分散巨额风险。一旦巨额损失发生，由于有众多的保险人共同承担，其损失对各保险人带来的冲击就小得多了。

b. 分散巨灾风险。由于生产的扩大、财富的增加、人口的集中，一次大的自然灾害，如地震、洪水所造成的损失往往高达几亿美元、几十亿美元甚至是几百亿美元，如果保险公司保单所保标的风险单位集中，当某些保险事故发生波及这些集中的标的时，就会使保险人在一次事故后支付巨额保险金。这不是一家保险公司财力所能承担的。通过再保险，可以将保险人的保险责任控制在一定范围内，从而将这种巨灾风险在众多保险人之间进行分散。保险公司因为巨灾风险发生而陷入财务困境甚至破产的概率也会大大降低。

c. 分散经营风险。由于保险人受地域与经营性质等因素影响，往往难以承保到大数法则所要求的足够多的保险标的和同质性的风险。通过分保，可将那些同质性较差、数额太少、保额过高的保险业务部分或全部地转嫁给其他保险人，以分散风险。

② 控制责任，稳定业务经营。

a. 控制每个风险单位的责任。保险人在决定分保时，通常是根据有关法律、条例以及自身的承保能力，首先确定对每个风险单位的自留额，即保险人自己负担的最高责任限额，将超过自留额以上的部分进行分保。

b. 控制一次巨灾事故的责任累积。因巨灾风险事故可能使大量风险单位的标的一次受损，如果仅用险位控制则难以控制巨灾造成的责任累积，对此，应确定一次事故的累积责任自留额，将超过累积责任自留额的部分通过再保险方式由再保险人来承担，这样就可以将巨灾风险的累积责任加以控制。

c. 控制全年的责任积累。由于承保风险的偶然性，各年的损失率必然呈现一定的波动，造成保险业务经营的不稳定，使保险人各年度承担的赔偿、给付责任不均衡。再保险作为一种稳定机制，可以减少波动，从而稳定业务经营。一年内多次责任事故累积责任的平衡，可以通过分保方式来确定年度累积自留责任限额，保险人将超过部分分保出去，就可以稳定保险企业的经营。

③ 扩大承保能力，增加业务量。通常各国都通过有关保险立法，制定资本金、偿付能力等限制标准来控制保险公司的经营额度和经营范围。例如，我国《保险法》第九十九条规定："经营财产保险业务的保险公司当年自留保险费，不得超过其实有资本金加公积金总和的四倍。"可见，保险人的业务发展受到其资本量的限制。如果没有再保险，保险公司尤其是中小保险公司，因受其资本和财力的限制，无法承保保险金额较大的保险标的，从而失去承保大额业务的机会，这势必影响保险人的业务来源和业务量，也难以和其他保险人竞争。

在计算保费收入时可扣除分出保费，只计算自留保费。因此，中小保险公司利用分保可以在不增加资本的情况下承保超过自身财力的大额业务，增加业务量。

所以，对保险人来说，有了再保险的支持，可以扩大承保面，增加业务量，提高承保能力，加快原保险业务的发展速度。

④ 降低营业成本，提高经济效益。主要表现在四个方面：第一，由于再保险的支撑，随着业务量的增加，原保险人保费收入增加，而管理费用并不按比例增加，因而

降低了业务成本。第二，在发生损失时，原保险人向再保险人摊回赔款，从而减少了赔款支出，降低了赔付率。第三，可获得分保佣金，还可以分得盈余佣金。第四，增加可运用资金。一方面，在办理再保险后，原保险人要在分保费中扣存未满期保费准备金；另一方面，办理再保险后，从有分保佣金收入，收到保费到支付分保费之间有时间差，在时间差内该资金也可运用。

⑤ 增进国际间的交流，提高保险技术。对于保险业正处于发展中的国家以及一些新成立的保险公司来说，由于保险的经验、资料、技术和财力都比较薄弱，在保险的经营方面会遇到很多障碍因素。通过再保险的方式，可以获得再保险公司在业务、技术方面的指导和协助，避免一些失误。同时，通过再保险可以增进对国际保险市场、再保险市场的了解。通过业务往来，学习发达国家的保险先进经验和技术，可促进同业之间的技术交流和友好往来。

(2) 再保险对再保险分入公司的作用。

① 扩大风险分散面。一般情况下，再保险人同时也是直接保险人，当接受分出公司分来的同类业务时，便扩大了本公司同类业务的风险单位数，风险分散面得以扩大。

② 节减营业费用。再保险公司接受分入业务所负担的费用，比直接承保业务所负担的费用要少。首先，节省设立分支机构和代理机构所支付的费用；其次，节省培训专职理赔人员所支付的费用；最后，再保险可靠少数几个合同分入大量的业务，从而节省直接承保业务的签单费用。

(3) 再保险对被保险人的作用。

① 加强安全保障。当保险业务办理再保险后，原保险人对保单更加信任。事实上，对于大额业务，通过再保险，被保险人往往可获得更广泛的国际安全保障。

② 简化投保手续。这里只相对于共同保险而言。

③ 提高企业信用。由于有原保险公司和再保险公司对作为申请贷款的抵押品的多重保障，从而提高了银行对企业的信任，即提高了企业的信用。

▶ 2. 再保险的宏观作用

从宏观角度看，再保险的作用主要体现在以下三个方面。

(1) 对整个保险市场而言，再保险可以建立风险分散网络，进而提高保险企业的经营管理水平，提供通往国际保险市场的途径，促进保险业健康可持续发展。

(2) 从宏观管理及经济效用角度来看，再保险是政府管理保险业的措施和国际经济合作的手段，能够为国家创造外汇收入，为国民经济的发展积聚资金。

(3) 从再保险的社会意义来看，再保险可以保障保险人的经济补偿能力，从而达到分散风险、均衡责任、保障人民生活的安定与财产安全的目的。

七、再保险市场的组织形式

▶ 1. 经营直接业务的保险公司

经营直接业务的保险公司是再保险的最大买家。在保险经营中，保险人为了分散风险，均衡业务，求得经营的稳定，采用再保险是传统有效的方法。这种同业间分散风险的方法，使风险能够在全球范围内得到分散；通过对累积风险的再保险处理，达到险种间的分散；通过对某一时点或时期上风险的再保险处理，达到时间上的分散；通过对特别巨大风险保单的再保险，达到保单间的分散。

在19世纪中期专业再保险公司产生之前，通常都是由直接承保公司兼营再保险的。随着再保险业务的发展，这类保险公司逐渐演变成专门经营再保险业务的专业再保险公司。在现代再保险市场中，经营直接业务的保险公司更多的是以互惠交换业务的方式提供再保险。它们在再保险市场上既是分出公司又是分入公司。

▶ 2. 专业再保险公司

专业再保险公司是再保险市场的主要供给者。从理论上来说，专业再保险公司本身并不承保直接保险业务，而是专门接受原保险人分出的业务，但有些专业再保险公司仍在直接承保市场上获取直接业务。目前全球有200多家专业再保险公司，主要集中在欧洲及美国、日本等国家。专业再保险公司可以与其客户建立直接的业务关系，也可以通过再保险经纪人建立间接的业务关系。专业再保险公司的形式有国家再保险公司、区域性再保险公司以及全球性再保险公司。

▶ 3. 再保险集团

再保险集团是由同一国家或几个国家的许多保险公司联合组成的，有全球性的，也有地区性的。再保险集团成立的目的是承保巨额保险业务，避免同业竞争。

再保险集团的具体做法是：集团中每一个成员公司将自己承保的业务全部或扣除自留额后，通过集团在成员公司之间分保，单个成员公司按约定比例接受，也可根据业务性质的不同逐笔协商接受。通过再保险集团简化进行再保险运作可以简化再保险手续，节省管理费用，增强竞争能力，增加业务量。

▶ 4. 劳合社承保组合

劳合社是世界最大的再保险市场，有水险、非水险、航空险、车险等各类承保人组合。承保组合代表会员接受业务，责任由会员承担。劳合社承保组合全部通过再保险经纪人接受业务。

八、再保险经纪人

早期的再保险业务以接受公司与分出公司直接交易为主。随着再保险业务的发展，再保险交易不只限于本地区，直接承保公司对承保的巨额风险需要得到进一步、更彻底的分散，以求得保险经营的稳定性。由此，再保险经纪人应运而生。保险、再保险经纪人在国际保险市场上的地位越来越高，其作用也越来越大。

在现代国际再保险市场上，再保险经纪人具有较高的信誉，拥有丰富的专业知识和实务经验，熟悉国际市场的行情，能够为分出公司和接受公司设计更好的再保险计划和条件，比传统的直接交易更为有利。

再保险经纪人的种类主要有综合经纪人、伦敦市场经纪人、国内市场经纪人、国际市场经纪人、临时分保经纪人、专属保险公司经纪人等。不同的经纪人在业务方面各有特点。

第二节 再保险的安排方式

按照安排方式分类，再保险可分为临时再保险、合同再保险和预约再保险。

一、临时再保险

临时再保险是指在保险人有分包需要时，临时与再保险人协商，订立再保险合同。这是最早使用、最原始也是最灵活的一种再保险。

在临时再保险中，原保险人将分出业务的具体情况和分保条件逐笔告诉对方，原保险人、再保险人根据风险的性质、自身的承受能力等自由选择。临时再保险对双方都没有约束，都可选择承诺或拒绝。其优点是双方都有灵活性，都可以自由选择。其缺点是由于临时分保是逐笔办理，逐笔审核，所以手续烦琐，工作量比较大，费用开支也大，对双方来说在人力、时间和费用上都不经济。临时再保险一般适用于新开办的或不稳定的业务、合同再保险中规定的除外的业务以及超过合同分保限额或需要超赔保障的业务。

临时再保险的流程如下：

（1）原保险人提出临时再保险需求（包括承保方式、有无经纪人、原保险人的保额、保费、临时分保比例、手续费比例等）。

（2）收集业务风险资料（财产保险的风险资料包括企业简介、承保条件、财产价值清单、财产分布平面图、主要设备介绍及分项保额、消防等安全设施、过去三年损失记录、风险评估报告等）。

（3）对外发出要约。

（4）根据再保险人的反馈，调整修改分保方案并及时反馈至业务部门。

（5）确认再保险人份额。

（6）制作账单。

二、合同再保险

合同再保险是指用事先签订合同的方式来使原保险人和再保险人自动履行再保险合同的权利和义务。这种安排方式通过签订合同使分保固定下来。合同内容包括业务范围、地区范围、除外责任、分保手续费、自留额、合同最高限额、账单编制和付费等各分保条件，明确双方的权利和义务。凡属合同规定范围内的业务，原保险人必须分出，再保险人必须接受，对双方有硬性约束力。再保险人接受的再保险业务风险比较平均，可以防止原保险人逆选择，因此这种安排方式对再保险人有利。

再保险业中普遍使用的是合同再保险。合同再保险的优点是业务具有长期性、连续性和自动性的特点，原保险人无须逐笔办理再保险，简化分保手续，提高分保效率，有利于分保双方建立长期稳定的合作关系。合同再保险使得原保险人及时分散风险，增加承保能力；同时使再保险人获得稳定的业务来源。合同的起始时间多为年初的 1 月 1 日（日本是 4 月 1 日），除非有一方在年终前 3 个月提出注销通知，否则合同继续有效。其缺点是，与临时再保险相比，缺少灵活性，双方都有其相应的权利和义务。

三、预约再保险

预约再保险是一种介于临时再保险和合同再保险之间的再保险，往往用于对合同再保险的补充。原保险人在合同内订明的业务是否分出、分出多少可以自由决定。再保险人对分出公司分出的业务只有接受的义务，不能加以挑剔选择，更不能拒绝。原保险人可选自留，也可选分出，再保险人没选择的权利。由于预约再保险对于分出公司具有与临时再保险类似的选择性，而对分入公司具有与合同再保险类似的强制性，因此又称为临时固定再保险。原保险人既可以享有临时再保险的灵活性，而对于再保险人来说则约束性太强，并不受欢迎。

预约再保险适用于某些有特殊性危险的业务，或因某种原因必须与其他业务分开的业务。

第三节 再保险的业务方式

按再保险业务的责任限额，通常可以把再保险分为比例再保险和非比例再保险。其中，比例再保险包括成数再保险、溢额再保险以及成数和溢额混合再保险。非比例再保险可分为险位超赔再保险、事故超赔再保险和赔付率超赔再保险三种。

一、比例再保险

比例再保险是以保险金额为基础来确定分出公司自留额和分入公司承保额的再保险方式。在比例再保险中，分出公司的自负责任与分入公司的分保责任都表现为保险金额的一定比例。分出公司与分入公司按这一比例分割保险金额，分配保险费和分摊赔款。比例再保险包括成数再保险、溢额再保险与成数和溢额混合再保险。

▶ 1. 成数再保险

（1）定义。成数再保险是指原保险人与再保险人在合同中约定保险金额的分割比率，将每一危险单位的保险金额，按照约定的比率在分出公司和分入公司之间进行分割的再保险方式。按照成数再保险方式，不论分出公司承保的每一危险单位的保额大小，只要是在合同规定的限额之内，都按约定的比率进行分配和分摊。因此，成数再保险是最典型的比例再保险。

在成数再保险条件下，分出公司与分入公司之间所承担的每一危险单位的责任划分都是按保险金额的一定比率进行的,所以在遇到保险金额巨大的保险业务时,双方各自承担的风险责任也是巨大的。为了限制双方承担的风险责任,在签订成数再保险合同时,一般要规定每一危险单位的最高限额,即合同限额。分出公司与分入公司在这个最高限额中各自承担一定的份额。

(2) 优点。

① 手续简便,节省人力和费用。成数再保险是典型的比例再保险,分出公司和接受公司之间的责任、保费和赔款分别都按事先约定的同一比例进行计算。这使得分保实务和分保账单编制方面手续更加简化,可以节省人力物力,减少费用开支。

② 合同双方的利益一致。成数分保对每一危险单位的责任均按保险金额由分出公司和分入公司按比例承担,因此,无论业务大小,合同双方的命运都始终紧密相连,存在真正的共同利益;无论经营的结果是盈是亏,双方利害关系都一致。在各种再保险方式中,成数再保险是保险人与再保险人双方利益完全一致的唯一方式。因此,成数再保险合同双方很少发生争执。

(3) 缺点。

① 缺乏弹性。在成数再保险中,对于分出公司来说,只要属于合同的承保范围,任何业务都应按约定的比例自留和分出,没有选择的余地。这样的规定,一方面,对于质量好而且保额不大的业务,本来没有分保的必要,也要按比例分出,不能多作自留,从而使分出公司支付较多的分保费;另一方面,当业务质量较差时,分出人又不能减少自留,缺乏弹性。因此,这种分保安排方式对分入人有利,对分出人不利。

② 不能均衡风险责任。因为成数再保险按保险金额的一定比例来划分双方责任,故所有业务的保险金额,每一笔均按再保险的比率变动,但对于危险度的高低、损失的大小,并不加以区别而作适当的安排,因而它不能使风险责任均衡化。也就是说,如果原保险合同保险金额存在高低不齐的问题,在成数分保后仍然存在。虽然有合同限额的限制,但这是为了防止责任累积而设置的,并非为了使风险责任均衡化,而且有了这种限制,对于超过限额部分势必要安排其他的再保险。因此,成数再保险还必须借助其他形式来分散风险。

新成立的保险公司,或规模小的保险公司,或者保险公司的新业务、新险种,或某些赔案发生频繁的险种,适用成数再保险。

▶ 2. 溢额再保险

(1) 定义。溢额再保险是指分出公司先确定每一危险单位自己承担的自留额,当某笔业务保险金额超过分出人的自留额时,才将超过部分分给再保险人。保费的分配和赔款的分摊亦按自留额和分出额对于保额的比例来进行。因此,溢额再保险属于比例再保险。

在溢额再保险合同中,分出公司事先确定自留金额,超出部分由再保险公司承担,这个额度叫溢额。分出公司对自留额以内的保险责任不分保。也就是说,如果没有溢出,就全部自留;如果有溢出,就按一定的顺序来分配这部分溢出额。分入公司不是无限度地接受分出公司的溢额责任,而是以自留额的一定线数即倍数为限。"自留额+溢额"叫合同容量。

如原保险人承保的业务超过容量，返回原保险人，再签溢额合同，可由再保险人承保。

溢额再保险的特点：首先要确定分出公司的自留额；以自留额的一定倍数作为分入公司分入业务的最高限额；自留比例和分保比例随保险金额大小而变动；溢额再保险可以分层设计。

（2）优缺点。

① 原保险人可以灵活确定自留额，均衡风险责任。溢额再保险的优点在于能根据业务种类、质量、性质和自身承担风险的能力确定最佳自留额，在自留额以内的业务则不必分出，具有很大的灵活性。对于业务质量不齐、保险金额不均匀的业务，采用溢额再保险可以均衡风险责任。换句话讲，原保险合同保险金额高低不齐的问题，在溢额分保后可以解决，使风险责任均衡化。

② 比较烦琐费时。溢额再保险的业务账单是按逐笔保险单计算其自留比例和分保比例，并按各自比例计算保险费和赔款支出。因此，在编制账单时比较复杂，费时费力，所以，办理溢额再保险需要严格的管理和必要的人力来进行，因而可能增加管理费用。

危险性小、利益较优且风险本身较分散的业务，业务质量不齐、保险金额不均匀的业务，或巨额保险业务，溢额再保险可以发挥其分层功能，来分散与消化危险。

▶ 3. 成数和溢额混合再保险

成数和溢额混合再保险属于比例再保险，又分为成数合同之上的溢额合同和溢额合同之内的成数合同两种。成数合同之上的溢额合同是由分出公司先安排一个成数再保险合同，规定其合同限额，然后再以成数合同的限额为自留额，安排一个溢额再保险合同，规定分入公司分入的线数。如果一笔实际业务的保险金额不超过成数合同的合同限额，全部保险金额在成数合同的分出公司与接受公司之间进行分割。如果一笔实际业务的保险金额超过成数合同的合同限额，则与该限额相等的保险金额仍在分出公司与分入公司之间进行分割，而超过成数合同限额的保险金额则根据线数分给溢额合同的分入公司。这是最复杂的一种比例再保险，可看成一个大溢额再保险。

溢额合同之内的成数合同是分出公司先安排一个溢额分保合同，但对其自留额部分按另订的成数合同处理。

成数和溢额混合合同通常只适用于转分保和海上保险业务，多于特殊情况下采用。这种成数和溢额混合分保可以弥补成数和溢额两种方式单独运用中的不足，取长补短，既解决成数分保付出的分保费过多的弊端，又拥有溢额分保项下保费和责任相对均衡的优势，对于缔约双方都有利。

二、非比例再保险

非比例再保险以损失为基础来确定再保险当事人双方的责任，又称为损失再保险。它包括险位超赔再保险、事故超赔再保险和赔付率超赔再保险。

▶ 1. 险位超赔再保险

险位是危险单位的简称。险位超赔再保险是以一次事故中每一危险单位所发生的赔款金额为基础，来确定分出公司的自负责任和分入公司最高责任限额的再保险方式。如果某一危险单位的赔款金额不超过自负责任额，全部损失由分出公司赔付；如果赔款金额超过自负责任额，则超过部分由接受公司承担，但不超过合同规定的最高责任限额。

关于险位超赔再保险在一次事故中赔款的计算，有两种情况：一是按各危险单位分别计算，对赔款总额没有限制；二是对危险单位的赔款分别计算，但对每次事故的总赔款有额度限制。

单笔业务的超赔再保险，主要确定起赔点，假设起赔点是1 000万元，三笔业务同时发生损失，导致赔款分别是1 500万元、2 000万元、3 000万元，第一笔再保赔款500万元，第二笔赔1 000万元，第三笔赔2 000万元。再保险规定假设只对两个保险业务赔款，第二、第三笔业务的1 000万元、2 000万元，共3 000万元。控制风险次数或数量可适用于巨灾风险，对险位有限制。

险位超赔分保的自留责任额和赔款限额均以每一危险单位所发生的赔款金额来计算。它比较适合保障出险频率高而损失幅度比较平均的业务，如汽车保险或汽车乘客责任险等。

此种再保险的主要优点是分出公司分出保费较少，并且不必像溢额再保险那样追踪每一笔分出业务，管理费用较低。由于再保险费低，再保险人通常也就不支付分保手续费。它在承担大型危险可能导致的巨额赔款方面较比例分保更具优势。

▶ 2. 事故超赔再保险

事故超赔再保险是以一次事故所发生的赔款总和计算自留额和分保额，即一次事故中许多风险单位同时发生损失，责任累积额超过自留额，由接受公司负责。

事故超额赔款分保的自留额与险位超额赔款分保的自留额有相同之处，均可以用一固定金额或百分比表示，但不同的是事故超额赔款分保的自留额是以一次事故造成的累积损失为计算基础，而不以每一危险单位的单独损失为计算基础。

这样，对一次事故的界定就很必要。在合同中，通常以时间条款规定多长时间作为一次事故（如连续48小时或72小时内为一次事故）。对于事故持续时间较长的，按一次事故还是几次事故，在责任分摊上是不同的。例如，对于旋风、飓风、台风、地震和火山爆发等自然灾害规定为72小时；对于暴动、罢工、内乱和恶意破坏也规定为连续72小时，并限于同一城、镇或乡的范围之内；其他巨灾事故规定为连续168小时。

异常灾害造成的损失十分巨大，最高责任额过低则难以满足分出公司的需要，过高则接受公司赔款责任过于沉重。为了便于接受公司承担额外负担度，通常采用分层的办法。分层是指将整个所要求的超赔保险数额分割为几层，各接受公司可以选择参与某一层或若干层的超赔分保。这样，也便于按层次分别制定费率。

如某公司拟安排一个超过1 000万元以后由接受公司负责10 000万元的巨灾分保合同，可分四层安排超额赔款：

第一层：1 000 万元以后的 1 000 万元；
第二层：2 000 万元以后的 2 000 万元；
第三层：4 000 万元以后的 3 000 万元；
第四层：7 000 万元以后的 4 000 万元。

设计巨灾分保的主要目的是保障巨灾，减少巨灾损失累积所造成的赔付率过度波动。

▶ 3. 赔付率超赔再保险

这种方式是按年度赔款累计总额或按年度赔款与保费的比率来计算自留额和分保额。这是在一定期间内控制风险的一种方式。

赔付率超赔分保方式是按年度以分出公司某特定部分业务所发生的赔款与入账保费的比例为自留额与分保责任额的计算基础，约定比例以内的部分由分出公司自负，超过约定比例的部分由接受公司负责至一定额度或一定金额。

赔付率超赔分保是一种对保险人财务损失的保障，而不是对个别危险负责，它可以将分出公司某项业务的年度赔付率控制在一定限度之内，故又称损失中止超赔分保。赔付率超赔合同一般规定两个限额：一是自负损失赔付率限额，当损失达到此限额时，分出公司必然已蒙受若干亏损；二是接受公司给予最高赔付率限额，这种补偿是在其他再保险已完成赔偿之后才负责的最后的保障，其功能在于稳定分出公司核保绩效，将遭受突然打击形成的亏损控制在分出公司财力所能承受的范围之内。对接受公司的责任同时可用一定金额限制，例如合同约定，接受公司的责任在赔付率90%～120%之间，但最高责任额不得超过120万美元，以先达到者为限。如果分出人当年的净保费收入为100万美元，赔款90万美元，在赔付率限额内，完全自负；如果赔款105万美元，分出人自负90万美元（90%），接受人负担15万美元（15%，90%～105%部分）；若赔款150万美元，接受人负90%～120%部分，即30万美元，分出人除了负担90万美元（90%）外，还要负担余下的30万美元。如果分出人当年净保费收入1 000万美元，赔款1 250万美元，则接受人负担120万美元（按30%算是300万美元，但金额限制是120万美元，取低者），分出人负担900万美元＋230万美元＝1 130万美元。

赔付率超赔分保主要适用于农作物雹灾险和年度变化较大难以稳定的业务。小额损失集中而情况已有数年，且不能在短期内缓和解决时，往往要用这种再保险形式。

在赔付率超赔再保险合同中，分出公司的自留额和分入公司的再保险责任，都是由双方协议的赔付率标准限制的。因此，正确地、恰当地规定这两个标准，是该类再保险的关键。议定的标准既能够在分出公司由于赔款较多，遭受过重损失时给予保障，又不能使分出公司借此从中牟利，损害再保险人的利益。通常，在营业费用为30%时，赔付率超赔再保险通常负责赔付率在70%～130%部分的赔款。

三、比例再保险与非比例再保险的比较

比例再保险与非比例再保险相比，二者有以下不同之处：

（1）比例再保险是以保额为基础分配自负责任和分保责任；而非比例再保险是以赔款为基础，根据损失额来确定自负责任和分保责任。

（2）比例再保险按原保险费率计收再保险费，且再保险费为被保险人所支付原保险费的一部分，与再保险业务所占原保单责任保持同一比例。非比例再保险采取单独的费率制度，再保险费以合同年度的净保费收入为基础另行计算，与原保险费无比例关系。

（3）比例再保险通常都有再保险佣金的规定，而非比例再保险中，接受公司视分出公司与被保险人地位相等，因此，不必支付佣金。

重要概念

再保险　临时再保险　合同再保险　预约再保险　比例再保险　成数再保险
溢额再保险　非比例再保险　险位超赔再保险　事故超赔再保险　赔付率超赔再保险

思考题

1. 简述再保险的功能与作用。
2. 简述我国再保险发展的现状、存在的问题及发展前景。
3. 比较三种再保险安排方式的优缺点。
4. 在事故超赔和赔付率超赔再保险合同中，原保险人和再保险人如何分配责任？

第十章 保险经营

> **学习目标**
> 1. 掌握保险经营的特征与原则；
> 2. 熟悉保险公司的展业、承保、防灾和理赔等经营环节；
> 3. 了解人身保险与财产保险的核保。

第一节 保险经营的特征与原则

保险业是风险管理行业，它为社会生产、流通和消费领域提供经济保障，属于第三产业。

一、保险经营的特征

(1) 保险经营活动是一种具有经济保障性质的特殊的劳务活动，以专业技术提供风险保障。保险经营以特定的风险存在为前提，以集合多数单位和个人为条件，以大数法则为基础，以经济补偿与给付为基本功能。

(2) 保险经营资产具有负债性。保险企业是负债经营。保险企业把资本金及各种准备金集中起来建立保险基金。保险人利用保险基金补偿损失的活动是保险人的负债业务，而利用保险基金进行融资的活动是其资产业务。

(3) 保险经营成本具有不确定性。首先，过去的成本产生现时的价格，现时的保费收入支付将来的保险金。其次，保险事故的发生具有偶然性。最后，就每一保单而言，在保险期限内，保险事故发生得越早，成本越大；如果保险事故在保险期限内未发生，就基本上不存在保险成本。保险经营成本的不确定性，使保险价格的合理度不如其他商品。

(4) 保险企业的利润计算具有特殊性。保险人的利润在以当年收入减去当年支出的基础上，还要调整年度的业务准备金，调整数额的大小直接影响企业的利润。

（5）保险投资是现代保险企业稳健经营的基石。由于保险经营中保险费的收缴与赔偿或给付存在时间与数量上的不对称，从而产生一笔闲置资金，构成投资的资金来源。

（6）保险经营具有分散性和广泛性。保险企业承保的风险范围广，经营险种多，囊括社会生产和生活的各个领域，影响面广泛。

保险业经营的保险产品很多，被保险人包括自然人和法人，具有较强的社会渗透性。保险经营过程是风险大量集合的过程，也是风险大量分散的过程。保险公司一旦破产，势必影响千家万户的利益，甚至影响社会安定。自 20 世纪 90 年代以来，日本日产生命、东邦生命、第百生命等多家人寿保险公司相继破产倒闭，不仅直接影响了日本许多家庭和个人的保险利益，更使整个保险业面临公众的信任危机。

二、保险经营的原则

▶ 1. 风险大量原则

风险大量原则是指在可保风险的范围内，保险人根据自己的承保能力，努力承保大量的具有同类性质与同类价值的风险与标的。大数法则和降低经营成本是保险经营的基本原则。

▶ 2. 风险选择原则

风险选择原则是指保险人对投保人所投保的风险种类、风险程度和保险金额等应有充分和准确的认识与评估，并根据判断作出选择。

（1）事先选择。事先选择是在承保前考虑决定是否承保，包括对人和物的选择。对人的选择是对投保人或被保险人的评价和选择；对物的选择是对保险标的的评价和选择。

（2）事后选择。事后选择是在承保后若发现保险标的有较大的风险存在，而对合同作出淘汰性选择。保险合同的淘汰通常有两种方式：一种是等待保险合同期满后不再续保；另一种是保险人若发现有明显误告或欺诈行为，保险人可中途终止承保。

▶ 3. 风险分散原则

风险分散原则是保险人为了保证经营稳定性，应使风险分散的范围尽可能扩大。

如果保险人承保的风险过于集中，一旦发生保险事故，就可能产生责任累积，使保险人无力承担保险责任。

（1）核保时的风险分散。主要通过控制保险金额、规定免赔额（率）、实行比例承保来实现。

（2）承保后的风险分散。主要通过再保险和共同保险来实现。

第二节　保险经营的环节

保险公司的经营活动包括保险业务和保险资金运用（投资）业务两大部分。其中，保险业务活动通常包括保险展业、投保、承保、分保（再保险）、防灾防损和理赔等环节。本节仅对展业、投保、承保、防灾防损和理赔等环节进行阐述。

一、展业(保险招揽)

保险展业是通过保险宣传,广泛组织和争取保险业务的过程,又称推销保险单或保险招揽。它是保险经营活动的首要环节,对整个保险经营的效益好坏有重要影响。

▶ 1. 保险展业的方式

保险展业的方式包括直接展业和通过代理关系间接展业。间接展业又可分为通过保险代理人展业和通过保险经纪人展业两种情况。

直接展业是指保险公司依靠自己的专职人员直接推销保单,招揽业务。直接展业有利于保证业务质量,但成本较高。

保险代理人展业是指代理人和保险人订立代理合同,在规定的职权范围内为保险人招揽业务,代为收取保险费和办理其他保险事宜,并按招揽的业务量取得佣金。它又可分为专业代理和兼业代理。我国目前在财产保险中主要依靠直接展业和兼业展业,而人身保险除采用直接展业方式外,一般由专业代理人招揽业务。

保险经纪人是基于投保人的利益,为投保人与保险人签订保险合同提供中介服务,并依法收取佣金的人。保险经纪人往往熟悉保险、法律等相关知识,富有风险管理的经验,能为投保人制订风险管理方案和物色适当的保险人。接受保险经纪人介绍的业务是保险展业的重要途径。

▶ 2. 保险展业的一般程序

保险展业一般都遵循以下程序:

(1)展业前的准备。展业之前,有必要熟悉和了解保险市场的总体环境以及潜在顾客的状况,以确定展业宣传对象。保险市场总体环境可以通过专门的调查来了解。调查内容包括市场供给、市场购买力、地区风险状况、保户心理及企业自身经营状况等。潜在顾客指有保险需求并有购买力而尚未购买保险的群体或个人,他们是展业的首选对象。潜在顾客的风险状况、保险意识、经济实力、喜好等是需要了解的内容。

(2)接近展业对象。在确定展业对象之后,就可以通过他人介绍或者陌生拜访接近展业对象。介绍接近易于创造良好的氛围,有利于达成协议,但容易受第三方的影响。直接接近即陌生拜访,需要展业人员据有一定的展业技巧,在展业前充分做好准备工作。其优点在于简捷,能提高展业人员的素质和竞争力。

(3)业务洽谈。保险展业的关键环节在于业务洽谈。展业人员应针对不同类型的展业对象,采取不同的洽谈方法,实事求是地解答保户的疑问。不仅要注意行为和言语得体,热心地向保户宣传保险知识,而且要揣摩保户的心态,为保户设计有效的保单组合,实现最优的风险保障,真正成为保户的风险管理和理财顾问。

▶ 3. 保险展业的方法与技巧

保险从业人员在展业过程中还要运用一些技巧。具体内容如下:

(1)为投保人设计合适的投保方案。保险展业人员应该针对各个不同的投保人所处的风险,选择最佳的投保方案,既最大限度地保障企业的经营稳定,又不损害保险企业自身的经济效益。

(2)提供周到、优质的服务。保险服务包括两方面的内容:一是保险业务自身的服务,即承保、防灾防损、查勘理赔等;二是拓展性服务,如汽车修理服务、风险管理咨询服务、社会福利服务、金融服务等。

（3）及时获取有关信息。保险企业的展业人员应对市场上的各种需求进行调查收集，全面掌握市场上的各种需求信息。

二、投保

一些保险学教材把投保这个环节归入承保，本书把它单独列出来。投保和承保是一个问题的两个方面。

（1）保险企业有义务为投保人提供良好的投保指导服务。保险人为投保人提供的投保服务包括以下几个方面：

① 帮助投保人分析自己所面临的风险。
② 帮助投保人确定自己的投保需求。
③ 帮助投保人估算可用来投保的资金。
④ 帮助投保人制订具体的保险计划。

（2）投保人有充分享受自由选择投保的权利。

三、承保

承保是保险经营的重要环节，是指保险人对风险的选择，即保险人决定接受或拒绝投保。承保的基本目标是为保险公司安排一个安全和赢利的业务分布和组合。选择可分为对人的选择和对物的选择。财产保险的标的是物，但拥有或控制财产的被保险人也会影响标的风险的大小，因而财产保险除了对物进行选择外，还存在对人的选择问题。人身保险中，对人的选择就是对标的的选择，一般不涉及物的选择。

▶ 1. 接受投保单

投保人购买保险，首先要提出投保申请，填写投保单。保险人应协助投保人填写投保单。投保人应在投保单上签字或盖章。

▶ 2. 核保

核保是指保险人通过审核评估投保标的的风险，决定是否接受这一风险，并在接受承保风险的情况下，确定保险费率及承保条件的过程。具体来说，核保包括审核检验和作出承保决策等环节。

（1）审核检验。承保人员收到投保单后，应仔细审核投保单上的各项内容，主要包括对投保资格的审核和对保险标的进行检验。

① 审核投保人的资格。即审核投保人是否具有民事权利能力和民事行为能力，以及对标的物是否具有可保利益。

② 检验保险标的。检验保险标的是进行承保决策的先决条件。检验保险标的一方面有助于判断投保单上关于保险标的的填报情况是否真实，另一方面可以鉴别保险标的的风险情况，从而为确定适用费率高低提供依据。

一般说来，对财产保险标的风险的检验，主要从考察以下几个方面入手：第一，投保标的所处的环境。第二，标的状况。主要是指投保标的的主要风险隐患和关键防护部位及防护措施状况。第三，投保财产有无处于危险状态。财产处于危险状态中意味着必然即将发生风险损失，这样的风险保险人一般不予承保。第四，安全管理制度的制定和实施情况。如果发现问题，应建议投保人及时解决，并复核其整改效果，倘若保险人多次建议投保方实施安全计划方案，但投保方仍不执行，保险人可调高费率或增加特别条款，甚至拒保。

人身保险业务中对人寿保险核保应考虑的风险因素有医学和环境两个方面。

医学方面的因素主要有年龄、性别、健康状况、体格、病史。

年龄是影响死亡率的首要因素。死亡率在 5 岁以前较高；10 岁左右死亡率趋于稳定，以后平稳发展；50 岁以后死亡率增长明显；当年龄升高到 70 岁左右的时候，死亡率急剧提高。这也表明年龄越大，死亡率越高，也就是说年龄与死亡率呈正相关关系。因此，保险公司一般都规定每一险种的最高承保年龄，超过这一年龄的准被保险人不接受其投保。之所以对高龄者不予承保，还在于这部分人口对新的人寿保险需求很少，难以形成规模，无法满足精算中大数法则的要求。

性别是第二项需要考虑的风险因素。性别不同，死亡率也有区别。一般来说，女性的平均预期寿命高于男性。在核保实务上，对于包括死亡责任的险种，在健康状况等其他条件都符合承保条件的情况下同龄男女，在费率计算方面，有些国家或地区通常采取女性费率低于男性 3 岁的优惠计算方法。

健康状况良好与否，在寿险实务中也是一个重要的选择因素。对于健康状况的选择，不仅要检测被保险人的脉搏、血压、心率、呼吸等基本指标，同时还应注意对个人生活习惯、行为及心理状态、性格等方面的选择。健康状况受多种因素的影响，不同的健康状况也容易诱发多种疾病，甚至导致死亡。

体格是遗传所致的先天性体质与后天各种因素的综合表现。一般父母身材高大，子女就有身材高大的倾向；父母肥胖，子女肥胖的概率就明显高于正常人。肥胖容易与某些疾病结缘。据统计，肥胖者的死亡率比正常人的死亡率高 3 倍，肥胖者患糖尿病、脑中风、肝硬化、胰腺炎、胆结石等易导致死亡的疾病的概率也明显高于正常体重的人。另外，体重过轻者身上也可能潜伏着某种疾病，其死亡率高于正常体重的人，但与年龄无关。所以在核保时要注意被保险人的身高、体重、胸围等是否正常，还要注意被保险人的身体机能是否正常。对病态肥胖者或体重过轻者通常做出延期承保、拒保或加费承保的决定。

病史包括现症和既往病史。现症是准保户目前的身体异常状况，这种异常不只局限于疾病。对正患有某种重大疾病或对其身体状况有重大怀疑者，一般不予承保。对患有一般性疾病的准保户，通常延期承保或加费承保。既往症是过去曾患过的疾病，它与现在和将来的健康有密切的关系。还要考虑准保户家庭成员中有无血液病、糖尿病、原发性高血压症、精神疾病等。一个人的寿命和健康状况往往与遗传密切相关。例如，父母一方患有高血压，其子女患高血压的概率约为 49.3%；父母双方都患有高血压，其子女患高血压的约概率为 73%。

环境方面的因素主要包括职业和嗜好。

职业危险对死亡率的影响十分明显。职业按照其危险性质不同可以分为三类。事故危险职业，指容易发生各种意外事故的职业，如矿工、司机、潜水员等。健康危险职业，指容易诱发各种职业性疾病的职业，如经常接触粉尘、放射性物质的职业。常见的职业性疾病有矽肺、工业中毒、放射病等。工作环境危险职业，指在不良的环境里工作，或者从事工资低廉、劳保设施不完善、劳动强度过大、时间过长的工作，这些都可造成身体健康的损害，诱发意外事故。

嗜好指那些不利于身体健康的爱好和习惯。根据统计，吸烟致死的人数几乎是交通事故致死人数的10倍。

在过去人们没有认识到至少没有充分认识到吸烟对人体的危害，保险公司也没有将吸烟作为核保因素来对待。而现在，吸烟的危害已经为大家所熟知。不论以何种形式吸烟，每一年龄的吸烟者都比不吸烟者有更高的死亡率和发病率。烟草中含有数百种复杂的化学成分，其中大部分成分对人体有害，焦油、尼古丁等40多种成分是有毒或致癌的物质。吸烟是肺癌的元凶。吸烟者的肺癌患病率是不吸烟者的10～20倍。根据世界卫生组织的报告，吸烟仅在肺癌和循环系统疾病两个方面，每年在全世界造成约300万人死亡。大约85％的男性肺癌病人和46％的女性肺癌病人与烟草有关。

长期吸烟还会引起呼吸道的慢性炎症，出现干咳、咽喉发痒等症状，后期往往会引起肺气肿，出现气粗、胸闷等症状。吸烟是发生心血管疾病的危险因素之一。尼古丁会使血管收缩，管腔变小，血液流动减慢，导致血管硬化，引起冠心病、脉管炎等疾病。吸烟还会使胃肠功能紊乱，引起味觉、嗅觉、视觉、记忆力等不同程度的下降。

个人健康保险核保应考虑的风险因素有年龄和性别。

由于健康保险一般为短期合同，除了高龄者外，年龄一般不作为首先考虑的因素。在健康保险核保实务中，对于年龄的选择一般情况下基于两点考虑：一是年龄越大，其患病的可能性越大；二是许多疾病在年龄上也表现出一定的规律性，如冠心病、高血压、糖尿病等疾病的发病率以中年和老年为高。

不同性别的人某些疾病的发生率和残疾率不同。女性的残疾率高于男性，女性发生医疗费用损失的频率也大于男性。性别与某些疾病的发病率有关，生殖系统疾病的发病率女性高于男性，消化系统疾病的发病率男性高于女性。有些疾病只有男性才可能发生，如前列腺炎；有些疾病只有女性才可能感染，如子宫肌瘤。

个人意外伤害保险核保应考虑的风险因素主要是职业和收入。

当投保人投保意外伤害保险时，保险人应对其职业的危险程度进行识别和评价，然后分别制定费率或决定是否承保。职业危险选择的意义在于使被保险人的危险程度与所缴纳的保险费相吻合，使意外伤害事故发生率控制在预定范围之内，从而达到公平、合理。

现行收入包括工资、奖金、兼职收入、股票期权、各种投资收入、继承的遗产等。现行收入是确定准被保险人死亡或残疾时发生的经济损失的重要依据。例如，在残疾收入保险中，无论被保险人残疾程度如何，保险公司所支付的保险金都不会超过原工作所得。现行收入也是保险公司确定可承保保险金额的重要依据。例如，有的保险公司规定，年龄20岁的被保险人的最高保险金额是其年收入的20倍。

（2）作出承保决策。承保决策是指保险人依据对投保申请所进行的审核检验，决定是否予以承保，以及以何种费率和条件予以承保。很多情况下，保险人为了控制自己的承保责任，避免道德风险和心理风险，还会作出一些承保控制，其手段主要有以下几种：

① 控制保险责任。保险人对于常规风险，一般按照基本条款予以承保；对于一些具有特殊风险的保险标的进行有条件的承保，如采用附加条款与特约条款，或以加收保费为条件适当扩展责任，或是加批限制性条款控制保险金额。

② 控制保险金额。保险金额是保险人确定的最大责任限额。对于一些高风险、高保额的保险，应注意控制保险人所承担的保额限度。可以采用再保险的方式分散风险，也可以以共保方式只承保部分的风险责任。

③ 规定免赔额。规定一定的免赔额或免赔率可以促使投保方加强风险管理。

④ 规定共保。即实行保险人和被保险人共保，可以降低保险人的责任风险。

▶ 3. 缮制单证

缮制单证是指保险人填制保险单或保险凭证以及办理批单手续。随着金融电子化程度的加深，现在保险公司都通过电脑出单，加快了流转时间，方便了保户。

▶ 4. 复核签章

单证复核是保险公司必不可少的一道程序，用以再一次审核单证是否齐全，内容是否完整、正确，以提高承保质量。复核无误后要加盖公章和负责人及复核员名章，然后对外发送。每种单证上都应该要求复核签章，如投保单上必须有投保人的签章，验险报告上必须有具体承办业务员的签章，保险单上必须有承保人、保险公司及负责人的签章，保险费收据上必须有财务部门及负责人的签章，批单上必须有制单人与复核人的签章等。

▶ 5. 清分发送

业务内勤一方面将保单正本、保费收据等，交由外勤人员签收送交保户并收取保费，另一方面将保单副本、保费收据记账凭证联、业务日报表、批改申请书等，交由财会部门签收，财会部门审核后退还单证，交业务内勤签收。

▶ 6. 归档、装订、保管

各种保险单证和附属材料，均是重要的经济档案，须按规定编号、登记、装订，实行专柜、专人管理。

四、续保

续保是在一个合同即将期满时，投保人向保险人提出申请，要求延长该保险合同的期限，保险人对投保人继续签约承保的行为。续保无论是对保险人还是投保人来说，都有一定的优越性。对于保险人来说，续保不仅可以稳定公司的业务量，而且利用与老客户之间建立起来的老关系，公司可以减少许多展业工作量和展业费用。对于投保人来说，通过及时续保，不仅可以从保险人那里得到连续不断地保险保障与服务，而且作为公司的老客户，也可以在体检、服务项目及费率等方面得到公司的通融和优惠。

五、防灾防损

保险防灾防损是指保险人采取各种措施，减少保险标的发生保险事故的可能，以及在保险事故发生时，尽可能降低保险标的发生损失的程度。

▶ 1. 保险防灾的内容

（1）加强同各防灾部门的联系与合作。保险人一方面要注意保持和加强与各专业防灾部门的联系，并积极派人参加各种专业防灾部门的活动，如公安消防部门对危险建筑的防灾检查、防汛指挥部对防汛措施落实的检查、商检部门对进出口货物的商品检验等；另一方面要充分利用保险企业的信息和技术优势，向社会提供各项防灾防损服务。

（2）进行防灾宣传和检查。保险人运用各种宣传方式向投保人和被保险人宣传防灾防损的重要性，提高防灾意识，普及防灾防损知识。保险防灾的检查应以所承保的单位和个人为主要对象，具体的做法有：

① 借助防灾主管部门的行政手段，对投保人提出切实可行的整改建议；
② 配合行业的主管部门，根据该行业的特点，进行针对性的风险防范检查；
③ 聘请专家和技术人员对某些专业性强、技术要求高的投保单位进行重点防灾检查；
④ 保险人在承保前和出险时应对投保单位，尤其是对一些重点防灾企业进行风险查验。

(3) 及时处理不安全因素和事故隐患。通过防灾防损检查，发现不安全因素和事故隐患时，保险人要及时向被保险人提出整改意见，并在技术上予以指导和帮助，将事故隐患消灭在萌芽状态。同时保险人在接到重大保险事故通知时，应立即赶赴事故现场，直接参与抢险救灾。

(4) 提取防灾费用，建立防灾基金。保险企业每年要从保险费收入中提取一定比例的费用作防灾专项费用，建立防灾基金，主要用于增强社会防灾设施和保险公司应付突发的重大灾害。

(5) 积累灾情资料，提供防灾技术服务。保险人除了搞好防灾工作以外，还要经常对各种灾情进行调查研究并积累丰富的灾情资料，掌握灾害发生的规律性，提高防灾工作的效果。此外，保险人还应开展防灾技术服务活动，帮助事故发生频繁、损失额度大的投保人开展防灾技术研究。

▶ 2. 保险防灾的方法

(1) 法律方法。法律方法是指通过国家颁布有关的法律来实施保险防灾管理。我国《保险法》规定，投保人、被保险人必须按约定履行其对保险标的的安全应尽的责任，否则，保险人有权增加保险费或解除合同。

(2) 经济方法。经济方法是当今世界普遍运用于保险防灾的重要方法。保险人在承保时，通常根据投保人采取的防灾措施情况决定保险费率的高低，从而达到实施保险防灾管理的目的。

(3) 技术方法。保险防灾的技术方法可从两个角度来理解：一是通过制定保险条款和保险责任等技术来体现保险防灾精神；二是运用科学技术成果从事保险防灾活动。

六、索赔与理赔

消费者购买保险的主要目的就是在发生保险事故的时候得到保险保障。因此发生保险事故后，保险人应及时履行赔付或给付保险金的责任。这一过程需要一定的程序，这就是索赔和理赔。索赔与理赔是一个问题的两个方面，它们直接体现了保险的职能，以及保险合同当事人的具体权利与义务。

▶ 1. 索赔与理赔的含义

索赔是指被保险人或受益人在保险标的遭受损失后，按照保单有关条款的规定，向保险人请求赔偿损失的行为。理赔是指保险人在承保的保险标的发生事故、被保险人提出索赔的要求后，根据保险合同的规定，对事故的原因和损失情况进行调查并予以赔偿的行为。

理赔工作是保险公司经营管理工作的评价标准，是保险公司服务标准、工作效率高低的最终体现。保险理赔能使保险的基本职能得到实现,恢复生产生活,促进社会生产顺利进行,促进社会安定,提高社会效益。理赔可以发现和检验展业承保工作的质量,更重要的是理赔水平的好坏直接关系到保险公司的信誉,甚至关系到其在市场竞争中能否长期生存。

当前理赔工作中的主要问题是:一方面,理赔工作不力,内控制度不健全、不完善,该赔付的不赔付或少赔付,使保险公司实际履行的责任小于保险合同规定的责任,影响了保险公司在公众中的形象,缩小了保险公司自身发展的空间;另一方面,不该赔付的却赔付甚至多赔付,使保险公司实际履行的责任大于保险合同规定的责任,导致保险资金流失,理赔成本上升,削弱了保险公司的竞争实力。

▶ 2. 保险理赔的原则

(1) 重合同、守信用。保险理赔是保险人对保险合同履行义务的具体体现。保险合同明确规定了保险人与被保险人的权利和义务,保险合同双方当事人都应恪守合同约定,保证合同顺利实施。对于保险人来说,在处理各种赔案时,应严格按照保险合同的条款规定,受理赔案,确定损失。计算赔偿金额时,应提供充足的证据,拒赔时更应如此。

(2) 实事求是。被保险人提出的索赔案件形形色色,案发原因也错综复杂。因此,对于一些损失原因复杂的索赔,保险人除了按照条款规定处理赔案外,还必须实事求是、合情合理地处理,这样做才是既符合条款规定,又遵循实事求是的原则。

(3) 主动、迅速、准确、合理。主动、迅速,即要求保险人在处理赔案时积极主动,不拖延并及时深入事故现场进行勘查,及时理算损失金额,对属于保险责任范围内的灾害事故所造成的损失,应迅速赔付。准确、合理,即要求保险人在审理赔案时,分清责任,合理定损,准确履行赔偿义务。对不属于保险责任的案件,应当及时向被保险人发出拒赔通知书,并说明不予赔付的理由。

▶ 3. 保险理赔的程序

保险理赔需要按照一定的程序进行,具体过程如下:

(1) 损失通知。保险事故发生后,被保险人或受益人应将事故发生的时间、地点、原因及其他有关情况,以最快的方式通知保险人,并提出索赔请求。被保险人要维护出险现场,并提供检验上的方便,使保险公司能正确地、迅速地进行核赔。发出损失通知书是被保险人必须履行的义务。发出损失通知书通常有时限要求。

被保险人发出损失通知可以是口头的方式,也可用函电等其他形式,但随后应及时补发正式书面通知,并提供各种必需的索赔单证,如保险单、账册、发票、出险证明书、损失鉴定书、损失清单、检验报告等。如果损失涉及第三者责任,被保险人还必须出具权益转让书给保险人,由保险人代为行使向第三者责任方追偿的权益。

接受损失通知书意味着保险人受理案件,保险人应立即将保险单与索赔内容详细核对,安排现场勘查等事项,然后将受理案件登记编号,正式立案。

(2) 审核保险责任。保险人收到损失通知书后,应立即审核该索赔案件是否属于保险人的责任。其审核的内容主要包括以下几个方面:

① 保险单是否仍有效力。

② 损失是否由所承保的风险所引起。保险人在收到损失通知书后,应查明损失是不

是保险风险所引起的。如果是，保险人才承担赔偿责任。

③ 损失的财产是否为保险财产。保险人对于被保险人的索赔财产，须依据保险单仔细审核。

④ 损失是否发生在保险单所载明的地点。

⑤ 损失是否发生在保险单的有效期内。保险单上均载明了保险有效的起讫时间，损失必须在保险有效期内发生，保险人才能予以赔偿。

⑥ 请求赔偿的人是否有权提出索赔。要求赔偿的人一般都应是保险单载明的被保险人，就人寿保险合同而言，应是保险单指定的受益人。因此，保险人在赔偿时，要查明被保险人或受益人的身份，以决定其有无领取保险金的资格。

⑦ 索赔是否有欺诈。保险索赔的欺诈行为往往较难察觉，保险人在理赔时应注意索赔单证的真实性、投保人是否有重复投保的行为、受益人是否故意谋害被保险人、投保时期是否先于保险事故发生的日期等问题。

(3) 进行损失调查。保险人审核保险责任后，应派人到出险现场进行实际勘查，了解事故情况，以便分析损失原因，确定损失程度。

① 分析损失原因。只有对损失的原因进行具体分析，才能确定其是否属于保险人承保的责任范围。分析损失原因的目的在于保障被保险人的利益，明确保险人的赔偿范围。

② 确定损失程度。保险人要根据被保险人提出的损失清单逐项加以查证，如对于货物短少的情况，要根据原始单据的到货数量确定短少的数额；对于不能确定货物损失数量的，或受损货物仍有部分完好或经加工后仍有价值的，要估算出一个合理的贬值率来确定损失程度。

③ 认定被保险人的求偿权利。保险合同中规定的被保险人的义务是保险人承担赔偿责任的前提条件。如果被保险人违背了这些事项，保险人可以此为由不予赔偿。

(4) 赔偿、给付保险金。保险事故发生后，经调查属实并估算赔偿金额后，保险人应立即履行赔偿给付的责任。

(5) 损余处理。一般来说，在财产保险中，受损的财产会有一定的残值。如果保险人按全部损失赔偿，其残值归保险人所有，或是从赔偿金额中扣除残值部分；如果按部分损失赔偿，保险人可将损余财产折价给被保险人以充抵赔偿金额。

(6) 代位追偿。如果保险事故是由第三者的过失或非法行为引起的，第三者对被保险人的损失须负赔偿责任。保险人可按保险合同的约定或法律的规定，先行赔付被保险人。然后，被保险人应当将追偿权转让给保险人，并协助保险人向第三者责任方追偿。如果被保险人已从第三者责任方那里获得了赔偿，保险人可承担不足部分的赔偿责任。

重要概念

展业　核保　防灾防损　索赔　理赔

| 思考题 |

1. 风险分散的方法有哪些?
2. 保险营销的渠道有哪些?
3. 保险承保应从哪些方面控制风险?
4. 保险理赔应遵循哪些原则?
5. 简述保险理赔的程序。

第十一章 保险基金及其运用

学习目标

1. 了解保险基金的概念与特征；
2. 熟悉保险基金的构成与保险基金运用的意义；
3. 掌握保险基金运用的原则、形式与结构。

第一节 保险基金概述

一、保险基金的概念

保险基金，是由专门的保险机构根据不同险种的保险费率，通过向参加保险的单位或个人收取保险费的方式，建立的一种专门用于补偿被保险人因受到约定的保险事件发生所致经济损失或满足被保险人给付要求的货币形态的后备金。

保险基金来源于各种准备金积累，就其性质来说它是保险公司对保户的负债，保险公司要在若干年后按照预定利率对保户进行给付。从精算的角度分析，它是未来对被保险人给付金额在预定折现率下的现值，这项基金在其被给付之前需要按一定的预定收益率进行运用，且回报率至少与预定利率相等，否则将无法在预付期限到来时有足够的资金履行对被保险人的给付义务。

保险的快速发展积聚了巨额的保险基金，而保险基金的补偿和给付具有一定的时差性，风险事故不可能同时发生，保险基金也不可能一次全部赔偿出去，总有一部分基金处于闲置状态。资金是一种资源，是能够带来利润的，如果闲置，实际上等于在遭受损失，因此可以将闲置的保险基金投入到社会再生产中。同时，日益激烈的市场竞争使得保险公司的承保利润趋于微薄，拓宽渠道运用资金获取投资收益，是保险公司稳定经营、增强偿付能力的内在要求。

二、保险基金的特征

▶ 1. 社会性

保险是通过收取保险费的方式集中社会上的分散资金建立保险基金,当保险责任范围内的自然灾害和意外事故造成损失时给予经济补偿的一种经济保障制度,风险通过这种经济保障制度在全社会范围内分散。因此保险责任准备金主要来源于社会上不同保户缴纳的保险费,具有广泛的社会性,成为全社会共同的应变后备资金,属于全社会共同利益的一部分。对这部分资金的运用也要体现社会性原则,做到取之于民、用之于民。

▶ 2. 增值性

在保险经营过程中,一方面由于保险责任范围内的自然灾害和意外事故发生具有随机性,从某一时点来看,保险费的收取不会立即用于保险金的赔偿或给付,两者之间存在着时间差;另一方面,保险责任范围内的自然灾害和意外事故造成的损失程度具有不同的预计,因此从某一时点来看,收取保险费的总额不可能正好等于赔偿或给付数量的总额,两者之间存在着数量差。由于时间差和数量差的存在,使保险公司的一部分资金沉淀下来成为闲置资金。为保证将来保险金的赔付,这部分闲置资金具有保值和增值的内在要求,保险公司通过保险投资来实现这种内在要求。

▶ 3. 返还性

为了保证保险公司履行经济补偿或给付的义务,确保保险公司的偿付能力,保险公司应按规定从保费收入中提存各种准备金。这些准备金是保险公司的负债,它是以将来保险事故的发生为条件,随时用于偿付给被保险人的资金。由于保险经营的负债性,保险基金是一种返还性的基金。

三、保险基金的构成

商业保险的保险基金由保险公司的自有资本金、非寿险责任准备金和寿险责任准备金三部分构成。

▶ 1. 自有资本金

保险公司的自有资本金,包括注册资本(或实收资本)和公积金。注册资本或实收资本由《保险法》规定,在开业时可视作初始准备金,在经营期间又是保险公司偿付能力或承保能力的标志之一。

公积金,是保险公司按《保险法》的规定从历年的利润中提存的资金,它和保险公司的注册资本(或实收资本)共同构成保险公司的偿付能力或承保能力。

保证金,是注册资本金的一部分,用于保险公司经营失败后清算的偿债准备金。我国《保险法》第九十七条规定:"保险公司应当按照其注册资本总额的20%提取保证金,存入国务院保险监督管理机构指定的银行,除公司清算时用于清偿债务外,不得动用。"

▶ 2. 非寿险责任准备金

非寿险责任准备金分为三大部分:保费准备金、赔款准备金和总准备金。

（1）保费准备金。保费准备金又称未了责任准备金或未满期保费准备金。保险公司在一个会计年度内签发保单后入账的保费称作入账保费。假定会计年度与日历年度一致，那么，在当年满期的保单其对应的入账保费称为已赚保费，在当年未满期的保单其对应的入账保费则称为未赚保费。未赚保费部分即为保费准备金。该项准备金一般由《保险法》规定提存比例，一般多采用加权平均数法或比例法提存。

（2）赔款准备金。赔款准备金包括未决赔款准备金、已发生未报告赔款准备金和已决未付赔款准备金。

① 未决赔款准备金。当会计年度结束时，被保险人已提出索赔，但在索赔人与保险人之间，尚未对这些案件是否属于保险责任以及保险赔付额度等事项达成协议，称为未决赔案。为未决赔案提存的责任准备金即为未决赔款准备金。未决赔款准备金的提取方法有逐案估计法和平均估计法。逐案估计法即对未决赔案逐个估计在将来结案时需要支付的赔款数。这个方法比较适用于业务量规模较小的保险公司。平均估计法即根据以往的保额损失经验，预先估计出某类业务的每件索赔的平均赔付额，再乘以该类未决索赔的件数，取得未决赔款准备金数额。这种方法适用于业务规模足够大、索赔件数较多的保险公司。

② 已发生未报告赔款准备金。有些损失在年内发生，但索赔要在下一年才可能提出。这些索赔因为发生在本会计年度内，仍属本年度支出，故称已发生未报告赔案。为其提存的责任准备金即为已发生未报告赔款准备金。由于已发生未报告赔案件数和金额都是未知的，只能由每家保险公司根据不同业务的不同经验来确定。最简单的办法是用若干年该项赔款额占这些年份年内发生并报告的索赔额的比例来确定提存数。

③ 已决未付赔款准备金。对索赔案件已经理算完结，应赔金额也已确定，但尚未赔付，或尚未支付全部款项的已决未付赔案，为其提存的责任准备金为已决未付赔款准备金。该项是赔款准备金中最为确定的部分，逐笔计算即可。

（3）总准备金。保险公司用于满足年度超常赔付、巨额损失赔付以及巨灾损失赔付的需要而提存的责任准备金，称为总准备金。提存总准备金是保险在时间上分散风险的要求。

保险公司总准备金一般要按国家保险管理当局的规定，在税前利润中提存，逐年积累而成。保险总准备金的积累对于保障被保险人的合法权益，支持保险公司的稳健经营，都具有十分重要的意义。

▶ 3. 寿险责任准备金

寿险责任准备金是指保险人把投保人历年交纳的纯保费和利息收入积累起来，作为将来保险给付和退保给付的责任准备金。

▶ 4. 保险保障基金

保险保障基金，是为了保证保险公司的偿付能力而构筑的又一道防线。

我国《保险法》第一百条规定："保险公司应当缴纳保险保障基金。保险保障基金应当集中管理，并在下列情形下统筹使用：在保险公司被撤销或者被宣告破产时，向投保人、被保险人或者受益人提供救济；在保险公司被撤销或者被宣告破产时，向依法接受其人寿保险合同的保险公司提供救济；国务院规定的其他情形。保险保障基金筹集、管理和使用的具体办法由国务院制定。"

2008年9月实施的新的《保险保障基金管理办法》，明确了保险保障基金的性质，并对保险保障基金的管理体制，保险保障基金公司的主要业务、董事会构成，保险保障基金的来源、缴纳范围和比例，保险保障基金救助的情形、程序、救助比例和金额，中国保监会和有关部门对保险保障基金和保险保障基金公司的管理等内容作了规定。

四、保险基金运用的意义

保险公司积聚可用于中长期投资的巨额保险基金，成为资本市场的主要机构投资者，它是金融市场的四大金融支柱之一（金融市场的四大支柱分别为银行、信托投资公司、证券业和保险业）。

▶ 1. 促使保险业务既成为聚积资金的手段，又实现组织经济补偿的目的

保险公司作为企业，必须实行经济核算，讲求经济效益。因此，像任何经济实体一样，它不仅具有盈利的欲望，而且具有增加盈利的冲动，这是企业的内在动力之一。保险公司组织经济补偿职能、融通资金职能和利润最大化三者间的关系是相互促进的。保险公司以保险业务为手段积聚保险基金，把长期性资金运用于投资以增加盈利。反过来，盈利的冲动促使保险公司不断开发新险种、扩大承保面、防灾防损以减少赔付支出，从而求得积聚更多的资金，以实现其融通资金职能，支援国民经济建设。与此同时，保险公司的组织经济补偿职能也得到了更充分的发挥，保险品种增多，承保面扩大，危险更加分散，费率便可能降低。由此可见，保险公司的两大基本职能之间以及保险公司经营的目的与宏观经济效应之间都不存在非此即彼的矛盾对立，而是水乳交融的关系，具体表现为保险业务之作为积聚资金的手段与组织经济补偿目的的统一。

▶ 2. 缓解保险费率与利润之间的矛盾

当保险公司的管理费用相对稳定时，保险公司的费率开价高低与利润成正相关关系。当然，降低费率还可通过扩大承保面、减少费用支出、防灾防损等途径实现。但是，保险公司必须考虑危险的偶然性对其利润的影响，所以不可能轻易降低费率（保险费率由保险金额损失率决定，是一个客观的数值）。另外，由于保险市场竞争和刺激保险需求必然引起保险费率下降，其结果是保险公司直接业务的利润下降，甚至降到临界点以下。在这种情况下，保险公司只有通过其间接业务（投资业务）来获取厚利以保证资本的合理利润，甚至在抵补直接业务亏损后还能获取资本的合理利润。投资收入已经成为各国保险利润收入的主要来源，成为价格竞争的物质基础。

▶ 3. 推动保险公司积极开发寿险业务

人寿保险期限一般为5～20年，可为保险公司提供长期性资金。寿险市场和储蓄市场的共性，使它们能够相互替代。况且储蓄期限相对比较短，储户动用存款相对灵活，预防通货膨胀损失的机动性相对强，人寿保险的收益如果仅相当于储蓄收益，尽管附有保险因素，在替代竞争上仍然处于劣势。因此，寿险准备金的保值增值就不能依靠银行存款利息，保险公司本身应自主地运用资金与投资，取得收益以提高寿险的预定年息率，给被保险人尽可能高的效益。寿险公司的生命力在于取得资金与运用资金。为了取得资金，寿险公司就必须不断开发新险种以满足不同的需要。

总之，保险公司两大基本业务相互渗透、互动发展的宏观效应归根到底体现在两个方面：一是经济单位和个人能够以最小的保费支出获得尽可能大的保险保障；二是尽可能大地积聚保险基金并使之转化为生产建设基金。从而，保险公司组织经济补偿这一特有功能得到更充分的发挥。

第二节 保险基金的运用

一、保险基金运用的原则

1. 安全性原则

安全性是保险投资的第一原则，保险人的总资产可实现价值必须不少于其总负债的价值，以确保其偿付能力。由于保险基金主要由保险费中的纯保费积聚而成，从其运行的过程看，最终都要实现对被保险人的返还，因此，保险基金的运用首先必须满足安全性原则的要求。否则，就不能保证保险公司具有足够的偿付能力，被保险人的合法权益也就不能得到充分的保障。安全性原则是实现保险基金数量完整、回流可靠、保证偿付的条件。所以，我国《保险法》要求"保险公司的资金运用必须稳健，遵循安全性原则"。

安全性的含义包括两个方面：一是尽可能避免风险大的项目，避免投资失误以保证资金安全；二是进行组合投资，"不把鸡蛋放在同一个篮子里"。

但是，任何投资都具有风险，没有风险的投资是不存在的。安全性原则要求保险公司投资应遵循风险管理的程序和要求，认真识别和衡量风险以避免高风险投资，运用分散投资策略以避免风险过于集中，从而达到控制风险的目的。

2. 收益性原则

获得最大的投资收益是保险公司投资的最主要动机。保险公司的收益主要来自于承保收益与投资收益。在发达国家，由于保险业内部及保险业与其他行业的激烈竞争，保险人采用低费率进行竞争，使赔付率偏高，因此保险业务经营不但不能盈利，而且可能亏损，保险公司的收益在某种意义上讲就取决于投资收益。

收益性与安全性是一对矛盾，这就要求保险公司应以资金安全为条件寻求尽可能高的投资收益，而不是以风险为代价，牺牲安全性去换取高收益，保险公司应回避或控制收益性风险。

3. 流动性原则

流动性原则要求保险公司的资金具有即时变现能力。流动性是以机会成本为代价的，流动性越强，机会成本越高，资本的收益就越低。流动性与安全性具有正相关关系，流动性越强，安全性越大。

流动性对保险公司关系重大。众所周知，保险事故具有极强的偶然性、突发性、破坏性，它可能在一夜之间要求保险人提供巨额赔款。如果保险企业仅在账面资产上具有相应的偿付能力，而不能及时转化成现金赔款，那么，它所担负的社会责任就难以及时兑现，无法起到稳定社会经济生活应有的作用，甚至保险公司本身也可能因缺乏流动性而倒闭。

保险公司在投资时要考虑到有一部分资产能够随时变现，保证支付赔款和给付保险金的需要，关键点在于资产业务与负债业务的期限匹配。寿险与财险的业务性质的不同决定了投资的资产流动性要求方面的差别。寿险一般以长期业务为主，财险多属于短期业务，因此寿险投资的流动性要求不如财险高。20世纪七八十年代以来，大量利率敏感性寿险产品的出现，导致了发达国家的寿险负债期限的改变，寿险投资趋于流动性。

保险投资的安全性、流动性与赢利性三者之间存在一定的矛盾。从总体上看，安全性与流动性成正比，变现能力强的资产，其风险就小，安全返还保障度就高。而安全性、流动性与赢利性成反比。通常，安全性高、流动性强的资产，其赢利性就较低，反之赢利性就高。保险的原则是从总体来说的，不同性质的保险公司，应有所侧重。由于组织经济补偿职能是保险公司的首要职能，融资职能为其次，所以，保险公司经营的特殊性决定了保险投资要在安全性和流动性的前提下，最大限度地赢利。

二、保险基金运用的形式和结构

保险基金的运用应根据基金的不同性质、用途和结构，遵循基金运用的"三性"原则，合理选择投资对象和投资结构。

▶ 1. 保险基金运用的形式

（1）购买债券。保险基金一般有一定比例用于购买国债、地方政府债券、金融债券和公司债券等可在二级市场上流通的债券。这类债券具有安全性好、变现能力强、收益相对稳定的优点。尤其是国债和地方政府债券，基本上不存在不确定性风险，但它们的收益不如金融债券和公司债券。由于债券一般采取息票的形式发行，因此，尽管债券对通货膨胀和市场利率变动很敏感，但是对通货膨胀和利率变动损失的避险能力较差。

（2）投资股票。股票投资的特点是收益高、流动性好、风险大。股票收益来自股息收入和资本利得，股息收入的多少完全取决于公司的盈亏状况，资本利得则取决于未来股票价格的走向，因此，股票投资的风险比较大。

股票可分为优先股和普通股。优先股股息固定，派息后于公司债务还本付息，而先于普通股，当公司破产清盘时，优先股对公司剩余财产的要求权后于公司债务而先于普通股，就一般而言，优先股投资风险较债券大，较普通股小，相应地，优先股预期收益也就较债券高，较普通股低。因此，优先股投资是保险基金运用的较佳选择。我国目前还不存在优先股。

（3）投资不动产。保险基金进行不动产投资一般是用于直接建造、购买并自行经营房地产。房地产投资的特点是安全性好、收益高、项目投资额大、期限长、流动性差。因此，房地产投资比较适合于长期性保险基金的运用。

（4）贷款。保险基金用于贷款是指向需要资金的单位或个人提供融资。贷款的收益率决定于市场利率。由于我国不存在信贷资产的二级市场，故信贷资产的变现能力不如有价证券，流动性较差。

货款可分为信用放款和抵押放款两种形式。信用放款（包括担保放款）的风险主要是信用风险和道德风险，抵押放款的风险主要是抵押物贬值或不易变现的风险。

（5）存款。存款是指保险公司将闲置资金存放于银行等金融机构。存款具有良好的安全性和流动性，但对比其他投资，收益率则最低。正因为如此，存款主要用来作为保险公司正常的赔付或寿险保单满期给付的支付准备，一般不作为追求收益的投资对象。

存款分为银行存款和信托存款。保险公司将资金存入银行，可取得一笔较稳定的利息收入。银行存款的安全性最高，但收益性最低。信托存款的收益率视存款资金运用的效果而定，但一般高于银行存款利率，风险相对也大些。

保险基金除了上述运用形式外，还可用来投资各类基金、同业拆借、黄金外汇等。

▶ 2. 保险基金运用的结构

由于各国保险管理当局对保险企业资产管理办法不同，因此，各国保险企业的资产结构也就有所差异，很难判断何者更合理，而只能结合各国和地区的情况加以说明。

各国和地区对各种投资方式的投资额占总资产的比例均加以严格控制，立法取向都侧重于保证保险基金运用的安全性和流动性，以保证被保险人的合法权益。

我国《保险法》第一百零六条规定："保险公司的资金运用必须稳健，遵循安全性原则。保险公司的资金运用限于下列形式：银行存款；买卖债券、股票、证券投资基金份额等有价证券；投资不动产；国务院规定的其他资金运用形式。保险公司资金运用的具体管理办法，由国务院保险监督管理机构依照前两款的规定制定。"

中国保监会 2010 年颁布的《保险资金运用管理暂行办法》第十六条规定："保险集团（控股）公司、保险公司从事保险资金运用应当符合下列比例要求：投资于银行活期存款、政府债券、中央银行票据、政策性银行债券和货币市场基金等资产的账面余额，合计不低于本公司上季末总资产的 5%；投资于无担保企业（公司）债券和非金融企业债务融资工具的账面余额，合计不高于本公司上季末总资产的 20%；投资于股票和股票型基金的账面余额，合计不高于本公司上季末总资产的 20%；投资于未上市企业股权的账面余额，不高于本公司上季末总资产的 5%；投资于未上市企业股权相关金融产品的账面余额，不高于本公司上季末总资产的 4%，两项合计不高于本公司上季末总资产的 5%；投资于不动产的账面余额，不高于本公司上季末总资产的 10%；投资于不动产相关金融产品的账面余额，不高于本公司上季末总资产的 3%，两项合计不高于本公司上季末总资产的 10%；投资于基础设施等债权投资计划的账面余额不高于本公司上季末总资产的 10%；保险集团（控股）公司、保险公司对其他企业实现控股的股权投资，累计投资成本不得超过其净资产。"

| 重要概念 |

保险基金　保险投资　保险准备金　保费准备金　赔款准备金　总准备金

思考题

1. 保险投资应遵循哪些原则?
2. 保险基金的资金来源有哪些?
3. 说明我国法律允许的保险投资渠道及具体规定。

第十二章 保险市场

> **学习目标**
> 1. 掌握保险市场的构成要素和保险市场的中介组织；
> 2. 了解保险市场的几种模式；
> 3. 熟悉保险市场的组织形式；
> 4. 了解保险市场的供求。

第一节 保险市场概述

一、保险市场的概念

保险市场是指保险商品交换关系的总和，或者保险商品供给与需求关系的总和。较早的保险市场出现在英国的保险中心——伦巴第街。

保险市场是一个不断发展、不断完善的市场。保险市场的发展包括两个方面的内容：一是保险市场规模的扩大、范围的延伸、保险交易量的增加；二是保险市场体系的完善、市场规则的健全。保险市场的参与者包括供给者(保险公司)、需求者(保险消费者)、中介人(保险中介人)、管理者(保险监管机构)。

新中国成立前我国的保险市场基本上被外资保险公司垄断。新中国成立后至改革开放前，我国长期实行计划经济，民族保险业经历了一个曲折的发展过程，保险供给主体单一。1978年实行经济体制改革后，民族保险业逐步得到恢复与发展。目前我国保险市场上供给主体有国营保险公司、股份有限公司、中外合资保险公司等。保险需求者越来越多。中介机构从无到有，保险法律法规逐步健全与完善。1998年11月中国保监会的成立，标志着我国保险市场体系基本形成。当今世界，保险技术日趋复杂，保险产品不断创新，保险竞争日益激烈。随着经济全球化、一体化的发展，全球性的保险市场正在逐步形成。

二、保险市场的要素

在当今社会，随着计算机和网络技术的发展，保险市场的含义应从广义上理解。保险市场的构成要素有保险市场的主体和客体。主体是为保险交易活动提供各类商品的卖者或供给方，各类保险商品的购买者或需求方，以及中介方。客体即作为交易对象的各类保险商品或保险保障。

▶ 1. 保险市场的主体

（1）保险商品的供给方。指在保险市场上提供各类保险商品、负责承担分散和转移他人风险的各类保险人，包括国有、私营、合营、合作、个人等几种组织形式。我国的《保险法》规定保险人的组织形式只能是国有独资公司和股份有限公司。

（2）保险商品的需求方。保险商品的需求方是指在一定时间、一定地点等条件下，为寻求风险保障而对保险商品具有购买意愿和购买力的消费者的集合。保险商品的需求方就是保险营销学所界定的"保险市场"即"需求市场"，它由有保险需求的消费者、为满足保险需求的缴费能力和投保意愿三个主要因素构成。

（3）保险市场的中介方。保险市场的中介方又称辅助人。保险市场中介在世界上已有上百年的历史，它是完善的保险市场不可分割的重要组成部分，是实现保险商品的流通和消费、沟通协调保险人和被保险人关系的桥梁。保险是一种复杂的经济活动，交易双方存在着复杂的权益关系，为了推动市场高效率地运行，需要一定的中介组织提供服务。在保险市场中，通过发挥保险中介人的作用，可以大大降低保险交易成本，促进保险市场资源优化配置，提高保险市场的运作效率。

现代保险市场的中介性组织大致上有两大类：一类是提供营销服务的中介组织；另一类是提供公断公证服务的中介组织。前者包括保险代理人和保险经纪人，后者主要是保险公估人。

① 保险代理人。保险代理人是指根据保险人的委托，向保险人收取手续费，并在保险人授权的范围内代为办理保险业务的单位和个人。我国《保险法》第一百二十七条规定："保险人委托保险代理人代为办理保险业务的，应当与保险代理人签订委托代理协议，依法约定双方的权利和义务及其他代理事项"。

保险代理人的法律特征主要表现为：第一，保险代理人以保险人的名义进行代理活动，代表保险人的利益；第二，保险代理人在保险人授权范围内做独立的意思表示；第三，保险代理人的保险代理行为视为保险人的民事法律行为，法律后果由保险人承担；第四，保险代理人的保险代理是基于保险人授权的委托代理。

我国《保险法》第一百二十七条规定："保险代理人根据保险人的授权代为办理保险业务的行为，由保险人承担责任。"保险代理人为保险人代为办理保险业务，有超越代理权限行为，投保人有理由相信其有代理权，并已订立保险合同的，保险人应当承担保险责任；但是保险人可以依法追究越权的保险代理人的责任。保险代理人的种类繁多，按照代理合同或授权书所授权代理的业务险种，保险代理人可分为产险代理人和寿险代理人；按照代理合同或授权书所授予的代理业务范围，保险代理人可分为承保代理人、理赔代理人、检验代理人和追偿代理人；按照代理人的归属关系，保险代理人可分为独立代理人和专属代理人；按照代理人的代理权限范围，保险代理人可分为普通代理人和总代理人；按照代理人的职业性质,保险代理人可分为专业代理人和兼业代理人。根据我国现行《保险法》的规定,中国保险代理人分为专业代理人、兼业代理人和个人代理人三种。

我国保险专业代理人(即保险代理机构)的组织形式为合伙企业、有限责任公司和股份有限公司。设立合伙企业的最低出资要求是人民币50万元的实收资本。设立有限责任公司的注册资本不得低于人民币50万元的实收资金。设立股份有限公司的注册资本不得低于人民币1 000万元的实收资金。保险代理机构经中国保监会批准颁发《经营保险代理业务许可证》,并在工商行政管理部门注册登记领取营业执照后,方可营业。

我国保险兼业代理人的认定资格由被代理的保险公司报中国保监会核准,由保监会对经核准取得保险兼业代理资格的单位颁发《保险兼业代理许可证》。

我国保险个人代理人必须通过资格考试,获得由保监会颁发的《保险代理人从业人员资格证书》,并由保险代理机构核发《保险代理人从业人员执业证书》,方可从事保险代理业务。我国《保险法》第一百二十五条规定:"个人保险代理人在办理人寿保险业务时,不得同时接受两个以上保险人的委托。"

② 保险经纪人。保险经纪人是投保人或被保险人的代理人,受投保人或被保险人的委托,代表投保人或被保险人的利益,代办投保、续保、交付保险费、索赔等手续。当保险人接受保险经纪人安排的业务以后,由保险人付给保险经纪人佣金,但是保险经纪人是独立于保险人的中介人,保险经纪人的行为对保险人不具有法律约束力,其行为所产生的法律后果由自己承担。目前我国保险经纪人的存在形式是保险经纪公司,分为有限责任公司和股份有限公司两种组织形式。我国《保险法》第一百二十八条规定:"保险经纪人因过错给投保人、被保险人造成损失的,依法承担赔偿责任。"

保险经纪人大致分为直接保险经纪人和再保险经纪人、寿险经纪人和非寿险经纪人、大型经纪公司和小型经纪公司,还有专门的劳合社经纪人。大多数国家都允许个人保险经纪人从事保险经纪活动,但必须获得执业资格,并缴纳保证金或者参加保险经纪人职业责任保险。根据我国《保险经纪公司管理规定》,设立保险经纪公司的最低实收货币资金为人民币1 000万元,而且须按注册资本金的15%缴存营业保证金或者购买职业责任保险。保险经纪公司在获得中国保监会颁发的经纪业务许可证后,向工商行政管理部门办理登记,领取营业执照。从事保险经纪业务的人员必须参加保险经纪人员从业资格考试。资格考试合格者,由保监会颁发《保险经纪从业人员资格证书》。获得资格证书的个人必须经保险经纪公司聘用,由其核发《保险经纪人执业证书》,才能从事保险经纪业务。

我国《保险法》第一百三十一条对保险代理人和保险经纪人的职业操守做了规定,保险代理人、保险经纪人在办理保险业务活动中不得有下列行为:欺骗保险人、投保人、被保险人或者受益人;隐瞒与保险合同有关的重要情况;阻碍投保人履行本法规定的如实告知义务,或者诱导其不履行本法规定的如实告知义务;承诺向投保人、被保险人或者受益人给予保险合同规定以外的其他利益;利用行政权力、职务或者职业便利以及其他不正当手段强迫、引诱或者限制投保人订立保险合同。

③ 保险公估人。保险公估人是指接受保险合同当事人的委托,专门从事保险标的的评估、勘察、鉴定、估损、理算等业务的单位。

保险公估人具有三种职能:第一,保险公估人具有评估职能。保险公估人通过对保标的的估价、风险估评、查勘、检验、估损及理算等工作，做出保险标的市场价值、风险性质、风险程度、损失原因、损失程度等评估报告，以助于保险人快速、科学地处理保险案件。第二，保险公估人具有公证职能。由于保险公估人具有丰富的专业知识和技能，且是保险合同当事人之外的第三方，所以对保险标的的公估结论具有权威性和公正性。第三，保险公估人具有中介职能。保险公估人是独立于保险合同当事人之外的第三方，既可以受保险人的委托，也可以受投保人或被保险人的委托，从事公估经营活动，为保险关系当事人提供中介服务。

保险公估人的酬金一般由委托人支付。但也有一些国家的法律规定，无论是由保险合同当事人哪一方委托公估，公估费用均由保险人承担。保险公估人因工作过错而给委托人造成损失的，由保险公估人承担赔偿责任。

保险公估人可分为不同的类型，主要有核保公估人和理赔公估人，保险型公估人、技术型公估人和综合性公估人，雇用公估人和独立公估人，受托于保险人的公估人和受托于被保险人的公估人，财产保险公估人、工程保险公估人、责任保险公估人、海上保险公估人和汽车保险公估人等。

根据我国《保险公估机构管理规定》，目前我国保险公估人的组织形式是合伙企业、有限责任公司或股份有限公司。设立合伙企业的出资不得低于人民币 50 万元的实收资金。设立有限责任公司的注册资本不得低于人民币 50 万元的实收资金，设立股份有限公司的注册资本不得少于人民币 1 000 万元的实收资金。保险公估公司在获得保监会颁发的保险公估业务许可证后，向工商行政管理部门办理登记，领取营业执照。保险公估从业人员必须具有大学本科以上学历，并且通过保监会统一组织的保险公估从业人员资格考试，在获得保险公估从业人员资格证书以后，由所聘保险公估公司核发保险公估从业人员执业证书，方可从事保险公估业务。

▶ 2. 保险市场的客体

保险市场的客体是保险市场上供求双方具体的交易对象，这个对象就是保险保障，即保险商品。它是保险人向被保险人提供的在保险事故发生时给予经济保障的承诺。

▶ 3. 保险市场价格

保险市场价格是保险市场的重要因素，它是由保险供给和保险需求共同决定的。

三、保险市场的特征

保险市场的特征是由保险市场的交易客体——保险经济保障的特殊性所决定的，主要表现在以下几个方面。

（1）保险市场是直接风险市场，保险业是直接经营风险的行业，风险的客观存在是保险产生和发展的前提条件。

（2）保险市场是非即时清结市场。保险市场的交易活动，因风险的不确定性和保险合同的射幸性，使得交易双方都无法早知道交易结果，因此不能立即清结。

（3）保险市场是特殊的期货交易市场。保险交易双方交易的实际上是一种"灾难期货"。保险产品是保险人对被保险人投保的标的未来风险事故发生所致经济损失补偿的承诺。

四、保险市场的模式

保险市场的模式主要有完全竞争模式、完全垄断模式、垄断竞争模式和寡头垄断模式。

▶ 1. 完全竞争模式

完全竞争模式是指在一个保险市场上，有数量众多的保险公司，任何公司都可以自由进出市场，产品同质无差异，资源自由流动，信息充分完全，价值规律和供求规律充分发挥作用。国家对保险企业管理相对较松，保险业公会在市场上发挥重要作用。

一般认为，这是一种最理想的保险市场模式，它能最充分、最适度、最有效地利用保险资源。在完全竞争的条件下，由于市场这只"看不见的手"的作用，市场上每一公司的交易成本等于边际费用，社会保险资源得到最佳配置。

▶ 2. 完全垄断模式

完全垄断模式是指保险市场完全由一家保险公司所操纵，这家公司的性质既可以是私营的，也可以是国营的。在这种市场上，市场规律不起任何作用，这家垄断公司凭借其垄断地位获取超额利润。该种模式还有两种变通的模式：一种是专业型完全垄断模式；另一种是地区完全垄断模式。

我国自恢复国内保险业务至1985年，全国只有中国人民保险公司一家保险公司。1986年成立了新疆建设兵团保险公司，打破了独家垄断局面。

▶ 3. 垄断竞争模式

垄断竞争模式下的保险市场，大小保险公司并存，少数大公司在市场上取得垄断地位。竞争的特点表现为：同业竞争在大垄断公司之间、垄断公司与非垄断公司之间、非垄断公司之间激烈展开。现在大部分国家的保险市场都是属于垄断与竞争并存型的保险市场。

▶ 4. 寡头垄断模式

寡头垄断模式是指在一个保险市场上，只存在少数相互竞争的保险公司。在这种模式下，保险业经营依然以市场为基础，但保险市场具有较高的垄断程度，保险市场上的竞争是国内保险垄断企业之间的竞争，形成相对封闭的国内保险市场。这种模式既可存在于发达国家，也可存在于发展中国家。这种模式可以使保险公司在竞争的前提下，实现较好的规模经济效益。市场壁垒较高，避免进入和退出的盲目性，有利于市场的稳定。

五、保险市场的分类

▶ 1. 按承保标的划分

按承保标的划分，保险市场可分为寿险市场和产险市场。

▶ 2. 按保险活动空间划分

按保险活动空间划分，保险市场可分为国内保险市场和国外保险市场。

（1）国内保险市场。国内保险市场是专门为本国境内提供各种保险商品的市场，按经营区域范围又可分为全国性保险市场和地区性保险市场。

(2) 国际保险市场。国际保险市场是国内保险人经营国外保险业务的保险市场，按经营区域范围又可分为区域性保险市场和全球性保险市场。

▶ 3. 按保险承保方式划分

按保险承保方式划分，保险市场可分为原保险市场和再保险市场。

▶ 4. 按保险管理模式划分

按保险管理模式划分，保险市场可分为完全竞争型保险市场、完全垄断型保险市场、垄断竞争型保险市场、寡头垄断型保险市场。

第二节 保险市场的组织形式

一、保险市场的一般组织形式

保险市场的组织形式是指一个国家或一个地区的保险市场上，保险人采取何种组织形式经营保险业务。一般经营保险业务的保险组织，按所有制关系不同可以分为国营保险公司、私营保险公司、合营保险公司、合作保险公司、个人保险公司和行业自保组织。

二、几种典型的保险市场组织形式

保险市场的组织形式是指在一个国家或一个地区的保险市场上，保险人采取何种组织形式经营保险。由于社会经济制度、经济管理体制和历史传统等方面的差异，保险人以何种形式进行经营，在各个国家都有特别规定。从各个国家的情况来看，保险公司主要有保险股份有限公司、相互保险公司、相互保险社、保险合作社以及个人保险组织等几种较为典型的组织形式。

▶ 1. 保险股份有限公司

保险股份有限公司由一定数目以上的股东发起组织，全部注册资本划分为等额股份。通常发行股票筹集资本，股东以所认购股份承担有限责任，公司以全部资产对公司债务承担民事责任。

(1) 保险股份有限公司的特点。

① 所有权与经营权分离，能够建立比较完善的法人治理结构，提高经营管理的效率。

② 保险股份有限公司以股东认购股份的形式募集资本，比较容易筹集大额资本，使经营资本充足，有利于扩展业务。

③ 保险股份有限公司采取确定保险费制，比较符合现代保险的特征和投保人的需要，为业务扩展提供了便利条件。

(2) 保险股份有限公司的组织机构。保险股份有限公司设立股东大会、董事会、监事会、经理。股东大会是权力机构，董事会是经营机构，监事会是监督机构。

▶ 2. 相互保险公司

相互保险是为参加保险的成员之间相互提供保险的一种组织。其组织形式有相互保险公司、相互保险社等。

相互保险公司是以非盈利但求互助分担风险而非转移风险为目的由所有参加保险的人依《保险法》及《公司法》规定而设立的保险组织，是保险业特有的公司组织形式。

与保险股份有限公司相比较，相互保险公司具有以下特点：

（1）相互保险公司的投保人具有双重身份。投保人既是投保人或被保险人，同时又是保险人。他们只要缴纳保险费，就可以成为公司成员，而一旦解除保险关系，也就自然脱离公司，成员资格随之消失。

（2）相互保险公司是一种非赢利性公司。相互保险公司没有资本金，以各成员缴纳的保险费形成公司的责任准备金，来承担全部保险责任，也以缴纳的保险费为依据，参与公司盈余分配和承担公司发生亏空时的弥补额。

（3）相互保险公司的组织机构类似于股份公司。相互保险公司的最高权力机关是会员大会或会员代表大会，由他们选举董事会，由董事会任命公司的高级管理人员。但随着公司规模的扩大，董事会和高级管理人员实际上已经控制了公司的全部事务，会员很难真正参与管理，而且现在已经演变成委托具有法人资格的代理人营运管理，负责处理一切保险业务。

▶ 3. 相互保险社

相互保险社是同一行业的人员，为了应付自然灾害或意外事故造成的经济损失而自愿结合起来的集体组织。与保险合作社及相互保险公司相比，相互保险社具有以下特点：

（1）参加相互保险社的成员之间互相提供保险，即每个社员为其他社员提供保险，每个社员同时又获得其他社员提供的保险，真正体现了"我为人人，人人为我"。

（2）相互保险社无股本，其经营资本的来源仅为社员缴纳的分担金，一般在每年年初按暂定分摊额向社员预收，在年度结束计算出实际分摊额后，再多退少补。

（3）相互保险社保险费采取事后分摊制，事先并不确定。

（4）相互保险社的最高管理机构是社员选举出来的管理委员会。

▶ 4. 保险合作社

保险合作社是由一些对某种风险具有同一保障要求的人，自愿集股设立的保险组织。保险合作社与相互保险社的差异在于以下几个方面：

（1）保险合作社是由社员共同出资入股设立的，加入保险合作社的社员必须缴纳一定金额的股本。社员即为保险合作社的股东，其对保险合作社的权利以其认购的股金为限。而相互保险社却无股本。

（2）只有保险合作社的社员才能作为保险合作社的被保险人，但是社员也可以不与保险合作社建立保险关系。而相互保险社的社员之间是为了一时目的而结合的，如果保险合同终止，双方即自动解约。

（3）保险合作社的业务范围仅局限于合作社的社员，只承保合作社社员的风险。

（4）保险合作社采取固定保险费制，事后不补缴。而相互保险社保险费采取事后分摊制，事先并不确定。

▶ 5. 个人保险组织

"劳合社"是当今世界上最大的保险垄断组织之一，它是伦敦劳合士保险社的简称。劳合社并不是一个保险组织，它仅是个人承保商的集合体，其成员全部是个人，各自独立、自负盈亏,进行单独承保,并以个人的全部财力对其承保的风险承担无限责任。

劳合社的成员经过劳合社组织严格审查批准,最先只允许具有雄厚财力且愿意承担无限责任的个人成为承保会员,但是早在1995年劳合社就制定了长达48页的计划纲要,其中一点是将过去的劳合社进行改造,接纳一些实力雄厚的法人团体入社。

劳合社突出个人主义,每个保险人对于他签不签保单、签什么保单、保险责任多少都有绝对权力,坚持核保自由,一切业务盈亏自负。各保险人对其所签之保单承担无限责任。劳合社严格挑选保险人,并设置各种基金保证偿付能力。

第三节 保险市场的供给与需求

一、保险市场供给

▶ 1. 保险市场供给的含义

保险市场供给是指在一定费率水平下,保险市场上各家保险公司愿意并且能够提供的保险商品的数量。保险市场的供给可以用保险市场上的承保能力来表示,是各个保险公司的承保能力的总和。保险供给包括质和量两个方面。

▶ 2. 保险市场供给的影响因素

保险市场供给是以保险需求为前提的,因此保险需求是制约保险供给的主要因素。在存在保险需求的前提下,保险市场供给则受到保险费率、保险人的偿付能力、互补品和替代品的价格、保险技术、政府的保险政策及监管等因素的制约。

保险市场的价格竞争也就是费率竞争形式主要在完全竞争市场或垄断竞争市场上。在该类别市场上,由于厂商数目多、产品差别小、行业进入与退出较为容易,供求双方信息较为对称,从而非价格竞争的可能性较小。

非价格竞争:扩大承保范围,在人寿保险领域里采取分红保险形式和提高分红率,提高服务标准,进行及时、慷慨的理赔,合理支付代理人手续费等。

政府的政策:政府可以影响保险竞争的性质。除联合和垄断控制外,国家还可以规定保险公司的收费标准、投资、递交账目、清偿计算基础及海外业务经营的条件等。

▶ 3. 保险市场供给弹性

(1) 定义。保险市场的供给弹性通常是指保险商品供给的费率弹性,即保险费率的变动所引起的保险商品供给量的变动。它反映了保险商品供给量对保险费率变动的反应程度,一般用供给弹性系数来表示。其公式为

$$E_s = \frac{\Delta S/S}{\Delta P/P}$$

其中:S 表示保险商品供给量;ΔS 表示保险商品供给量的变动;P 表示保险费率;ΔP 表示保险费率的变动。

(2) 种类。由于保险商品的有机结构、保险对象、设计的难易程度等诸多因素影响,保险商品供给弹性会表现出不同的情况:供给无弹性,即无论费率如何变化,保险商品供

给量都保持不变；供给无限弹性，也就是即使保险费率不再变化，保险商品的供给也会无限增加；供给单位弹性，即保险供给的变动幅度与保险费率的变动幅度相同；供给富于弹性，即保险商品供给的变动幅度大于保险费率的变动幅度；供给缺乏弹性，即保险供给的变动幅度小于保险费率的变动幅度。

(3) 特殊性。首先，保险商品的供给弹性较为稳定。这是指保险商品的供给不易受经济周期的影响，弹性较为稳定。其次，保险商品供给弹性较大。这是指保险商品生产过程中受固定资产限制较少，供给不必经由调整生产规模就能适应社会需求，所以供给弹性较大。

二、保险市场需求

▶ 1. 保险市场需求的含义

保险市场需求是指在一定费率水平上，保险消费者从保险市场上愿意并有能力购买的保险商品的数量。它是消费者对保险保障的需求量，可以用投保人投保的保险金额总量来计量。

▶ 2. 影响保险市场需求的因素

保险市场需求是一个变量，受诸多因素影响。当这些因素发生变化时，保险市场需求也会发生变化。这些影响因素主要有风险因素、保险费率、保险消费者的货币收入、互补品与替代品的价格、文化传统、经济体制。

保险需求者收入对保险需求的影响主要体现在以下几个方面：

(1) 保险商品是正常品，需求量与国民收入同方向变化。保险需求的产生与社会经济发展的水平密切相关。人们对于保险的需求是出于对其现有财富和人身保障的需要。保险需求的紧迫性或强度取决于可用于保险的剩余产品的数量。在市场经济条件下，保险商品不可能是低档商品，而只能是正常品，对低收入者来讲，甚至可能是奢侈品。保险需求量与国民收入同方向变化，国民收入增长越多，社会需要保险的财富和可用于保险补偿的货币增长越快，保险需求量也就增长越快；反之，则保险需求量增长越慢。

(2) 居民收入的增加会形成财险和寿险需求。从单个居民来看，随着家庭收入的增加，居民对生活必需品的支出会不断递减(恩格尔系数不断下降)，而用于耐用品和高档产品的支出会不断增加，比如家具、汽车、电冰箱等，为确保这些财产的安全，人们会产生对其财产的保险需求。随着收入的增加，人们对自身的安全与健康越来越重视，从而产生了对人身保险的需求。

(3) 财产对保险需求的影响。财产对保险需求的作用与收入相同，但也有区别。对财产较多的富裕者来说，财产可以产生收入，因此富裕的居民对财产的保护意识比收入损失更强一些。相反，对拥有财产较少的穷人来讲，更重要的是确保自己的身体，人体也是收入的重要来源。因此，人们为了保证自己的生存而对财产和身体投保。财产的变化会使人们对财产的主观效用发生变化。

▶ 3. 保险商品市场需求弹性

(1) 定义。保险商品的需求弹性是指保险商品的需求对其诸多影响因素变动的反应程度，通常用需求弹性系数来表示。保险市场需求弹性主要包括费率弹性和收入弹性。

(2) 保险市场需求的费率弹性。保险市场需求的费率弹性是指由于保险费率的变动而引起的保险市场需求量的变动，它反映了保险市场需求对费率变动的反应程度。保险市场需求与保险费率成负相关关系。保险市场需求的费率弹性用公式表示为

$$E_p = \frac{\Delta D/D}{\Delta P/P}$$

其中：D 表示保险商品需求量；ΔD 表示保险商品需求量变动；P 表示保险费率；ΔP 表示保险费率的变动。由于保险需求的费率弹性为负值，所以一般用其绝对值表示。当 $|E_p|=0$ 时，称为完全无弹性，即保险费率的变动不会引起保险市场需求的变动；当 $|E_p|>1$ 时，称为富于弹性，即保险市场需求的变动幅度大于保险费率的变动幅度；当 $|E_p|<1$ 时，称为缺乏弹性，即保险市场需求的变动幅度小于保险费率的变动幅度；当 $|E_p|=1$ 时，称为单位弹性，即保险市场需求的变动幅度与保险费率的变动幅度相等；当 $|E_p|=\infty$ 时，称为无限弹性，即保险费率的微小变动，会引起保险市场需求的极大变动。

（3）保险市场需求的收入弹性。保险市场需求的收入弹性是指保险消费者货币收入的变动所引起的保险市场需求量的变动，它反映了保险市场需求量对保险消费者货币收入变动的反应程度。保险市场需求与消费者的货币收入成正相关关系。保险市场需求的收入弹性用公式表示为

$$E_i = \frac{\Delta D/D}{\Delta I/I}$$

其中：D 表示保险商品需求量；ΔD 表示保险商品需求量变动；I 表示货币收入；ΔI 表示货币收入的变动。保险市场需求的收入弹性也可以分为五种情况：需求无弹性，即 $E_i=0$；需求富于弹性，即 $E_i>1$；需求缺乏弹性，即 $E_i<1$；需求单位弹性，即 $E_i=1$；需求负弹性，即 $E_i<0$。

越是发达的国家，保险商品的收入弹性越大。瑞士再保险公司发现总体保险商品的收入弹性是 1.35，而 Grace and Skipper 研究表明，发展中国家和发达国家的非寿险收入弹性分别为 1.14 和 1.75；在我国，有学者研究表明，1990—2002 年中大部分年份我国寿险收入弹性均大于 1。

（4）保险市场需求的交叉价格弹性。保险市场需求的交叉弹性指相关的其他商品的价格变动引起的保险需求量的变动，它取决于其他商品对保险商品的替代程度或互补程度，反映了保险需求量对替代商品或互补商品价格变动的反应程度。一般而言，保险市场需求与替代商品的价格呈正方向变动，即交叉弹性为正，且交叉弹性越大，替代性也越大。如自保与保险就是互为替代品。保险市场需求与互补商品价格呈反方向变动，即交叉弹性为负。如汽车保险与汽车价格具有互补作用，当汽车价格提高时，汽车保险需求量减少。

三、保险市场供求平衡

保险市场供求平衡，是指在一定费率水平下，保险供给恰好等于保险需求的状态，即保险供给与需求达到均衡点。也即当费率 P 不变时，$S=D$。

保险市场供求平衡，受市场竞争程度的制约。市场竞争程度决定了保险市场费率水平的高低，因此，市场竞争程度不同，保险供求平衡的水平各异。而在不同的费率水平下，

保险供给与需求的均衡状态也是不同的。保险市场有自动实现供求平衡的内在机制。

保险市场供求平衡包括供求的总量平衡与结构平衡两个方面，而且平衡还是相对的。所谓保险供求的总量平衡是指保险供给规模与需求规模的平衡。所谓保险供求的结构平衡是指保险供给的结构与保险需求的结构相匹配，包括保险供给的险种与消费者需求险种的适应性、费率与消费者缴费能力的适应性以及保险产业与国民经济产业结构的适应性等。

重要概念

保险市场　保险代理人　保险经纪人　保险公估人　保险市场供给　保险市场供给弹性　保险市场需求　保险市场需求弹性

思考题

1. 什么是保险市场？保险市场的主要特征是什么？
2. 简述保险市场的构成要素。
3. 什么是保险市场供给？分析保险市场供给的影响因素。
4. 什么是保险市场需求？分析保险市场需求的影响因素及扩大保险市场需求的途径。

第十三章 保险监管

学习目标

1. 了解保险监管的含义与内容；
2. 理解保险监管的原则；
3. 了解我国保险监管的进展，熟悉保险监管的主体、客体和内容。

第一节 保险监管概述

一、保险监管的含义

现代经济社会中的任何一个行业都可能受到政府的监管。由于保险行业的特殊性，保险业是受监管最为严厉的行业之一。某种意义上可以认为，没有保险监管就没有保险业。

保险监管是指政府对保险业的监督管理，是保险监管机构依法对保险人、保险市场进行监督管理，以确保保险市场的规范运作和保险人的稳健经营，保护被保险人利益，促进保险业健康、有序发展的整个过程。

1980年以前，我国只有保险经营，而没有实质上的保险监管。1980—1998年，中国人民银行是我国的保险监督机构。1998年11月18日，中国保监会正式成立，它标志着我国保险监管体制开始按照专业化的标准建立。目前，保监会的外派机构基本设立，依法对保险市场进行全方位的监管，使我国保险监管工作进入了新的历史时期。

二、保险监管的必要性

▶ 1. 建立和形成合理的保险市场结构的需要

（1）保护自由竞争的需要。在自由竞争的情况下，每一个经济利益主体都会追求自身利益最大化。而资源配置的手段是"看不见的手"，即价格和价值规律。市场自由的核心在于自由竞争,"看不见的手"的作用是以竞争为基础的,竞争越充分,资源配置的效率就越高。因此,保险市场的竞争程度决定了该市场的效率,保险监管对保护保险市场的竞争十分必要。

(2) 反垄断的需要。垄断是市场失灵的重要表现,反垄断是保险市场需要监管的重要原因。保险市场失灵的首要表现是保险市场的自然垄断。保险市场的垄断表现为单个保险公司完全垄断或少数保险公司寡头垄断。由于各家保险公司入市时间不同,经营管理水平、业务活动区域以及职工队伍素质各异,实力较强的保险公司在竞争初期将其保险商品价格即费率降至边际成本之下,以此排挤其他保险公司,迫使它们退出保险市场,以便取得垄断地位,然后再抬高费率至边际成本之上,获取垄断利润,从根本上危害被保险人的利益。因此,有必要通过保险监管,发挥消除或防止保险市场垄断的作用。

(3) 避免过度竞争的需要。过度竞争是由于有市场进入机制而没有正常的退出机制造成的,多数市场主体都达不到经济规模,整个市场集中度不高,它同样导致市场配置资源的低效率。保险市场上如果众多小公司达不到保险行业的合理规模,成本降不下来,反而因竞争的需要而将费率人为地压低,其后果是削弱甚至丧失偿付能力,最终损害被保险人的利益。因此,加强保险监管,防止保险市场上出现过度竞争是非常重要的。

▶ 2. 保险行业的特殊性

(1) 广泛的社会性。保险业是经营风险的一个行业,而风险是客观存在的,它遍及各行各业和千家万户。不仅如此,随着科学技术的发展,许多以前没有为人们所意识到的风险将越来越多地为人们所认识;随着经济的发展,新的风险也将不断产生;随着人们生活水平的提高,人们的需求层次将不断提高,由此也将不断产生对更高一级需求进行保障的需要。正因为如此,保险也就具有了广泛的社会性,它是一项涉及面广、影响面大的活动。保险公司的承保对象涉及社会各部门各阶层,通过收取保费建立的保险基金是全体被保险人的财富,保险公司一旦出现问题,影响甚大。保险公司一旦经营不善出现亏损或倒闭,将损害广大被保险人的利益。

从范围上看,一家保险企业涉及众多家庭和企业的安全保障问题;从期限上看,一家保险企业可能涉及投保人的终身生活保障,一旦一家保险企业经营失败,众多的家庭和企业将失去保障,众多被保险人的晚年生活可能失去着落,并造成社会动荡。为了维护众多家庭和企业的利益,保证社会稳定,政府有必要将保险业置于其监管之下。

(2) 技术要求的复杂性。保险业的经营有很强的技术性,保单条款的制定、费率的计算都需要专业人员。投保人在投保时,保单的条款和保险费率都是由保险人设计好的,投保人可能很难辨别这一条款和费率是否公正。保险不像一般商品,其性能、质量易于鉴别。因而保险监管机构需对保单条款和费率水平进行审核,以保护投保人的利益。

(3) 保险产品的特殊性。保险是一种无形的产品。当投保人支付了保费后,他并没有马上收到有形的产品,如一台电视机、一片土地等。唯一的一件有形的物品是一张纸。保险产品尤其是寿险产品从购买到保单兑现一般需要几年甚至几十年的时间,保单的时滞性使得保单持有人无力对自己购买的产品质量进行评估。一旦保险人陷入财务困境,被保险人的利益将无从保障。而且保险公司如果以各种欺诈手段危害被保险人的利益,对经济发展、社会稳定破坏之大是难以想象的。被保险人希望政府能够有效地监督保险人,使其能够履行承诺。

三、保险监管的目标

我国保险监管的目标包括三个方面,即维护被保险人的合法权益、维护公平竞争的市场秩序、维护保险体系的安全与稳定。

(1) 维护被保险人的合法权益,这是我国保险监管的首要目标。保险人和被保险人之间存在信息不对称。保险公司可能存在隐瞒信息、提供虚假信息等行为,必须加强监管,强制保险公司进行信息披露。被保险人处于弱势地位,保险公司在经营过程中可能存在侵害被保险人权益的行为,例如,任意提高保险费率以牟取超额利润,当发生保险事故时,少理赔、延期理赔,甚至不理赔等。因此,必须加强监管,维护被保险人的利益。

(2) 维护公平竞争的市场秩序。保险监管的一个主要任务是制定公平、透明的竞争规则,保证保险公司在同等条件下公平竞争,以维护保险市场秩序。首先,实行保险监管可以防止出现市场垄断。单个保险公司独家垄断或少数保险公司寡头垄断,就会抬高保险费率,获取垄断利润。其次,实行保险监管可以防止过度竞争,即各保险公司人为压低保险费率,从而削弱甚至丧失偿付能力。最后,实行保险监管可以防止不正当竞争,即各保险公司之间相互诋毁。

(3) 维护整个保险体系的安全与稳定。不排除某些保险机构因经营失败而自动或被强制退出市场。

第二节 保险监管的主体与客体

一、保险监管的主体

保险市场需要监督管理,为了使监管有力,就必然要有专门的机构来行使这一职能。一般情况下,政府会委托某一职能部门负责对保险市场进行监管;保险公司也会在政府的支持下,自发成立行业协会、同业工会等组织,实行自我约束、自我管理。

▶ 1. 国家保险监管机关

一般来说,对保险行业的监管职能主要由政府的保险监管机关行使。由于各国保险监管历史不同,政府监管机关也就不同。

英国的保险监管机关是金融服务局,由金融服务局颁发营业许可证,管理保险公司资金事务,监督保险公司偿付能力。

美国的保险监管由各州负责,一般在州政府内设保险署,由保险监督官领导负责。

日本的保险监管机关是大藏省,在大藏省的银行局设有保险部,其中保险第一科负责寿险业监管,第二科负责非寿险业监管。

▶ 2. 保险行业协会

保险行业协会参与保险市场监管在于以下几个方面:

(1) 行业协会通过的协议或规定没有法律效力,但会员都有遵守协议或规定的义务,具有一定的强制性和约束力。

（2）行业协会制定统一的保险条款格式，协调最低保险费率标准，统一回扣或佣金，为政府保险监管部门的监管提供专业依据。

我国于1995年颁布了《保险法》，其后颁布了《保险代理人管理规定》《保险经纪人管理规定》《保险管理暂行规定》等。

中国保险行业协会于2000年底成立。中国保险行业协会的成立是为适应国内保险市场发展的需要，在深化保险体制改革、整顿保险市场秩序、防范保险风险的进程中产生的，是建立政府监管、行业自律与保险公司内部控制三者有机结合的现代保险体系的重要步骤。

二、保险监管的客体

保险监管的客体即保险市场的被监管者，包括保险当事人各方，具体指保险人、保险中介人（代理人、经纪人、公证人）、投保人、被保险人、受益人等。我国《保险法》要求投保人必须对被保险人具有保险利益。根据这一规定，保险监管机关就可以对那些对被保险人无保险利益的投保人进行管理。如果查明是恶意投保，就可视其为保险欺诈，将其诉诸法律。

第三节 保险监管的原则、方式与手段

一、保险监管的原则

▶ 1. 依法监管的原则

在保险市场上，为了保险业的整体利益，必须依靠法律，以保证监管的权威性、严肃性、强制性和一贯性，从而达到监管的目的。

▶ 2. 适度竞争原则

有市场就必须有竞争，但过度的竞争也会损害市场的健康稳定发展，导致市场失灵。为了保证市场的健康发展，必须有外部的适当干预，即政府的监管。为了维护市场的正常运行，防止保险市场失灵造成的破坏，保险监管的重心应该放在创造适度竞争的市场环境上，防止因为出现过度竞争、破坏性竞争、恶意竞争而危及保险业的健康发展上。要求既限制竞争，又不消灭竞争。

▶ 3. 自我约束与外部强制相结合的原则

保险公司内部的自我约束与外部的强制性监管要相结合。保险监管不能代替保险公司的内部自我管理，监管应该一方面消除保险公司不正当的经营行为，化解其经营中存在的风险；另一方面要把培养保险公司自身管理能力作为监管的工作之一。这样，监管工作才能事半功倍。

▶ 4. 综合性管理的原则

保险监管应将法律、经济、行政等管理手段配套使用。因为法律、经济、行政手段各有长处和不足，必须配套使用，取长补短。

▶ 5. 稳健经营与风险预防原则

保险业是经营风险的特殊行业，稳健经营是其最基本的目标。而要达到这一目标，就必须进行系统的风险预防和监测，把稳定经营和风险防范与化解紧密结合起来。

▶ 6. 不干预保险机构内部经营管理的原则

保险公司是自主经营、自负盈亏的独立企业法人，它有权在法律规定的范围内，独立地决定自己的经营方针和政策。对此，保险监管机构要充分尊重保险企业的独立法人地位和经营自主权，不能非法干涉。只有这样，才能有效地促进保险业健康发展。

二、保险监管的方式

各国政府对保险业的监管主要采取三种方式：公示主义、准则主义和批准主义。

▶ 1. 公示主义

公示主义也叫公告管理，它是政府对保险市场监管的各种方式中最为宽松的一种。它的主要含义是，政府对保险业的经营不作直接的监督，而是仅规定各保险人必须按照政府规定的格式及内容，定期将营业结果呈报政府的主管机关并予以公告。保险业的组织、保单格式的设计、资金的运用等，均由保险人自我管理，政府不对其多加干预。保险人经营的好坏，是由被保险人进行评判的。这样一种监督方式将政府监督和大众监督较好地结合了起来，有利于保证保险人在较为宽松的市场环境中自由发展。但采用这种方式有一定的前提，它要求保险人有相当的自律性；国民文化素质比较高；社会各界对保险业有相当的了解，并对保险业的经营有相当的判断能力。1994 年以前英国保险法采用这一监管方式。这种方式显然不适应现代保险市场的发展，故英国已放弃这种做法。

▶ 2. 准则主义

准则主义也叫规范管理，它是由政府制定出一系列有关保险经营的基本准则，如最低资本金的要求、资产负债表的审核、资本金的运用、违反法律的处罚等，要求保险人共同遵守，政府的保险管理机构监督其实施。这种监管方式注重保险经营形式上的合法性，较公示主义严格。但是，由于保险技术性较强，有关准则难以面面俱到，往往会出现形式上合法但实质上不合法的行为，实际上很难起到监管保险人经营的作用。因此，这种方式也渐渐被淘汰。

▶ 3. 批准主义

批准主义也叫实体管理，是指通过立法明确规定保险业的设置、经营、清算等各种监督制度，政府的保险管理机构根据法律规定和法律赋予的权利，对保险市场，特别是保险企业进行全面、有效的监管。这种方式赋予了政府保险管理机构以较高的权力，使其能够对保险人从设立到经营直至清算进行全面、认真、严格的审查。这样，有利于保证保险企业的合法经营，打击不法经营者，提高保险业在社会上的信誉，被保险人的利益也受到了保护。批准主义较之上述两种方式更为严格、具体和全面。目前绝大多数国家对保险业的监管均采取这种方式。

当然，如果保险业已经发展得相当成熟，保险业的自律能力已相当强，而且社会各界对保险业也有了相当的了解，这时政府可以让保险业自律组织担负更多的职能。例如，目前欧洲一些保险发达国家已逐渐放弃了政府对险种、费率等的监管，让保险业自律组织来协调，但我国现在还远远达不到这一步。政府监管与行业自律相结合，不仅可以改善保险业务的运作，还可以避免监管制度带来的昂贵费用，最终为广大保户带来最大利益。

我国对保险市场监管，在改革开放前，采用的是行政调控的方式。这种方式与当时国家对保险业垄断经营的状况是相适应的。随着我国多家办保险的市场模式的形成，监管方式也发生了转变。根据我国《保险法》的规定，我国现今对保险市场采用批准主义的监管方式。

我国《保险法》共 8 章 152 条，对保险监管机构，保险公司设立的法定条件，保险公司的组织形式，保险公司经营的业务范围，保险公司的偿付能力和责任准备金，再保险，保险资金的运用，保险公司的整顿、接管、解散或者破产的清算，以及保险中介人等都作了详细规定，并且设法律责任一章规定了保险人、投保人、被保险人或收益人以及保险监管机构的法律责任。

根据我国《保险法》规定，金融监管负有批准保险公司设立，监督保险公司的经营活动，制定或认可保险条款和保险费率，检查保险公司的会计账册和报表，对经营不善的保险公司实行整顿或接管，并对保险公司在经营活动中违法或损害被保险人、受益人合法权益行为予以制裁等职责和权力。

三、保险监管的手段

各国对保险市场的管理手段归纳起来有法律手段、经济手段、计划手段和行政手段。各国经济、文化背景不同，侧重的手段也不同。

▶ 1. 法律手段

法律手段是指制定有关经济法规和保险法规，作为监管的手段。保险法规包括保险法律规定、法令和条例等多种形式。国家通过保险法规对保险公司的开业资本金、管理人员、经营范围、保险费率、保险条款等实质性问题，作出明确规定。保险法是国家通过立法程序，制定用于调整保险关系、双方权利义务关系和监督管理保险企业的法规，具有强制性、平等性、规范性和稳定性的特点。我国现行的《保险法》采用保险公司法与保险合同法合二为一的体例，是我国保险法律体系的核心部分。法律规范是管理保险市场的重要手段之一。

▶ 2. 行政手段

行政手段就是依靠国家和政府以行政领导机构自上而下的行政隶属关系，采用指示、命令、规定等形式强制干预保险活动。市场经济同样需要凭借行政方法为经济运行净化环境。在市场经济条件下，运用行政手段，为保险运行创造良好的外部环境和社会条件，及时纠正控制保险市场不良现象，是行之有效的。以行政手段为保险市场健康运行服务，并充分发挥保险企业的积极性，两者有机结合，才能使保险市场充满活力。

▶ 3. 经济手段

经济手段就是根据市场客观经济规律的需要，国家运用财政、税收、信贷等各种经济杠杆，正确处理各种经济关系来管理保险业的方法。这是国家对保险业进行监管的主要方法。

第四节 保险监管的内容

一、组织监管

国家对保险组织的监管，是指国家对保险业的组织形式、保险企业的设立与清算、保险从业人员资格以及外资保险企业等方面的监督和管理。

▶ 1. 组织形式

目前世界各国除英国等极少数国家、地区外，均已禁止个人经营保险业务，保险经营者必须是法人组织。经营保险业务的组织包括公司制和非公司制两类。公司制包括股份有限公司、有限责任公司、相互公司等形式，非公司制包括保险合作社及其他类型的互助团体。

▶ 2. 对保险企业设立的审批

各国保险监管制度均规定，设立保险企业必须向主管部门申请批准，并经工商行政管理部门注册登记，发给营业执照，方准营业。申请时要提交资本金的证明，以及有关企业的章程、负责人资格、有关条款、费率、营业范围等文件、资料。

▶ 3. 停业清算

保险企业可能因经营不善而破产，也可自行决定解散或与其他保险企业合并。正常解散或合并时应该清偿全部债务或将保险合同全部转让。因经营不善、严重违法或负债过多而停业破产时，除按破产法规定处理外，还有一些特殊的清算程序；保险主管机关可选派清算人员，直接介入清算程序，但一般都尽量帮助保险企业改善经营条件，使其免于破产。

▶ 4. 对保险从业人员资格的监管

对保险从业人员资格的监督包括两个方面：一方面是高级管理人员和保险公司的主要负责人都要符合监管机关规定的任职资格，在机构设立之前，均需报监管机关审定；另一方面是保险从业人员中从事过保险工作和大专院校保险专业或相关专业的毕业生应占到60%以上。保险公司必须聘用经中国保险监督管理机构认可的精算人员。

各国保险法规对此都有严格规定。尤其是保险企业的高级管理人员和主要负责人，都必须具备一定的资格条件，不符合规定条件的，不能担任相应职务。

▶ 5. 对外资保险企业的监管

对外资保险企业的监管，因各国经济制度和体制大不相同，监管的方法也大不相同。英、美等经济发达国家，本国保险业的实力雄厚，对外资保险企业大多采取较为宽松的开放政策；也有少数国家采取严格的限制政策，如日本。而发展中国家均采取保护本国保险业发展的监管措施，以限制外资保险企业进入本国保险市场。

二、业务监管

国家对保险业务的监管，是指国家对保险企业的营业范围、保险条款和费率、再保险业务以及保险中介人的监督和管理。

▶ 1. 营业范围的限制

为了保障广大被保险人的利益，各国一般都规定，禁止非保险业经营保险或类似保险的业务，禁止保险公司经营保险以外的业务(不包括保险投资)。大部分国家还禁止保险公司同时经营寿险和非寿险业务。如我国《保险公司管理规定》第六条规定："保险与银行、证券分业经营；财产保险业务与人身保险分业经营。"也有允许寿险、非寿险兼营的，如美国。而英国对保险企业的业务经营范围基本上不加限制，每个保险企业都能够自由经营任何一种或数种保险业务。

▶ 2. 核定保险条款和费率

保险条款是专业性和技术性极强的保险文书，为了保障广大被保险人的合法利益，保证保险条款的公平性、公正性，世界上很多国家的保险监管部门都要依法对保险条款进行审查。保险费率是保险商品的价格，直接关系到保险公司的保费收入、保险基金积累、偿付能力等。因此，许多国家均规定保险费率的制定须报经主管部门核准始为有效。

我国《保险法》第一百三十五条规定："关系社会公众利益的保险险种、依法实行强制保险的险种和新开发的人寿保险险种等的保险条款和保险费率应当报保险监督管理机构审批。""其他保险险种的保险条款和保险费率，应当报保险监督管理机构备案。"

▶ 3. 再保险业务的监管

各国对再保险业务都进行监管，这种监管有利于保险公司分散风险和稳定经营，有利于防止保费外流和发展民族保险业。

我国《保险法》第一百零三条规定："保险公司对每一危险单位，即对一次保险事故可能造成的最大损失范围所承担的责任，不得超过其实有资本金加公积金总和的百分之十；超过的部分，应当办理再保险。"

▶ 4. 对保险中介人的监管

对保险代理人、保险经纪人、保险公证人，各国政府均通过法律明确其地位、资格、执业条件、法律责任等。保险中介人一般均需经考试合格，向保险监管部门注册登记，并交存规定的保证金后，才能经办保险业务。

▶ 5. 精算制度的监督管理

精算是指运用概率论和大数法则进行保险业务数理计算的科学。尤其是人寿保险业务，必须通过精算才能保证保险公司科学地收取保险费，提取寿险责任准备金。《保险法》第八十五条规定："保险公司应当聘用经专业人员，建立精算报告制度和合规报告制度。"

精算是一门专业性强、技术含量高的科学，精算人员必须经过精算知识的专门培训才能胜任这一工作。现在，我国许多高校与国际保险学术机构合作开办了保险精算师资格考试，1999年我国开始自办精算师资格考试，为培养精算人才奠定了基础。

三、财务监管

保险公司必须建立各项健全的财务制度。财务制度贯穿于保险企业经营活动的整个过程，是保险企业经营管理的综合反映。国家对保险财务的监管包括对资本金和保证金、准备金、偿付能力、保险投资及财务核算的监管。

1. 对资本金和公积金的监管

保险公司申请开业必须具备最低数量的资本金,其数额通常都高于一般企业。公积金是保险公司依照法律和公司章程的规定从公司税后利润中提取的积累资金。保险公司提取公积金,是为了用于弥补公司亏损和增加公司资本金。按其来源不同分为资本公积金和盈余公积金。根据《公司法》和《金融保险企业财务制度》的规定,保险公司应在税后利润中提取10%的法定盈余公积金;当法定盈余公积金累计达到注册资本的50%时,可不再提取。

首先,由于保险风险发生的偶然性、意外性和不平衡性,有可能在保险公司开业初期,就会发生保险事故需要赔偿或给付,所以保险公司就随时要履行赔付的义务。资本金用于开业的费用,也用于开业初期的赔付。其次,开业之后,业务量还不是很大,有可能遇到意外的事故,以致风险过于集中,使保险公司难于应付,此时也需要有相当的资本金。

2. 对准备金的监管

责任准备金是保险公司按法律规定为在保险合同有效期内承担赔偿或给付保险金义务而从保险费收入中提存的一种资金准备。因此,责任准备金管理是财务管理中最为重要的部分。财产保险准备金分为未到期责任准备金、未决赔款准备金和总准备金三部分。人身保险中保险期限在1年以内的,责任准备金的计算方法与财产保险基本相同,长期人身保险一般都实行均衡保费制,其准备金的计算方法复杂而精确。各国保险监管机构都对不同险种责任准备金的计算方法和提取有明确规定,并由专门的精算师审定。

保险准备金依其用途不同,体现在下述指标监管上:

(1) 未到期责任准备金。由于寿险业务一般属于长期业务,非寿险业务一般一年一保,因而,非人寿保险的未到期责任准备金是当年承保业务的保险单中在下一年度有效保单的保险费。我国《保险法》规定,对经营非寿险业务的保险公司应当从当年自留保险费中提取50%作为未到期责任准备金;经营人寿保险业务的保险公司,则应当按照有效的人寿保险单的全部净值提取未到期责任准备金。

(2) 未决赔款准备金。保险公司应当提存未决赔款准备金的原因是:保险事故已经发生,被保险人已经提出保险赔偿或者给付申请,但保险公司对赔付与否或赔付额尚未决定;已经发生保险事故但尚未提出保险赔偿或者给付申请。

(3) 保险保障基金的监管。保险保障基金属于保险组织的资本,主要是应付巨大灾害事故的特大赔款,只有在当年业务收入和其他准备金不足以赔付时方能运用。提取保险保障基金是为了保障被保险人的利益,满足保险公司稳健经营的需要。

3. 对偿付能力的监管

偿付能力是指保险组织履行赔偿或给付责任的能力。以偿付能力监管为中心是国际保险监管的发展趋势,也是大多数国家和地区保险业监管的核心内容。投保人买保险的目的是取得一种经济保障,这种保障需要保险公司有业务上的支付能力,能够实现其对被保险人的义务,保险公司应当具有与其业务规模相适应的最低偿付能力。保险公司的实际资产减去实际负债的差额不得低于保险监督管理部门规定的数额。其中,保险公司的资产是流动资产、固定资产、长期资产、无形资产及其他资产之和;保险公司的负债是流动负债与长期负债之和;法定余额是保险监督管理部门规定的最低数额,即最低偿付能力。最低偿付能力应与其业务规模相适应,不同保险公司的业务规模不同,因而,最低偿付能力也就不一样。保证保险人的偿付能力是保险监管的最根本目的,因此,对保险公司的偿付能力进行监管是保险监管工作的核心。近年来,各国保险监管部门都在探索更为有效的偿付能力监管措施。从目前看,偿付能力监管手段主要有最低资本充足率监管、保险监管信息指标体系监管和保险监管机构组织的现场检查等。保险监管部门往往综合使用这些监管手段,对保险公司进行系统分析。在偿付能力监管体系中,保险保障基金具有独特的作用,是用全行业积累的资金对丧失偿付能力的保险公司的保单持有人的经济损失进行补偿。

▶ 4. 对保险投资的监管

保险资金运用是现代保险业得以生存和发展的基础,同时,由于保险公司是经营风险的企业,其资金运用状况直接影响着公司的赔付能力,因此,许多国家的保险监管机构都对保险公司资金运用的原则、范围、比例和方向等作了明确的限制性规定。各国政府通常规定,保险公司在年终时,应向监管部门递交年终财务报告,反映各自的财务核算状况。我国《保险公司管理规定》将保险资金运用限于银行存款、买卖政府债券、金融债券、中国保监会指定的中央企业债券和国务院规定的其他资金运用方式。

▶ 5. 对财务核算的监管

为了有效管理保险企业的经营和随时了解、掌握保险企业的营业状况,各国一般都要求保险企业在年终时向主管部门递交年终报告,反映其财务核算状况。

我国《保险法》第一百一十条规定:"保险公司应当按照国务院保险监督管理机构的规定,真实、准确、完整地披露财务会计报告、风险管理状况、保险产品经营情况等重大事项。"这些规定都是为了保证保险企业财务活动的稳定,防止其发生财务危机。

┤ 重要概念 ├

保险监管 偿付能力 行业自律

┤ 思考题 ├

1. 保险监管的原则有哪些?
2. 保险监管的目标是什么?
3. 简述保险监管的内容。
4. 为什么说偿付能力监管是保险监管的核心?

第十四章 社会保险

> **学习目标**
> 1. 掌握社会保险的基本概念;
> 2. 认识社会保险的功能;
> 3. 了解我国社会保险制度的基本内容。

第一节 社会保险概述

一、社会保险的概念及种类

社会保险是一种社会保障制度,它以建立社会保险基金的方式,保障劳动者的基本生活需要。即社会保险是指国家通过立法形式,建立社会保险基金,对劳动者在年老、疾病、失业、伤残、生育、死亡等情况下的基本生活需要,给予经济帮助的一种社会保障制度。

社会保险是社会保障的核心组成部分,是人类步入现代社会的产物,它起源于德国,迄今已有 100 多年的历史。我国社会保险制度的建立源于 1952 年《劳动保护条例》的颁布,经过不断变革,形成了当前社会统筹与个人账户制度相结合的社会保险制度体系。

根据具体保障范围的不同,社会保险主要分为社会养老保险、社会医疗保险、失业保险、工伤保险、生育保险、死亡与遗嘱保险等,见图 14-1。

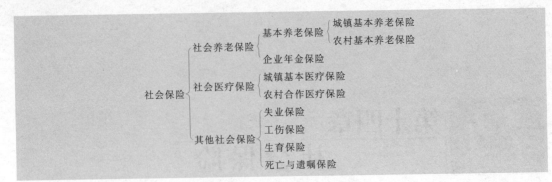

图 14-1 社会保险的种类

二、社会保险的特点及原则

▶ 1. 社会保险的特点

由于世界各国政治制度、经济发展水平和文化传统不同，社会保险涵盖的内容也不尽相同。但各国社会保险具有一定的共性，如参保对象是全体劳动者、实施手段具有强制性、保障标准是满足劳动者基本生活等。总的来说，社会保险主要有以下几个方面的特点：

（1）保险经营具有非营利性。作为政府一项重要的社会政策，社会保险不以赢利为目的，不以经济效益决定保障水平。社会保险通常由政府设立专门机构来管理和经营，以保障劳动者基本生活需要为经营方向，以社会效益作为实施重点，以维护社会稳定作为总体目标，其保障水平的高低取决于经济发展水平、国家财政状况以及政府政策目标等因素。

（2）保险实施具有强制性。社会保险的强制性主要体现在社会保险由国家通过立法方式强制实施。一方面，凡符合条件的企业和个人都必须依法参加社会保险，并按规定履行缴纳保费义务；另一方面，社会保险保障对象、保障范围、缴费标准以及给付水平等内容，都由国家立法确定，具有统一性，任何企业和个人均无权变更。

（3）保险保障具有普遍性。依法享受社会保险是每位劳动者的一项基本权利，社会保险不仅对所有参保劳动者具有普遍的保障责任，而且把劳动者普遍面对的危险都列入相关的保险项目，劳动者依法缴纳了保险费后，如果丧失劳动能力或失去劳动机会，就能够依法获得收入损失补偿，保障其维持基本生活。

（4）经济上具有互济性。由于社会保险覆盖面广，承保人数多，承保风险可以在全国范围内充分分散，危险损失能够由全体劳动者共同承担，从而表现出在职者与退休者代际之间、高收入与低收入者之间、健康者与体弱者之间经济上互济互助的特点。

▶ 2. 社会保险的原则

（1）强制性原则。强制性原则是指社会保险由国家通过立法的形式强制实施，符合条件的企业和劳动者个人必须无条件参保，并按规定缴纳保险费。强制性原则是社会保险的首要原则，保证了社会保险具有广泛的承保范围和庞大的被保险人群体，既有利于充分分散风险，保障劳动者的基本生活需要，又有利于防止逆向选择的发生。

（2）基本保障性原则。基本保障性原则是指社会保险以满足劳动者的基本生活需要为目标，致力于保障劳动者老有所养、病有所医、伤有所疗、育有所护、失业有所扶助、死亡有所安顿、遗属有所安排，稳定其基本生活，促进社会安定。

（3）公平性原则。公平性原则是指社会保险具有明显的社会福利性和政策性，通过国民收入的再分配促进社会公平。社会保险一般由政府举办，体现政府的职能和责任，往往更倾向于保障低收入者的基本生活。通常劳动者缴纳的保费与收入正向相关，收入高则缴费多，但其受益并不一定等量上涨，差额的积累由低收入者分享，保障水平具有一定的统一性，从而有利于社会公平。

（4）互助共济性原则。互助共济性原则是指通过社会保险基金的筹集和分配，实现劳动者空间上和时间上的互助共济。空间上的互助共济是指社会保险基金在不同行业、不同地域范围内资金调剂，实现全国范围内劳动者间互助共济的原则；时间上的互助共济是指劳动者工作时缴费退休后受益、健康时缴费生病后受益、未孕时缴费受孕后受益的原则。

三、社会保险的功能与意义

▶ 1. 社会保险的功能

社会保险是社会保障体系的核心组成部分，是国民收入再分配的重要手段，具有分散劳动风险、补偿经济损失、稳定社会促进社会经济发展、促进社会公平等功能。

（1）分散劳动风险。社会保险通过收取保费的形式，实现劳动风险在空间上和时间上的分散。空间上将集中在劳动者个人或单位上的、因遭遇劳动风险而造成的经济损失，分摊给每位劳动者；时间上将集中在劳动者某一时间段因年龄、健康状况、生理情况或偶然事故失去劳动收入而造成的经济损失，在劳动者工作的不同时间段内加以分散。

（2）补偿经济损失。社会保险补偿损失的功能表现为，在特定情况下为劳动者补偿收入和提供服务。补偿收入是指当劳动者暂时或永久丧失劳动能力以及暂时失去劳动机会时，为其或者遗属提供经济补偿；提供服务指在劳动者患病、伤残、生育或失业过程中为其提供治疗、护理、就业指导等特殊服务。

（3）促进社会经济发展。社会保险促进经济发展的功能表现在两个方面：一方面，社会保障制度可以平滑经济周期。当经济萧条、就业下降、需求不足时，社会保险基金的发放会增加有效需求；相反，当经济繁荣时，失业救济金等会自动减少。另一方面，社会保险基金的有效利用能够促进资本市场的发展，从而促进经济的持续繁荣。

（4）促进社会公平。社会保险作为国民收入再分配的重要渠道之一，具有调节社会成员收入差距、实现社会财富公平分配的功能。社会保险基金的分配以公平为主，兼顾效率，通常对高收入者加以一定限制，对低收入者给予一定保证，从而促进收入再分配，缩小收入差距，减轻由贫困引起的社会痛苦。

▶ 2. 社会保险的意义

（1）社会保险的微观意义。

① 有利于维持家庭基本生活。劳动是人们获得物质生活来源的主要手段，一旦丧失劳动能力或失去劳动机会，本人及家庭的正常生活也难以维持。社会保险作为劳动者家庭的最后一道防护网，通过经济补偿和提供服务，能够保障劳动者或其遗属的基本生活需要，维持其家庭的基本生活。

② 有利于优化企业人力资源队伍。建立完善的社会保险，充分解决职工的养老、医疗、失业、工伤、生育、死亡等保障问题，不仅有利于维持其职工队伍的稳定，增强企业

凝聚力，而且有利于吸引优秀人才的加盟，增强企业竞争力，优化人力资源队伍。

③ 有助于促进企业结构调整。社会保险可以通过向职工提供再就业补助金、向职工提供转业培训费、向雇主提供职业发展费等方式，对职工技术培训和教育方面给予帮助，以提高劳动者素质，从而促进企业发展和企业结构调整。

(2) 社会保险的宏观意义。

① 有助于促进社会和谐。由于社会保险覆盖面非常广泛，参保人群特别多，不仅能够促使劳动风险在全国范围内充分分散，提高劳动者防范化解风险意识，而且有利于团结劳动者，增强社会凝聚力，促进社会和谐。

② 有助于保障劳动力再生产顺利进行。劳动危险是客观存在的，劳动者由于遭遇劳动危险而丧失劳动能力或失去劳动机会，会直接影响劳动力再生产过程。社会保险通过补偿劳动者失去劳动后的收入，来保障劳动力扩大再生产的正常运行。社会保险的这一功能弥补了当劳动者退休、失业、患病、负伤或死亡等情况下，工资无法再继续保障劳动力扩大再生产的缺陷。

③ 有助于促进经济发展。社会保险通过积累劳动者和企业缴纳的保险费以及政府拨款，形成规模巨大的社会保险基金；通过强化社会保险基金的管理，提高其投资经营效果。这将有效带动国家基础产业的成长，促进金融市场的发展与完善，促进经济发展。

④ 有助于促进社会财富的公平分配。社会保险促进社会财富再分配，推进社会公平，主要表现在两个方面：首先，从企业与劳动者方面讲，由于企业或雇主也缴纳了一定比例的保险费，而且此比例通常高于劳动者个人缴纳的比例，但他们并不享有社会保险金给付，他们缴纳的保险费带来的利益由全体劳动者分享，即国民收入向更有利于劳动者的方向进行了重新分配。其次，在劳动者之间，由于保费的缴纳比例通常与工资正向相关，高收入的劳动者所缴纳的保险费比低收入者多，但劳动者是否能受益或受益多少取决于其是否满足某些条件，缴税多的人受益并不一定等量上涨，即国民收入向更有利于低收入者的方向进行了重新分配。

四、社会保险的缴费比例

目前我国社会保险的统筹层次比较低，不同的统筹地区的缴费比例不一样，所以目前立法只有一个大致的标准，如表14-1所示。

表 14-1 我国各种社会保险的缴费比例

项　　目	用人单位	劳　动　者	备　　注
养老保险	不高于20%	8%	个别地区企业缴费高出20%
失业保险	一般为2%	1%左右	有些地区劳动者缴费0.5%
医疗保险	一般为6%	2%左右	个别地区企业高达9%或10%
生育保险	0.4%～1%	—	
工伤保险	0.5%～2%	—	

由此可见，由企业和职工共同缴费的险种分别是养老保险、失业保险和医疗保险。而生育保险和工伤保险只需企业缴费，职工不参与缴费。对于用人单位和劳动者共同缴纳的

社会保险，用人单位按照职工工资总额的一定比例缴纳，员工按照上一年本人平均工资的一定比例缴纳。

（1）养老保险的比例。各地养老保险的企业缴纳部分一般不高于在职职工工资总额的20%，个别地区会高出一点的，个人缴纳的比例则是上一年度本人平均工资的8%。

（2）失业保险的比例。失业保险企业承担的比例一般在2%左右，劳动者承担的比例为1%。

（3）医疗保险的比例。大部分地区医疗保险的企业缴费比例是企业职工工资总额的6%，也有一些地区比较高，比如北京达到9%，上海达到10%，职工个人缴纳的医疗保险是职工平均工资的2%左右。

（4）生育保险的比例。生育保险的缴费比例一般是职工工资总额的0.4%~1%。

（5）工伤保险的比例。工伤保险不是按照地区划分，而是按照行业区分，危险系数比较高的行业缴费比例就会高一点，不太容易出现工伤事故风险的行业缴费比例就会低一点。总体来说，工伤保险的比例为0.5%~2%。

第二节 社会养老保险

一、社会养老保险的定义及特点

▶ 1. 社会养老保险的定义

社会养老保险，又称老年社会保险或退休收入计划，是指国家通过立法，对于劳动者在达到法定退休年龄退休后的基本生活需要，给予一定的经济保障、物质帮助和服务的一种社会保险制度。

社会养老保险的保障对象是社会中的老年者。对于老年者的衡量一般以法律制度规定的年龄为标准确定。出于促使社会劳动力不断更新，保证社会生产正常发展的目的，社会保险的给付条件上，一般除了规定被保险人必须达到法定的退休年龄、必须缴足一定期间的保险费外，还要求被保险人完全退休。即劳动者到达退休年龄后，无论其实际劳动能力是否丧失，都应按时退休，这是他们在享有社会养老保险待遇时应该放弃和解除劳动义务的前提。社会养老保险的给付方式有一次性给付和年金给付两种，多数国家采取按照劳动者工资收入的一定比例，按年、半年、季度或月分期支付的方式，并适时调整社会养老保险保险金给付标准，避免劳动者老年生活水平因通货膨胀等因素的影响而降低。

▶ 2. 社会养老保险的特点

（1）社会养老保险是一种最普遍、最重要的社会保险险种。社会养老问题关乎国家安定，几乎所有开展社会保险的国家都设置了社会养老保险项目，把发展养老保险项目作为建立社会保险制度的重要突破口。社会养老保险项目是社会保险的核心，也是整个社会保障制度中最为重要的项目之一。

（2）社会养老保险保障的是全体劳动者，对象极其广泛。社会保险保障的是劳动者在年老、疾病、失业、伤残、生育、死亡等情况下的基本生活需要，其中年老退休是每一个劳动者都无法回避的事实，因此全体劳动者都属于社会养老保险保障对象。

(3) 社会养老保险具有积累性。社会养老保险缴费期限长，劳动者参保后即开始缴费，一直到退休止。劳动者退休后受益的保险金实际上是个人缴费、企业缴费及政府补贴的长期积累。社会养老保险的积累性与商业人寿保险相似。

(4) 社会养老保险负担重。一方面庞大的社会养老基金的保值增值，加重了资金运营的困难；另一方面随着社会人口老龄化程度的不断加深，赡养率不断提高，社会养老开支逐年增加，大大加重了国家财政负担，甚至出现基本养老保险基金入不敷出的状况。

二、社会养老保险的体系结构

社会养老保险是社会保险体系的核心，它的影响面大、社会性强，直接关系到社会的安定和经济的发展。纵观各国社会养老保险制度，其体系结构一般包括基本养老保险和企业年金，其中，根据经济发展水平的不同和保障需求的差异，基本养老保险又分为城镇基本养老保险和农村基本养老保险。社会基本养老保险、企业年金以及商业养老保险，构成了我国养老体系的三大支柱。

1. 城镇基本养老保险

城镇基本养老保险是国家通过立法制定的，以保障城镇劳动者依法退休后的基本生活需要为目的的社会养老保险制度。城镇基本养老保险是各国社会养老保险体系的主体。

2. 企业年金保险

企业年金保险即企业补充养老保险，是指企业在国家有关政策和法规指导下，根据自身经营状况和发展需要而建立的，旨在为企业员工提供一定程度退休收入保障的一种补充养老保险制度。

3. 农村基本养老保险

农村基本养老保险是国家通过立法制定的，以保障农村居民老年基本生活需要为目的的社会养老保险制度。农村养老保险对土地保障、家庭代际养老等农村传统养老保障方式的有效替代，是对城镇基本养老保险的有效扩充，在农村人口老龄化趋势不断加深、农村城镇化进度不断加快的时代背景下，发挥着越来越重要的作用。

三、城镇基本养老保险筹资与保障模式

1. 城镇基本养老保险的筹资模式

目前世界各国城镇基本养老保险筹资模式主要有现收现付模式和基金模式，其中基金模式又分为完全积累模式和部分积累模式。

(1) 现收现付模式。现收现付模式指在一段时期内，政府根据城镇基本养老保险支出的需求，按照收支平衡的原则，筹集本期基本养老保险资金的制度安排。现收现付模式主要有以下特点：

① 即收即付。该模式下城镇基本养老保险金根据每年实际需求从在岗劳动者工资中计提，本期征收，本期使用，不积累基本养老保险储备资金。

② 期限不长，操作简单。该模式下预测期一般较短，因此养老金测算、养老保险费率制定等过程相对简单，易于操作。

③ 筹资规模不大，负担较轻。该模式下城镇基本养老保险筹资规模不大，无论劳动

者还是用人单位，承担的费用都不大，当期不形成缴费负担。

④ 不留存积累资金，管理较为方便。该模式下城镇基本养老保险无须为以后时期养老金支付留存大笔积累资金，因此不涉及资金投资运营等问题，管理较为方便，且不受经济波动或通货膨胀的影响。

⑤ 属于"代际赡养"，实现横向平衡，利于收入再分配。该模式下城镇基本养老保险以同一时期正在工作的一代人的缴费来支付已经退休的一代人的养老金支出，体现了世代互助互济的特征，有利于实现收入再分配。

⑥ 难以适应人口老龄化的趋势。该模式下随着人口老龄化趋势的加大，在岗劳动者的负担日益加重，容易影响劳动者工作积极性，可能出现基本养老基金收不抵支的现象，从而引发养老金支付危机。

(2) 完全积累模式。完全积累模式是政府在综合考虑死亡率、出生率、退休率、工资增长速度和物价指标等社会经济发展指标的基础上，对未来时期城镇基本养老保险金支出进行预测，确定一个能够在相当长时间内保持相对稳定的总保费率，并以此筹集基本养老保险基金的制度安排。完全积累制遵循先积累、后受益的原则，从长远目标考虑养老保险金收支平衡，并对已经积累起来的基本养老保险基金进行有计划的投资运营，再将征缴的基本养老保险费和投资回报返还给投保人。完全积累模式具有以下特点：

① 有稳定可靠的资金来源，不会出现寅吃卯粮、收不抵支的问题。劳动者一般从工作的第一天起，就必须依法定期缴纳一定的基本养老保险费，一些国家还规定企业或雇主也必须为职工缴纳一定的基本养老保险费，保费积累形成社会养老保险基金，通过投资运营保值增值。

② 有较强的激励作用。该制度强调"谁积累谁受益"，劳动者依法缴纳保费后，退休后定期或一次性获得基本养老金，受益的多少与缴纳的数量相关，这有利于调动人们劳动和参保的积极性。

③ 期限长，指标多变，操作复杂。该模式要求对未来很长一段时期内的通货膨胀率、利息率、死亡率、生活费用指数等指标做出准确预测，以此评估未来对于基本养老保险金的需求，计算平均缴费率。由于这些指标本身很难预测、难以控制，易受经济波动的影响，因此该模式下保险费率的预测和养老金给付额度的确定都非常复杂。

④ 筹资规模大，管理较为困难。该模式在实施初期一般费率相对较高，保费收入大于支出，出现顺差，形成储备金。积累的基本养老保险储备金可用于弥补支大于收的年份出现的逆差，但其庞大的数额为资金的保值增值带来了压力，使得资金的投资管理较为困难。

⑤ 属于"同代自养"，即本代人养本代人，年轻时积累资金年老时受益。这种模式一般缴费率较高，能够积累巨额基金以保证充足的支付能力，因此不必担心人口老龄化的影响，但易受经济波动尤其是通货膨胀的冲击。

(3) 部分积累模式。部分积累模式是以上两种模式的结合。该模式以保证基本养老保险基金在一段时期内的收支平衡为重点，在确保养老金充分给付的条件下，按照偏低的积累率，计提一部分基本养老保险储备金，以应对退休高峰期和意外风险条件下对保险资金的需求。与现收现付模式和完全积累模式相比，部分积累模式有以下特点：

① 当期筹集的资金一部分用于已退休劳动者的养老金支付，另一部分用于在岗劳动

者将来退休后的支付，既能实现同时期本代人与上代人收支的横向平衡，又能达到本代人年轻时与年老时的纵向平衡。

② 既能实现现收现付模式下养老金的代际转移、收入再分配功能，又继承了完全积累模式下刺激缴费、提高工作效率的优点。

③ 既保留现收现付模式操作简单、管理方便的优点，又继承完全积累模式积累资本、应付老龄化危机的制度优势。

④ 既能够减轻现收现付模式福利支出的刚性，又能够化解完全积累模式下企业缴费负担过重问题与基金保值增值的压力。

▶ 2. 城镇基本养老保险的保障模式

目前，世界各国现行的城镇基本养老保险保障模式主要普遍保障模式、强制储蓄模式和收入关联模式。

（1）普遍保障模式。普遍保障模式也称全民保险模式或国家型养老保险，该模式下劳动者无须缴纳任何费用，只要达到规定的年龄条件后，均可依法享受基本养老保险待遇。普遍保障模式资金主要来源于国家财政补贴，养老金按统一水平支付，与个人收入状况无关。该模式强调政府责任，政府负担重，不利于调动劳动者的工作积极性。

（2）强制储蓄模式。强制储蓄模式也称公积金模式，一般采用固定缴费模式，由国家立法要求企业和劳动者各缴纳定额保险费存入银行，缴费及利息计入个人账户，专款专用，当投保人年老或死亡时，个人账户上的资金按月支付或用于继承。该模式透明度高，政府责任小，负担轻，充分体现了权利与义务相结合，突出个人自我保障，实质上是一种储蓄制度。该模式的缺点是缺乏互济性，不利于保障低收入者老年生活需求。

（3）收入关联模式。随着人口老龄化程度的不断加深，社会养老压力逐渐增大，出于节省开支、合理分担养老责任的目的，多数国家采取收入关联制，由国家、企业和劳动者个人三方负担社会养老保险费用，其中企业往往承担大部分，国家财政给予一定的补贴，个人在不影响其生活水平的条件下也承担一定的比例。收入关联模式保险金的给付结构和水平受收入替代率（即劳动者领取的养老保险金占退休前收入的比例）制约，保险金与物价波动、工资增长水平等建立某种关联，一方面使养老保险金随在职劳动者平均工资的提高而提高；另一方面防止养老保险金因通货膨胀而贬值。

▶ 3. 我国城镇基本养老保险的模式

我国城镇基本养老保险最初实行现收现付制，由于该模式弊端不断显现，1993年中共十四届三中全会决定，我国的城镇基本养老保险实行个人账户与社会统筹相结合的模式。2005年12月，《国务院关于完善企业职工基本养老保险制度的决定》发布实施，进一步调整了相关机制，扩大了养老保险的覆盖范围。

一方面，要求建立个人养老账户。规定用个人投保费的全部和企业投保费的一部分，组建成为劳动者每人持有的个人养老账户资金。2010年1月1日起基本养老保险关系可以随工作调动跨省转移，在转移个人账户储存额的同时，还转移部分单位缴费；个人账户资金属于个人财产，死后可由法定继承人享有。个人养老账户实行长期积累，主要用于解决退休劳动者所尽的缴费义务不同，从而养老金收入不同、生活宽裕程度不同的问题。

另一方面，要求建立社会账户。社会账户以企业缴费为主，此外，如果投保人过世且无继承人，那么应当继承的个人账户资金也一律归入社会账户。与个人账户资金不同，社会账户表现基本养老保险公平的一面,用于发放基础养老金以及救助基本养老金不敷晚年享用的受保人。社会账户实行当年现收现付,主要用于解决退休劳动者最基本的生活来源问题。

我国城镇基本养老保险的承保对象是城镇一切国有企业和非国有企业的员工,以及工商个体劳动者,由法律强制实施,违者受罚。城镇基本养老保险基金由个人投保、企业投保、资金运营增值及企业欠缴基本养老保险费导致的滞纳金、利息及罚款收入等部分组成。

基本养老金的给付由基础养老金和个人账户养老资金两部分组成。基础养老金按退休前当地职工平均工资的20%给付,体现公平原则。个人账户养老资金由缴费记录在15年以上的,投保人历年累计连本带利的个人账户资金除以120,作为月养老金。此外,为保证养老金分享在业者的经济成果,我国政府规定只要在业者工资提高,一律按后者的平均水平适度提高退休金。

四、企业年金保险的筹资与保障模式

▶ 1. 企业年金保险的定义及作用

企业年金保险是企业在国家有关政策和法规指导下,根据自身经营状况和发展需要而建立的,旨在为企业员工提供一定程度退休收入保障的一种养老保险制度。企业年金保险是一种辅助的养老金计划,是对国家法定基本养老保险的一种有效补充,通常要求建立个人账户,实行规定缴费制,用于增加实力雄厚企业的退休员工的养老金收入,它是企业树立良好形象、增加吸引力、招揽人才的有效措施。

(1) 对于劳动者个人而言,参与企业年金计划主要有以下两点作用:

① 有效分散风险,改善老年生活质量。企业年金保险作为辅助养老金计划,为职工建立了社会基本养老保险之外的第二道养老保障,它使得养老责任在国家、企业和个人之间得到更加均衡合理的分担,同时能够有效弥补基本养老保险替代率下降、基金空账等不足,有利于改善劳动者退休后的养老生活水平。

② 保障养老资金安全。企业年金基金运作采用信托方式,通过钱、权分离能够有效降低运营管理风险,确保资金安全。同时企业年金基金专款专用,只能用作养老金给付,且不因公司管理层变更或企业破产等而改变其支付目的,有利于维护劳动者合法权益。

(2) 对于企业而言,企业年金有助于优化企业人力资源,主要表现在以下三个方面:

① 企业建立完善的企业年金,能够提高职工综合福利保障水平,有利于吸引优秀人才的加盟,增强企业竞争力。

② 差异化的福利保障体系有利于在企业内部形成良好的激励机制,充分调动职工工作的积极性,激励其最大限度地发挥自身的潜力,为企业发展做出贡献。

③ 企业年金制度特别是与职工期权计划融合的企业年金计划,可起到维系人才、减缓企业劳动力流动的作用,从而有利于稳定企业职工队伍,增强企业的凝聚力。

(3) 对社会和国家而言,企业年金主要具有以下三方面的作用:

① 企业年金保险的建立,既能充分分散养老风险,有助于适应人口老龄化的趋势,又能完善多层次养老保障体系,有助于促进社会稳定和经济持续发展。

② 企业年金保险的建立有助于降低基本养老保险替代率，实现养老保障责任由国家向企业和个人的部分转移，减轻国家财政负担。

③ 企业年金基金是一国长期资金的主要来源，且其投资运用相对自由，有助于优化资金配置，促进资本市场发展。

▶ 2. 企业年金保险筹资保障模式

目前，纵观世界各国企业年金保险，根据缴费方式的差异可以将其分为现收现付模式和基金模式，根据实施方式的差异可分为自愿模式和强制模式，根据支付和保障方式的差异可以分为 DB 模式和 DC 模式。

(1) 现收现付模式与基金模式。与城镇基本养老保险一样，现收现付模式企业年金，采取以支定收、即收即付的筹资模式；基金模式企业年金，采取收支平衡、略有结余的筹资模式。现收现付与基金模式的特点在城镇基本养老保险筹资模式中已介绍，此处不再赘述。

(2) 自愿模式与强制模式。自愿模式企业年金，一般通过国家立法制定企业年金基本规则，企业自愿参加。凡参加的企业必须按照规定的方式运作，但具体实施方案、待遇水平、基金模式、筹资方法可由企业根据实际情况制定或选择。

强制模式企业年金，由国家通过立法强制实施，所有企业都必须为其雇员投保，年金待遇水平、基金模式、筹资方法等完全由国家立法规定。

(3) DB 模式与 DC 模式。DB(defined benefit)模式是待遇确定型模式的简称，是指政府和企业作为企业年金计划管理人或企业年金计划的发起人，向计划参与者做出承诺，保证按约定标准向其发放养老金的企业年金模式。该模式的给付确定，以支定收，而缴费是不确定的。

DC(defined contribution)模式是缴费确定型模式的简称，是指企业年金计划的参与者，定期按照约定向养老金计划缴费的企业年金模式。该模式的缴费确定，以收定支，缴费纳入每个职工的个人账户，养老金待遇水平具有不确定性，由个人账户的缴费金额及其投资收益的积累额决定。

这两种模式对职工和企业而言，具有不同的特色。

① DB 模式中，企业的责任和风险较大，企业需要承担投资风险或者承担经济不景气时大量支付养老金的风险；而职工的养老金待遇相对比较有保障。DC 模式中，企业只履行缴费义务，对职工将来的养老金水平没有任何承诺，风险相对较小，而职工的风险相对较大，其将来的养老金依赖于缴费资金投资回报的高低，具有不确定性，养老金受金融环境的影响存在缩水的风险。

② DB 模式中所有权不明晰，待遇确定型计划，职工流动时企业年金积累额不太容易随同转移。DC 模式采用个人账户式管理，企业年金的所有权明晰，便于职工流动时转移。

目前世界上大部分基本养老保险都采用自愿模式下的现收现付制，企业年金保险中几乎所有的 DB 计划也都采用现收现付制，而 DC 计划则大多采用基金制。

五、农村基本养老保险体系

根据党的十七大和十七届三中全会精神，我国从 2009 年开始，逐步开展新型农村社会养老保险试点工作。

我国新型农村社会养老保险，简称新农保，指政府根据农村实际情况，以保障农村居民老年基本生活为目标，按照低水平起步、筹资标准和待遇标准与经济发展和各方承受能力相适应的要求，以政府主导和农民自愿相结合，个人缴费、集体补助、政府补贴相结合，社会统筹与个人账户相结合的方式建立的一种社会保险制度。

新农保承保对象是：年满 16 周岁（不含在校学生）、未参加城镇职工基本养老保险的农村居民。符合要求的农村居民可以在户籍地自愿参加新农保。

新农保基金由个人缴费、集体补助、政府补贴构成。国家为每个新农保参保人建立终身记录的养老保险个人账户。个人缴费，集体补助及其他经济组织、社会公益组织、个人对参保人缴费的资助，地方政府对参保人的缴费补贴，全部记入个人账户。个人账户储存额目前每年参考中国人民银行公布的金融机构人民币一年期存款利率计息。

新农保养老金给付由基础养老金和个人账户养老金组成，支付终身。参保人死亡，个人账户中的资金余额，除政府补贴外，可以依法继承，政府补贴余额用于继续支付其他参保人的养老金。

改革开放以来我国大量农民工进城务工，针对农民工的劳动就业特点，按照低费率、广覆盖、可转移和能衔接的要求，我国制定了《农民工参加基本养老保险办法》，对于在城镇就业并与单位建立劳动关系的农民工参加基本养老保险的缴费比例、转移接续和待遇计发等问题做了相关规定，以有效维护广大农民工的养老保险权益。

总的来说，我国新型农村社会养老保险的实施坚持以下基本原则：第一，参保农民自愿参加，被保险人先缴费后受益，责任共担，权利与义务相适应；第二，以保障农民年老后基本生活为目的，保障水平与农村经济发展水平相适应；第三，政府组织引导和农民自身经济承受能力相匹配；第四，保险资金由个人缴费、政府补贴共同筹集；第五，建立基础养老金与个人账户相结合；第六，社会养老保险与家庭养老互为补充；第七，自助为主，互济为辅，采取储备积累，略有结余；第八，农村务农、务工、经商等各类人员社会养老保险制度一体化。

新农保与家庭养老、土地保障、社会救助等社保措施，共同构成了我国多层次的农村居民社会养老保障体系。建立农村社会养老保险制度，是逐步健全和完善社会保障体系，切实解决农村老年人老有所养问题，促进我国社会主义新农村建设，实现城乡统筹协调发展的一项重要举措。

第三节 社会医疗保险

一、社会医疗保险的定义及特点

▶ 1. 社会医疗保险的定义

社会医疗保险是指国家通过立法，由国家、企业和劳动者个人集资建立社会医疗保险基金，向遭遇疾病风险的劳动者提供基本医疗服务，帮助其恢复劳动能力，并提供疾病津贴，以满足其基本生活需要的一种社会保险制度。这里的疾病指一般疾病，发病原因与劳动无直接关系。

社会医疗保险的目的在于保障劳动者患病后能尽快得到医治，恢复劳动能力重新从事劳动取得经济收入。有关医疗保险的给付条件，各国虽有不同规定，但大致都有以下几项：

(1) 被保险人必须因病而失去劳动能力并停止工作进行治疗。

(2) 被保险人因患病不能从原雇主方获得正常工资或病假工资。

(3) 被保险人必须到达国家规定的最低工作期限和缴足最低期限的保险费。

社会医疗保险保险金的给付方式分为现金给付和医疗给付两种：现金给付就是以现金形式给予被保险人保险保障，包括疾病现金给付、残疾现金给付和死亡现金给付；医疗给付是指以医疗服务的形式给予被保险人保险保障，包括各种疾病的治疗、住院治疗、供应必需的药物以及提供专门的人员服务等。由于各国经济发展水平和医疗水平不同，医疗服务的期限、范围、水平也各不相同，各国根据自己的实际情况也都有不同的规定。

▶ 2. 社会医疗保险的特点

(1) 承保风险具有普遍性、频仍性、致命性。与其他社会保险项目承保的诸如年老风险、失业风险和工伤风险等相比，社会医疗保险承保的疾病风险更具普遍性、频仍性和致命性的特点。

(2) 保障对象更具普遍性。社会医疗保险的保障对象比其他保障项目更为广泛，原因在于影响健康的因素主要是疾病，它对每个人来说都是难以避免的，因此每个人都会成为医疗保险的对象。

(3) 与其他保险项目紧密联系。社会医疗保险常与其他保障项目交织在一起。任何社会保险项目的内容都与社会医疗保险的内容有联系，其他保险项目的运转均离不开医疗保障。

(4) 保险待遇更具公平性。对于被保险人来说，享受社会医疗保险的机会和待遇是平等的，接受治疗和用药都是依据病情而定的，不受其他因素，如收入、职业和社会地位的限制。

(5) 保障手段具有服务性。除了对享受医疗保险的人补偿医疗费用外，医疗保险还以提供医疗服务的方式为社会成员服务。

(6) 保险金支付采取第三方付费的独特做法。社会医疗保险保险金的支付过程中，保险人不是把享受基本医疗服务需要支付的医疗费用直接提供给受保患者，而是采取绕过受保人，与医疗机构，即医疗服务提供者结算的方式。

二、社会医疗保险的体系结构

由于城市与农村经济发展水平差别大，城乡居民社会保险保障需求也存在较大差别，因此社会医疗保险通常根据城乡实际情况制订有差异的医疗保险计划。

▶ 1. 城镇基本医疗保险

城镇基本医疗保险是国家通过立法制定的，以保障城镇劳动者遭遇疾病风险后的基本生活需要为目的的社会医疗保险制度。城镇基本医疗保险是各国社会医疗保险的主要形式。

▶ 2. 农村合作医疗保险

农村合作医疗保险是国家通过立法制定的，以保障农村居民遭遇疾病风险后的基本生活需要为目的的社会医疗保险制度。农村合作医疗保险是对城镇基本养老保险的有效扩充，是实现医疗保险全民覆盖的重要手段。

三、城镇基本医疗保险体系

▶ 1. 国外城镇医疗保险模式

根据支付模式及基金筹集方式的不同，国外医疗保险制度大体上可分为四种模式：国家医疗保险模式（免费型）、商业医疗保险模式、储蓄医疗保险模式（个人累积型）、社会医疗保险模式（现收现付型），以及商业医疗保险为主导的混合型医疗保险模式。

（1）国家医疗保险模式。国家医疗保险模式由国家或政府直接管理医疗卫生事业，以税收形式筹集资金，通过国家财政预算拨款向医疗服务机构提供资金，由医疗服务机构为国民提供低收费甚至免费医疗服务。

该模式具有以下特点：

① 政府起主导作用，计划性较强；

② 资金主要来自国家财政预算，来源稳定；

③ 医生及其他医务人员的工资待遇由国家统一规定，国民享受医疗保健服务仅少量承担或不需承担医疗费用。

（2）商业医疗保险模式。商业医疗保险模式是一种商业保险公司以赢利为目的，与被保险人签订保险合同，缔结契约关系，约定由商业保险公司支付医疗费用的医疗保险形式。几乎世界各国都有商业医疗保险模式，但主要是起一种补充作用，只有美国等少数国家将这种模式作为本国医疗保险的基本制度模式。

（3）储蓄医疗保险模式。储蓄医疗保险模式即个人累积型医疗保险模式，是一种政府强制雇主和雇员向公积金管理机构缴费，建立一个以个人或家庭为单位的医疗储蓄账户，用以支付家庭成员医疗费用的医疗保险形式。

此模式是一种强制性的定期储蓄模式，以个人或家庭为单位，强调个人（家庭）的责任感。医疗储蓄账户中的保险金只能用于本家庭成员，而不允许他人使用，所以不具备共济性的特点，缺乏社会公平性。

（4）社会医疗保险模式。社会医疗保险模式是一种雇主和雇员按一定比例缴纳保险费，由依法设立的医疗保险机构作为第三方支付组织，代表参保人向提供医疗服务的机构或个人支付医疗费用的医疗保险形式。一般按现收现付的原则筹集资金，并按以收定支、收支平衡的原则支付。

▶ 2. 我国城镇基本医疗保险

我国城镇基本医疗保险最初采用国家医疗保险模式，1998年年底，经过多年的摸索和研究，结合国外传统社会医疗保障模式与个人医疗账户的优势，我国政府推出在世界范围内独树一帜的基本医疗保险模式——个人账户与社会统筹相结合的模式。

我国城镇基本医疗保险基金由个人账户和统筹基金构成，保险费由用人单位和职工共同缴纳。职工个人缴纳的基本医疗保险费，全部计入个人账户，用人单位缴纳的基本医疗保险费一部分划入个人账户，一部分用于建立统筹基金，划入个人账户的比例一般为用人单位缴费的30%左右。

我国城镇基本医疗保险目前只在城市企事业单位实施,要求参保人按照属地管理原则参加所在统筹地区的基本医疗保险,执行统一政策,并遵从下列四项准则:

(1) "广覆盖"原则。我国城镇基本医疗保险覆盖城镇一切企业的职工以及个体劳动者,包括企业、相关事业单位、社会团体、民办非企业单位及其职工;

(2) "基本医疗"原则。由于受保人医疗需求是无限的,所有基本医疗保险提供的医疗服务只能"量入为出",即受保人能享受到的医疗服务,无论诊断、治疗、用药、手术,抑或检查、护理、病房等都限定在基本水平的范围之内;

(3) "双向负担保费"原则。我国城镇基本医疗保险基金建立在互助与自助结合的"双向负担"原则之上,强制企业投保和受保个人投保的方式共同建立医疗保险基金。

(4) "统账结合"原则。个人账户和统筹基金划定各自的支付范围,分别核算,防止相互挤占。个人账户主要用于门诊就医,超额个人自理;统筹基金用于住院治疗和慢性病治疗,并规定起付标准和最高支付限额,起付标准以上、最高支付限额以下的医疗费用,主要由统筹基金支付,个人账户也负担一定比例,超过最高支付标准的医疗费用可以通过投保商业医疗保险来获得补充。

我国统账结合的城镇基本医疗保险模式既能实现医疗费用共享,疾病风险共担,又能达到使受保人年轻时积累资金,年老多病时享用的目的;既体现了公平,又有利于激励投保人工作效率的效果;既有助于一切受保人渡过疾病风险,又能培养人们节约和适度使用医疗卫生资源的意识。

四、农村合作医疗保险体系

▶ 1. 我国农村合作医疗保险的发展

中国传统的农村医疗制度属于自费医疗制,新中国成立后,在广大农村地区兴办了合作医疗制度。但20世纪80年代以来,随着农村联产承包制的建立和发展,以集体经济为基础的合作医疗制度大部分解体。进入21世纪以后,我国农村医疗体制改革得到了进一步发展,改革的总方向是在保留自费医疗的基础上,更迅速地发展农村集资合作医疗制度。

我国农村合作医疗保险采用"三三制"筹资比例,筹措农村合作医疗保险资金,即中央政府、地方政府或基层政权机构以及投保农民个人各按资金需要的1/3投保。坚持自愿原则,即建立在农民自愿参保的基础上,实现投保农民相互之间的互助共济。

▶ 2. 我国农村合作医疗保险的形式

我国目前农村合作医疗保险大致有以下三种形式:

(1) 由乡合作医疗管委会统一举办的合作医疗服务,资金来源于农民个人、村经济组织和乡经济组织三方,乡负责统一规定医疗服务范围和服务标准;

(2) 乡和村联合举办的合作医疗服务,乡负责管理,资金来自三方,医疗费用由全乡各村分摊,超支自负,医疗服务范围和享受标准则由乡和村共同商定;

(3) 村办村管的合作医疗服务,经费来自村经济组织以及农民个人的缴纳,医疗服务范围和标准由村统一规定。

向农民筹集的医疗保险费,一般以户为单位,按村核算,按乡实行统筹。村及乡筹建医疗基金保险管理机构,负责基金的筹措、运营、给付和管理。

▶ 3. 我国农村合作医疗保险的内容

我国农村合作医疗保险大致有以下几点内容:

(1) 由农民个人和农村集体单位定期缴纳医疗保险费形成医疗保险基金;

(2) 在缴纳一定数量保险费之后,农民有权领取医疗证并到指定医疗机构就诊;

(3) 就医农民有享受医药费部分补偿的权利,至于补偿范围和标准,取决于各地农村医疗基金的状况。

第四节 其他社会保险

一、失业保险

▶ 1. 失业保险的定义

失业保险是指国家通过立法,对于劳动者因受本人所不能控制的社会或经济原因的影响而失业时的基本生活需要,给予经济帮助的一种社会保险制度。

▶ 2. 失业保险金的给付

失业保险的目的是保障非自愿失业者的基本生活,促使其重新就业。为了避免逆选择,失业保险通常具有较严格的给付条件,包括以下几个方面:

(1) 失业原因是非自愿的。即失业者失业并非出于自身意愿,而是由于本人所不能控制的社会或经济因素的影响,包括季节性失业、摩擦性失业、结构性失业和不景气失业等情况。

(2) 失业者必须具有劳动能力。一般由失业保险主管机构根据失业者的申请报告和体检报告确定其是否具有劳动能力。

(3) 失业者必须符合劳动年龄的限制。即失业者的真实年龄必须在法定劳动年龄段内。

(4) 失业者必须满足一定的资格条件,包括投保年限的限制、缴纳保费期限的限制、就业期限的限制等。

(5) 失业者必须具备就业愿望。一般规定失业者在失业期间必须定期向失业保险机构报告个人情况;必须在规定期限内到职业介绍所或失业保险机构进行登记,要求重新就业,并接受职业训练和合理的工作安置。

(6) 失业保险津贴的支付主要遵循需求原则和激励原则。需求原则指尽量满足失业者的基本生活需求,以避免其陷入贫困。激励原则指失业津贴的给付不能造成失业者就业欲望的抑制,而是促使其积极地寻找工作,尽快实现再就业。

失业保险津贴支付时间分为等待期和支付期,即失业者失业后并不能马上领取失业津贴,而需要等待一段时间。设置等待期的原因主要有以下四点:

① 从失业保险保障目标考虑,失业保险是为了保障失业者短期内的收入能维持在一定水平,而不是解决长期失业者的问题;

② 从资金供给考虑，失业保险基金不具有无限的支付能力；
③ 避免大量小额津贴的烦琐支付，减轻管理负担；
④ 防止道德风险。

▶ 3. 失业保险的特点

与其他社会保险项目相比，失业保险具有以下特点：

（1）风险因素具有特殊性。失业保险受经济形势波动或社会政策变化的影响较大，而其他社会保险项目风险因素大多属于自然原因。

（2）风险事故具有特殊性。其他社会保险项目均以失去劳动能力作为风险事故，而失业保险的风险事故是劳动者在具有劳动能力的情况下失去劳动机会，因丧失劳动能力而失去劳动机会不属于失业保险保障范围。

（3）筹资方式具有特殊性。大多数国家失业保险都采取现收现付制的筹资方式，不需计提责任准备金，并随着给付情况的变化而调整费率。

（4）失业保险的给付具有特殊性。为了防止失业者滋生懒惰和依赖心理，减少逆选择，失业津贴的给付除了在数额上规定给付标准低于失业者的在职工资水平外，还将给付时间划分为等待期和给付期，给付期限有限。

（5）保险职能具有特殊性。失业保险除了具有为失业劳动者提供基本生活保障，维持劳动力再生产的职能外，还通过提供就业指导、就业培训等方式，积极促进失业人员再就业，促进劳动力资源合理配置。

二、工伤保险

▶ 1. 工伤保险的定义

工伤保险也称职业伤害保险，是指国家以立法形式，对劳动者因工作原因受伤、患病、致残乃至死亡，暂时或永久丧失劳动能力时，由国家和社会给予医疗、生活保障及必要的经济补偿的社会保险制度。

▶ 2. 工伤保险金的给付

工伤保险的给付过程中，要严格区分工伤与非工伤，对于前者采取工伤给付补偿，对于后者实行社会救济。

工伤保险中的工伤一般是指职业伤害，即劳动者由于工作直接或间接引起的事故而造成的伤残或死亡。通常劳动者在维护社会秩序、参加抢险救灾以及上下班途中因非本人过失而遭受的伤害也属于工伤。

工伤保险给付通常采取年金形式，为避免由于企业破产或停业而造成支付危机，工伤保险一般依靠国家制定完备的相关政策、法规和强有力的行政手段贯彻执行。

▶ 3. 工伤保险的特点

与其他社会保险项目相比，工伤保险具有以下特点：

（1）保费缴纳具有特殊性。工伤保险中劳动者个人一般不需缴纳任何费用。由于工伤事故属于职业性伤害，是在生产劳动过程中，劳动者为社会和企业创造物质财富而付出的代价，属于企业生产成本中的劳动力再生产投入，因而工伤保险中保险费一般都由雇主或企业独立承担。

（2）待遇标准具有特殊性。由于工伤保险是对劳动者的身体损失进行补偿，所以待遇标准一般根据劳动者的伤害程度及医疗费用等确定，待遇给付遵循从优原则，一般较其他社会保险项目待遇更优厚，服务项目也较多。

(3) 补偿给付具有特殊性。工伤保险遵循"无过失补偿"原则。劳动者在生产和工作过程中遭遇工伤事故，无论事故责任属于企业、本人还是相关第三者，均可享受工伤保险待遇，而且只要是因工负伤、致残或者患职业病，则不论年龄和工龄长短，都享受同等的待遇。待遇给付与责任追究相分离，保险事故责任的追究与归属不影响保险待遇给付，而且在企业劳动者工伤事故中，企业通常应承担经济赔偿责任。

三、生育保险

▶ 1. 生育保险的定义

生育保险是国家以立法形式，针对女性劳动者因生育子女而暂时丧失劳动能力时，由国家和社会给予医疗保健服务和物质帮助的一种社会保险制度。

▶ 2. 生育保险金的给付

(1) 给付条件。以弥补妇女因生育期间停止工作所导致的收入损失为保障内容的生育保险，其给付条件一般有以下几点：

① 被保险人的缴费时间必须达到规定标准；
② 被保险人产前的工作时间必须达到一定的年限；
③ 产假期间雇主停发工资收入且被保险人不得从事任何有报酬的工作。

(2) 给付方式。生育保险保险金的给付一般分为现金给付和医疗给付两种。现金给付主要包括生育津贴、生育补助费和看护津贴，其数额大多为工资的 100%。医疗给付是为产妇提供的各种助产医疗服务，包括产前检查、住院治疗、生育照顾、家庭护理等。

▶ 3. 生育保险的特点

生育保险在保障对象、保障待遇、保障时间和给付方式上与社会保险其他险种相比具有明显不同：

(1) 生育保险的保障对象具有特殊性。生育保险的保障对象是已婚且即将生育，并参加了社会保险的女性劳动者。

(2) 生育保险的保障待遇具有特殊性。生育保险的待遇不仅仅是为了弥补劳动妇女的收入损失，更重要的是保障劳动力再生产和人类社会的延续，因此，生育保险的待遇水平要高于其他险种。

(3) 生育保险的保障时间具有特殊性。与其他险种都带有的善后特点不同，生育保险以产前产后都享有为原则。在临产分娩前一段时间，由于行动不便，女性劳动者已经不能工作或不宜工作，而分娩以后，需要一段时间休假，恢复健康和照顾婴儿，因此生育保险期限明确划分为产前和产后。

(4) 生育保险给付具有特殊性。一方面，生育保险的给付既包括现金给付，又包括医疗给付；另一方面，生育保险的给付与国家的生育政策和人口政策密切相关，鼓励生育，期望人口增加的国家，通常采取生育给付随生育数量递增的做法；控制人口增长的国家，则一般通过生育保险控制生育。

重要概念

社会保险　社会养老保险　社会医疗保险　失业保险　工伤保险　生育保险　现收现付

思考题

1. 我国社会养老保险的筹资采用什么模式？保险金的给付条件是什么？
2. 社会医疗保险与商业医疗保险有什么区别？我国社会医疗保险金的给付条件是什么？

参 考 文 献

[1] (美)乔治·E. 瑞达,迈克尔·J. 麦克纳马拉. 风险管理与保险原理(第十二版)[M]. 刘春江,译. 北京:中国人民大学出版社,2015.
[2] (美)Scott E. Harrington,Gregory R. Niehaus. 风险管理与保险[M]. 陈秉正,王珺,周伏平,译. 北京:清华大学出版社,2005.
[3] (美)特瑞斯·普雷切特,等. 风险管理与保险[M]. 孙祁祥,等,译. 北京:中国社会科学出版社,1998.
[4] 粟芳,许谨良. 保险学原理[M]. 北京:清华大学出版社,2006.
[5] 魏华林,林宝清. 保险学[M]. 北京:高等教育出版社,2011.
[6] 孙祁祥. 保险学[M]. 北京:北京大学出版社,2013.
[7] 张洪涛,郑功成. 保险学[M]. 北京:中国人民大学出版社,2008.
[8] 郝演苏. 保险学教程[M]. 北京:清华大学出版社,2004.
[9] 王绪谨. 保险学[M]. 北京:经济管理出版社,2004.
[10] 胡炳志,刘子操. 保险学[M]. 北京:中国金融出版社,2002.
[11] 庹国柱. 保险学[M]. 北京:首都经济贸易大学出版社,2004.
[12] 申曙光. 现代保险学教程[M]. 北京:高等教育出版社,2008.
[13] 刘革,刘庆彪. 保险原理与实务[M]. 西安:西安电子科技大学出版社,2014.
[14] 汪祖杰. 现代保险学导论[M]. 北京:经济科学出版社,2003.
[15] 张洪涛,庄作瑾. 人身保险[M]. 北京:中国人民大学出版社,2004.